澜湄五国农业投资环境与政策比较研究

刘毅群　主　编

徐丹璐　杜中军　副主编

中国农业出版社

北京

图书在版编目（CIP）数据

澜湄五国农业投资环境与政策比较研究／刘毅群主
编．—北京：中国农业出版社，2020.3
ISBN 978-7-109-26620-9

Ⅰ．①澜⋯　Ⅱ．①刘⋯　Ⅲ．①农业投资－投资环境－
对比研究－东南亚②农业投资－投资政策－对比研究－东
南亚　Ⅳ．①F333.034

中国版本图书馆 CIP 数据核字（2020）第 034686 号

澜湄五国农业投资环境与政策比较研究
LANMEI WUGUO NONGYE TOUZI HUANJING YU ZHENGCE BIJIAO YANJIU

中国农业出版社出版
地址：北京市朝阳区麦子店街 18 号楼
邮编：100125
责任编辑：赵　刚
版式设计：史鑫宇　　责任校对：周丽芳
印刷：北京中兴印刷有限公司
版次：2020 年 3 月第 1 版
印次：2020 年 3 月北京第 1 次印刷
发行：新华书店北京发行所
开本：720mm×960mm　1/16
印张：18.25
字数：300 千字
定价：75.00 元

主　　编：刘毅群（浙江财经大学）

副 主 编：徐丹璐（中国热带农业科学院）

　　　　　杜中军（中国热带农业科学院）

参编人员：章昊渊（中南财经政法大学）

　　　　　潘利泽（浙江大学）

　　　　　郭子寒（浙江财经大学）

　　　　　杨密莹（浙江财经大学）

　　　　　韩琦丹（浙江财经大学）

　　　　　谢　婷（浙江财经大学）

　　　　　沈宏婷（浙江财经大学）

　　　　　梅梦佳（浙江财经大学）

　　　　　刘晓光（中国热带农业科学院）

前　　言

　　落实"一带一路"倡议，推动我国农业企业"走出去"是我国的一项重要发展战略。它既能在一定程度上缓解我国农业生产资源约束越来越紧、经济成本越来越高带来的压力，又能促进我国农业企业参与国际竞争与合作，提升国际化运营水平，利用好两个市场、两种资源，保障我国居民的农产品需求。

　　澜湄五国（老挝、缅甸、泰国、越南和柬埔寨）是中南半岛的五个重要国家，它们既与我国是近邻，彼此有着长期友好的联系，又是"一带一路"建设的重点地区和优先地区。近年来，澜湄五国的经济发展水平不断提升，它与我国在多个领域存在互补，通过创新合作模式，增进互联互通，能够给双方带来互赢。农业是我国与澜湄五国合作的重点产业领域，澜湄五国的农业资源丰富，我国在农业生产技术、人才、管理经验和资金等方面有一定优势，两个地区加强投资与贸易合作能够带来农业的共同发展。

　　农业投资环境和政策是影响投资活动的重要因素。澜湄五国在农业资源禀赋、法制完善程度、创设企业难易程度、基础设施完善程度、商务成本水平、贸易便利程度以及促进外国投资的优惠政策等方面存在较大差异。通过比较分析能够让有意投资澜湄五国的农业企业、投资个体对投资潜力、投资环境、运营成本以及投资风险有一定的了解，为对外投资活动提供一定的参考。

　　正是在中国热带农业科学院的专家和浙江财经大学民营企业全球发展战略与海外投资协同创新中心的成员的共同努力下，我们共同撰写了《澜湄五国农业投资环境与政策比较研究》一书。本书共有六章，第一章是导言，其余五章分别介绍了老挝、缅甸、泰国、越南和柬埔寨的农业投资环境与政策。每一章的第一部分对澜湄五国的农业经济发展状况做了介绍，包括农业人口变化、农业用地变化、主要种植业（产值和金额数量）、主要经济作物、特色产品以及农业基础设施状况等做了较详细的介绍。每一章的第二部分对澜湄五国的营商环境和投资促进政策做了阐述和分析，营商环境评价和投资政策分析主要参考了世界银行发布的《营商环境报告》、澜湄五国政府相关职能部门的政策文件、我国商务部提供的资料以及我国驻各国大使馆的网站资料。这一部分对各国在法制建设、创设企业程序、交通电力建筑等成本、税收水平及优惠、土地政策、劳工政策、特区政策、投资管理等方面做了一一分析。每一章的第三部分对世界各国在澜湄五国的农业投资和贸易发展状况做了介绍。每一章的第四部分对我国企业在澜湄五国的农业投资状况（产业领域、投资金额、企业名录）等做了介绍。每一章的第五部分则是我国企业在澜湄五国的农业投资案例分析，考察了企业的投资动因、投资历程，对投资过程中遇到的问题、原因及成功经验做了总结归纳。每一章的最后部分是提出的农业投资建议，包括具有潜力的农业投资领域、投资模式推荐、投资风险规避以及政府政策建议等做了分析。

　　本书的写作得到了农业农村部农业国际交流与合作项目"一带一路"热带国家农业资源联合调查与开发评价课题的资助。还得到了民营企业全球发展战略与海外投资协同创新中心的资助支持。作者要感谢中国热带农业科学院科技信息研究所领导的大力支持，还要感谢浙江财经大学经济学院的老师，没有他们的帮助和支持，我们不可能完成本书的写作。

目　　录

前言

第1章

□□□□□□□□□□□□□□□□

导　言

近年来，中国对外经济在"一带一路"倡议的推动下蓬勃发展。2018年中国货物进出口总额超过46 000亿美元，占全球份额的11.8%，其中，对"一带一路"沿线国家的进出口总额超过13 000亿美元；2018年中国对外直接投资总额达到近1 298亿美元，其中，对"一带一路"沿线国家的直接投资额达到156亿美元。中国正在打造全方位对外开放新格局。

澜湄五国分别是老挝、缅甸、泰国、越南和柬埔寨，中国与它们之间通过澜沧江、湄公河相连。中国与澜湄五国有着相亲相近的文化，形成了历史悠久、深厚广泛的经济与人文联系。近些年来，澜湄五国是全球经济最活跃的地区，也是中国"一带一路"战略的重要目标地区。根据世界银行的统计数据，2018年澜湄五国的GDP平均增长率超过6%，人均GDP增长率超过5%。中国与澜湄五国在资源禀赋、产业结构方面有很大的互补性，澜湄五国的大米、水果、水产品、橡胶等产品深受中国消费者的欢迎，中国企业在资金、制造技术和管理经验方面的资源也正是澜湄五国的经济发展所需。中国与澜湄五国的经贸合作必然有很大的潜力，也能够为双方带来共赢（表1-1）。

表1-1　2018年澜湄五国的GDP增长和农业产值增长

国家	GDP增长率（%）	人均GDP增长率（%）	人均GDP（亿美元）	农业增加值增长率（%）	农业增加值（亿美元）
老挝	6.50	4.86	2 567	2.14	28.47
缅甸	6.20	5.55	1 325	1.27	174.87
泰国	4.13	3.80	7 273	5.01	409.89
越南	7.07	6.02	2 563	3.76	356.96
柬埔寨	7.52	5.93	1 512	1.40	54.08

数据来源：世界银行数据库。

澜湄五国政府都高度重视本国的农业发展。老挝政府在其制定的"2025年农业发展战略计划"和"2030年愿景"中，提出农业和林业部门到2020年将为国民生产总值贡献19%。缅甸政府将农业视为国家的基础经济，将大米作为缅甸出口战略计划中的七种主要出口产品之一，争取在2020年实现大米出口创汇10亿美元的目标。泰国政府制定了20年农业发展规划（2017—2036年），提出了推动国内务农人口至少要达2 500万、收入水平提高和可持续性发展的工作目标，并要求"以创新引领农业取得更大发展，以市场需求指导生产"，让泰国在农业生产和农产品加工方面进入世界先进行列。2018年越南政府提出"要力争在10年内将越南纳入世界上农业最发达前15大国家"的发展目标。在柬埔寨政府提出的"四角战略"中，"促进农业和农村发展"是柬埔寨实现包容性和可持续发展的首要内容。

澜湄五国多次表达希望与中国加强农业领域的合作，实现双赢。近年来中国与澜湄五国在农业领域的经贸合作越来越频繁，两个地区的农业贸易量与投资量逐年上升。中国向澜湄五国的农业初级产品出口从2010年的589.94百万美元提升到2018年的1 129.02百万美元，8年间增长近一倍。中国从澜湄五国的农业初级产品进口从2010年4 791.97百万美元提升到2018年的11 442.59百万美元，增长超过一倍（表1-2、表1-3）。

表1-2　中国向澜湄五国出口农业初级产品

单位：百万美元

年份	2010	2015	2016	2017	2018
老挝	0.35	0.16	—	2.02	1.71
缅甸	27.29	22.21	43.74	85.02	66.11
泰国	280.73	300.14	373.93	335.28	394.24
越南	278.72	385.11	424.07	662.71	645.00
柬埔寨	2.85	11.91	15.59	19.22	21.96
合计	589.94	719.53	857.33	1 104.25	1 129.02

注：2018年数字为估计值。

数据来源：联合国贸发会议组织。

表1-3　中国从澜湄五国进口农业初级产品

单位：百万美元

年份	2010	2015	2016	2017	2018
老挝	123.01	553.22	345.47	413.61	725.19
缅甸	276.98	297.77	360.18	273.61	324.54

（续）

年份	2010	2015	2016	2017	2018
泰国	3 542.53	4 391.34	4 946.95	7 101.47	6 288.55
越南	788.32	1 324.30	1 910.99	2 508.55	4 041.00
柬埔寨	61.13	35.54	36.25	37.30	63.31
合计	4 791.97	6 602.17	7 599.84	10 334.54	11 442.59

注：2018 年数字为估计值。

数据来源：联合国贸发会议组织。

澜湄五国的农业经济各具特色，它们与中国的农业发展和市场需求存在很大的互补性，两个地区的经贸合作有很大的发展空间。老挝的农业增加值虽然在澜湄五国中排名最后，但是它有着优越的自然资源，特殊的山地气候使得老挝农产品质量优良，老挝农业有着很大的开发潜力。缅甸地广人稀，地势北高南低。缅甸的伊洛瓦底江三角洲河道纵横，池塘密布，土地松软而肥沃，缅甸曾是全球重要的大米出口国之一。随着缅甸的经济开放性越来越高，缅甸的稻米、橡胶、豆类等农产品的出口量有望重新恢复到世界前列。泰国是澜湄五国中农业生产最为发达的国家，泰国的大米出口量长期位居世界第一，同时也是世界橡胶、水产品等产出量最大的国家。泰国农业正在向有机农业、优质农业、特色农业转型，它需要来自国际的技术、资金支持，助力泰国农业发展走上新台阶。越南农业是整个东南亚地区的后起之秀，它已经进入全球五大大米生产国以及三大大米出口国的行列。随着越南经济融入全球开放经济的程度越高，越南农业获得参与世界供应链的机会也越多，越南农业在世界的地位也会逐步提升。目前越南的农业科技相对落后，加工设备、农产品存储基础设施尚未发展，越南农业机械化、现代化是未来十年的发展方向。中国是柬埔寨最大投资来源地、最大贸易伙伴国、最大游客来源国，并且连续数年是柬埔寨的大米的最大出口目的地，同时也是柬埔寨的香蕉、木薯、橡胶等农产品的重要出口目的地。虽然柬埔寨的农业发展相对落后，但是它的农业资源丰富，中柬两国的农业合作发展有很大的上升空间。

随着"一带一路"建设的不断推进，中国与澜湄五国在农业发展方面的互补优势将充分释放，中国与澜湄五国在农业领域的合作也将迎来一个全面加速发展的时期。当前，越来越多的中国企业到澜湄五国进行农业投资，这些企业有的是经营多年的国有知名企业，例如广东广垦集团，也有的是享誉世界的民营企业，例如四川新希望集团，它们走出国门，将中国的资金、农业技术、人才、管理经验带到澜湄五国，不仅实现了自身发展的转型，也给澜湄五国农业带来了新面貌，带动了当地经济发展，提高了当地人民的收入水平，也为中国农业赢得了世界声誉。中国农业企业"走出去"，不仅是经营地域的扩大，也是对外投资经验的积累，国际经营管理水平的提升。它们在投资过程中遇到很多风险，想尽办法克服了投资活动中遇到的各种困难，为后续大批中国企业走出国门积累了宝贵财富。

老挝农业投资环境与政策

2.1 老挝的农业经济发展概况

2.1.1 老挝的地理气候

老挝全称老挝人民民主共和国（英文名 Lao People′s Democratic Repub-lic），它是东南亚的一个内陆国家，北邻中国，南接柬埔寨，东临越南，西邻泰国，西北接缅甸。老挝的国土面积有 23.68 万平方千米，分为上寮、中寮和下寮三大区，共有 17 个省和 1 个直辖市（万象市）。

老挝 80% 以上的地域都是海拔在 1 000～2 000 米的多山地区，其中森林面积为 18.9 万平方千米，占土地面积的 82%。老挝的耕地面积为 152 万公顷，占土地面积的 6.6%，它主要是湄公河沿岸的冲积平原形成的农业区。湄公河的上游是中国境内的澜沧江，流入中南半岛后的河段称为湄公河。老挝的年平均气温约 26℃，每年的 5 月至 10 月是老挝的雨季，11 月至次年 4 月是老挝的旱季。

2.1.2 老挝的经济与社会发展

2018 年老挝的人口为 691 万人（相当于我国广西壮族自治区人口的 1/7），人口增长率约为 1.5%，属于当前人口增长较快的国家之一。伴随快速的经济增长，老挝的城市化进程加快。2000 年老挝的城镇人口占总人口的 22%，城镇人口增长率为 6.26%。2018 年老挝的城镇人口占总人口的比例为上升至 35%，城镇人口增长率为 3.4%。2018 年老挝劳动力总数达到 356 万人，相较 2000 年的 241 万人，18 年间劳动力总数净增长 115 万人，增长了近 50%。老挝仍然以农业人口为主。2018 年老挝的服务业就业人员占就业总数的 22.8%，工业就业人员占就业总数的 9.08%。

近年来老挝的经济与社会发展较快，特别是教育普及和社会信息化方面有很大的进步。2018 年老挝的中学入学率为 68%，远高于 1990 年的 23%。2018 年老挝每 100 人中使用移动电话的人数达到 54 人，每 100 人中使用互联网的人数为 25 人左右。

近年来，老挝经济的年均增长速率在 6% 以上。2018 年老挝的 GDP 总量接近 180 亿美元，GDP 增长率为 6.5%，人均国民收入达到 2 460 美元。在三大产业中，农业、林业和渔业的比重逐年下降，从 1990 年的 46% 下降到 2018 年的 16%，工业和服务业的比重逐年提升。2018 年老挝的工业增加值为 57 亿美元，其中制造业增加值为 13 亿美元，农业增加值为 28 亿美元。

在澜湄五国中，老挝的农业增加值比重相对较高。不过近年来，除了泰国、越南的农业增加值比重较为稳定之外，柬埔寨、老挝和缅甸的农业增加值比重都有显著下降，其中老挝的农业增加值比重从 2005 年的 36.7% 下降到 2016 年的 19.48%。一般而言，农业经济比例下降，表明工业化、城市经济发展较快。不过，相对于工业经济、服务经济较发达的泰国而言，老挝的农业经济比重还很高（表 2-1）。

表 2-1　澜湄五国农业增加值占 GDP 比例（%）

年份	柬埔寨	老挝	缅甸	泰国	越南
2005	32.40	36.70	46.69	9.20	19.30
2010	36.06	30.63	36.80	10.53	18.89
2014	30.51	24.77	27.90	10.48	18.12
2015	28.25	—	26.75	9.14	18.89
2016	26.30	19.48	25.50	8.34	18.14

数据来源：世界银行。

近年来老挝的对外开放程度也在不断提高。2017 年老挝的货物和服务进口额为 69.9 亿美元，货物和服务的出口额为 57.8 亿美元。2018 年老挝的货物和服务出口额占 GDP 的比例为 34%，货物和服务进口额占 GDP 的比例 41%。1997 年 7 月老挝正式加入东盟，成为东盟成员之一。2013 年 2 月老挝正式加入世界贸易组织。同时，老挝也是中国—东盟自贸区成员（10＋1）和大湄公河次区域（GMS）的合作成员。老挝作为世界最不发达国家之一，它享受很多其他市场准入优惠和商品贸易优惠。欧盟等将老挝列为其普惠制的受惠国，对于从老挝进口的所有商品施行免关税和无配额限制。中国也对老挝的部分商品免除进口关税。这些贸易优惠措施的提供使得老挝的贸易发展有很大的优势。

老挝的主要出口商品是矿产品、农产品、手工业产品、电力等，主要进口商品是日用品、建材及家用电器等。由于制造业不发达，老挝的日常用品较为缺乏，从中国、泰国等进口大量的工业制成品。2017 年老挝的前三大进口来源地为泰国（占 59.1%）、中国（21.5%）和越南（9.8%）；前三大出口目的地为泰国（占 42.6%）、中国（28.7%）和越南（10.4%）。在对外投资方面，近年来老挝的净 FDI（外国直接投资）流入量提升很快，FDI 流入金额从 1990 年的 0.06 亿美元提升到 2018 年的 15.99 亿美元（表 2-2）。

表 2-2　1990—2018 年老挝经济社会发展状况

	指　　标	1990 年	2000 年	2010 年	2018 年
社会发展指标	人口总数（百万）	4.26	5.32	6.25	7.06
	人口年均增长率（%）	2.8	1.7	1.6	1.5
	出生时的预期寿命（年）	54	59	64	67
	中学入学率（%）	23	34	47	68
	森林面积（万平方千米）	17.64	16.53	17.82	18.95
	城市人口增长率（%）	5.1	6.3	3.6	3.4
	移动电话使用人数比例（%）	0	0.2	64.1	54.1
	使用互联网人数占人口比例（%）	0	0.1	7	25.5
经济指标	GDP（十亿美元）	0.87	1.73	7.13	18.13
	GDP 增长率（%）	6.7	5.8	8.5	6.5
	人均国民总收入（现行美元）	190	280	1 000	2 460
	每天 1.90 美元生活开支的贫困人口比例（%）	32.2	33.8	22.7	—
	资本形成比例（%）	14	13	27	29
	年均通货膨胀率（%）	37.9	24.8	9.2	1.7
	农业、林业和渔业增加值占 GDP 的比例（%）	46	34	23	16
	工业（含建筑业）增加值占 GDP 的比例（%）	14	16	30	32
	商品和服务出口占 GDP 的比例（%）	11	31	35	34
	商品和服务进口占 GDP 的比例（%）	25	38	49	41
	净 FDI 流入（百万美元）	6	34	279	1 599

（续）

	指 标	1990 年	2000 年	2010 年	2018 年
经济 指标	收到官方发展援助净额（百万美元）	149.1	280.9	413.4	475.9
	净移民数（千人）	−61	−148	−177	−74
	个人汇款（百万美元）	11	1	42	271

数据来源：世界银行。

2.1.3 老挝的农业发展概况

2.1.3.1 农业耕地和产值

老挝地广人稀，农业经济发展潜力大。2016 年老挝的永久性作物用地占全部土地的 73.22%，其中森林资源丰富，森林覆盖率超过 70%。老挝的农业用地占全部土地面积的 10.2%，耕地面积占全部土地的 6.61%，耕地面积达到 152 万公顷。老挝的农作物主要是稻谷，其中糯稻占 90%。老挝的谷物种植面积占全国农作物种植面积的 85%，2017 年的谷物种植面积达到 116.33 万公顷，谷物种植主要分布在万象地区、沙湾拿吉省、沙拉湾省和占巴色省等，其中南部三省稻谷产量占总产量的 40%（表 2-3）。

表 2-3 2000—2017 年老挝农业生产概况

指 标	2000 年	2010 年	2016 年	2017 年
国土面积（平方千米）	230 800	230 800	230 800	230 800
森林面积（平方千米）	165 259	178 155	189 505	—
森林面积（占土地面积的百分比，%）	71.60	77.20	82.10	
城市土地面积（平方千米）	1 018.75	1 018.75	—	
农村土地面积（平方千米）	227 855.5	227 855.5	—	
永久性作物用地（占土地的百分比，%）	35.10	56.33	73.22	
农业用地（占土地面积的百分比）	7.82	9.61	10.20	
农业用地面积（平方千米）	18 060	22 200	23 690	
耕地（占土地面积的百分比，%）	3.98	6.06	6.61	
耕地（人均公顷数）	0.172 8	0.224 0	0.222 7	
耕地（公顷数）	920 000	1 400 000	1 525 000	
谷物耕地（公顷）	768 370	1 067 859	1 232 237	1 163 324
谷物产量（吨）	2 318 700	4 091 515	5 701 160	5 232 304
谷类产量（千克/公顷）	3 017.7	3 831.5	4 626.7	4 497.7

数据来源：世界银行。

如表 2-4 所示，在澜湄五国中，老挝的农业用地面积比例是最低的，老挝的耕地面积比例也是澜湄五国中最低的（表 2-5），主要原因是老挝的大部分土地是山地和丘陵，山地和丘陵加起来的面积几乎占近了老挝国土面积的 70%。但老挝森林资源丰富，有大片原始热带雨林，盛产优质木材，如红桑枝木、紫檀木、桧木等，在林木产品出口、橡胶种植等方面具有很大的优势。

表 2-4　澜湄五国农业用地比例比较

单位：%

年份	柬埔寨	老挝	缅甸	泰国	越南
2012	32.60	10.7	19.28	42.79	34.97
2013	32.86	10.12	19.27	43.28	35.07
2014	30.90	10.26	19.36	43.28	35.07

数据来源：世界银行。

表 2-5　澜湄五国耕地比例比较

单位：%

年份	柬埔寨	老挝	缅甸	泰国	越南
2012	23.23	6.28	16.56	32.41	20.64
2013	23.48	6.45	16.49	32.90	20.67
2014	21.53	6.61	16.52	32.90	20.67

数据来源：世界银行。

从 2005 年到 2016 年，老挝的农业生产稳步增长。如表 2-6 所示：在澜湄五国中，老挝和越南的农业产值增长相对稳定，2016 年老挝的农业增加值增长率为 2.76%，高于柬埔寨（1.43%）、缅甸（-0.4%）、泰国（0.59%）、越南（1.36%）。老挝的农业一直保持较稳定的发展。

表 2-6　澜湄五国农业增加值增长率比较

单位：%

年份	柬埔寨	老挝	缅甸	泰国	越南
2005	15.72	0.72	12.08	-0.05	4.19
2006	—	—	—	—	—
2007	5.03	8.63	7.94	1.90	3.96

（续）

年份	柬埔寨	老挝	缅甸	泰国	越南
2008	5.71	3.72	5.60	2.93	4.69
2009	5.42	2.83	5.57	−0.24	1.91
2010	3.96	3.19	4.68	−0.46	3.29
2011	3.08	2.66	−0.70	6.30	4.23
2012	4.31	—	1.70	2.71	2.92
2013	1.57	2.83	3.60	0.71	2.64
2014	0.28	4.15	2.75	−0.55	3.44
2015	0.20	3.56	3.40	−5.42	2.41
2016	1.43	2.76	−0.40	0.59	1.36

数据来源：世界银行。

老挝的农产品主要是稻谷（糯米、粳米和旱稻）、玉米、薯类等粮食作物和甘蔗、咖啡、大豆、果蔬等经济作物。2016年老挝的食物生产净值达到25.17亿美元，相较于1995年的产值增长了4倍多。尽管老挝的食物生产有了很大提高，但是其占GDP的比重却在不断下降，从1995年的45%下降到2016年的17%，这表明老挝正在经历较快的工业与服务业发展阶段。在过去20多年里，老挝的谷物、植物油生产增长了近4倍，水果和蔬菜生产增长了近10倍，牲畜和肉类生产增长相对缓慢，仅增长了2倍左右。2017年老挝的谷物产量达到523万吨，每公顷的谷物产量达到4 497.7千克，超过老挝年人均300～350千克的实际消费需求。在老挝的谷物生产中，旱稻的产量比例最大，占到70%左右。近些年来老挝政府高度重视农业基础设施建设，在中国的大力帮助下，老挝的灌溉设施等得到显著改善，旱稻的种植面积增加，产量也稳步提升。

按照老挝政府的规划，2020年的水稻生产将提升到450多万吨，咖啡生产将提升到16万吨，另外，玉米、木薯、肉类、鸡蛋、鱼类的生产也将扩大①。老挝政府还大力鼓励现代农业生产，提升农业经济发展效益。由表2-7可以看出，老挝的谷物生产指数从1995年的52提升到2016年的180，增长了2倍多；薯类生产增长更为显著，其生产指数从1995年的78增长到2016年的1 385，其他经济作物也有显著的增长（表2-7）。

---

① 数据来源：中国驻老挝经商参处。

表 2 - 7　老挝主要经济作物生产状况

	指　　　标	1995 年	2005 年	2016 年
食物供给	食物生产净值（百万美元）	623	1 202	2 517
	农业增加值（占 GDP 百分比，%）	40	26	17
	食物出口（百万美元）	27	6	187
	食物进口（百万美元）	45	85	761
生产指数 （2004— 2006 年＝100）	食物	52	101	211
	农作物	50	101	241
	谷类	52	100	180
	植物油	69	112	262
	薯类	78	85	1 385
	水果和蔬菜	24	104	263
	糖	29	92	950
	牲畜	74	99	126
	牛奶	85	99	133
	肉类	75	99	126
	鱼类	45	97	202

数据来源：世界银行。

2.1.3.2　农业基础设施

　　一直以来，老挝的农业基础设施薄弱，受到自然灾害的影响大。近年来，老挝政府加大了水利灌溉、农村电网方面的投入，积极改善种植生产，鼓励优质稻种和现代耕种技术的使用，大力扶持大米出口。根据老挝农林部的资料显示，老挝在雨季的水稻种植面积为 87.5 万公顷，到了旱季，只有灌溉区的 10 万公顷适宜种植。老挝要增加水稻产量，就必须改善旱季的种植面积，也需要加大在灌溉工程方面的投入。

　　在老挝的中部甘蒙省永玛拉县有利用中方优惠出口买方信贷兴建的南腾二号电站尾水三号闸门灌溉项目，该项目 2015 年建成，全长约 101 千米，灌溉面积 2 800 多公顷。该项目对于增加可耕地面积、缓解雨季水涝危害、提高农作物产量等都有重要意义。项目极大地提升了永玛拉县的稻谷产量，永玛拉县在雨季的稻谷基本可以满足农户的消费，而旱季稻谷则可以出口到泰国、越南等国。除此之外，灌溉项目还带来其他经济作物，例如蔬菜、水果、鱼类等的产量增加，提升了农业供给能力。

2.1.3.3 农产品贸易

老挝的农业以生态农业为主，几乎不施用化肥、农药，因而具有较强的出口竞争优势。不过，老挝的农产品还未形成大规模生产种植，出口金额还相对较低。根据老挝海关的统计资料，2017 年老挝出口了 98 类农业产品，出口创收 10 亿美元，其中 5.2 万吨咖啡出口创收 0.97 亿美元，出口经济作物创收 0.3 亿美元，出口甜玉米创收 0.37 亿美元，出口水果创收 1.46 亿美元，出口香蕉创收 1.27 亿美元，出口干木薯创收 0.23 亿美元，出口橡胶创收 1 亿美元。老挝还出口甘蔗、大豆、茶叶等经济作物。它的农产品的主要出口市场为泰国、越南和中国。

表 2-8　2009 年老挝主要农产品生产情况

作物名称	种植面积（万公顷）	单产量（吨/公顷）	总产量（万吨）
早稻	68.00	3.76	245.00
晚稻	9.40	4.79	45.20
旱稻	12.90	1.83	22.40
玉米	17.60	4.82	84.90
糯玉米	2.50	3.25	8.00
黄豆	1.30	1.54	1.95
木薯	1.10	14.70	15.30
咖啡	6.50	0.88	4.60
烟叶	0.50	10.10	4.84
棉花	0.26	0.90	0.23
甘蔗	1.70	40.00	70.30

数据来源：中华人民共和国驻老挝使馆经商处官方网站。

中老农业贸易发展迅速。中国海关的统计资料显示，2017 年中老双边贸易额为 30.2 亿美元，同比增长 28.6%，增幅在东盟国家中位居第二。老挝的木材、烟草、稻谷、玉米、甘蔗、咖啡、木薯干等是出口中国的大类商品。2018 年老挝向中国出口各种原木、木材价值 2.15 亿美元。老挝产的大米绿色、优质，深受中国消费者的欢迎，2018 年老挝向中国出口大米为 0.58 亿美元（表 2-9）。

表 2 - 9　2018 年中国出口老挝的主要商品

单位：美元

向老挝出口的主要产品		从老挝进口的主要产品	
烟草	13 035 492	各种原木、木材	215 018 913
白酒	3 645 461	烟草	16 721 693
墨鱼及鱿鱼	13 846 872	稻谷	58 988 322
未焙制的麦芽	8 667 436	玉米	40 631 899
制刷用山羊毛	3 397 499	甘蔗	53 243 487
已焙炒未浸除咖啡因的咖啡	2 040 500	未焙炒未浸除咖啡因的咖啡	2 577 121
干木耳	3 454 763	未列名哺乳动物	1 090 000
干香菇	1 175 959	木薯干	2 476 126

数据来源：联合国粮食与农业组织。

中国从老挝进口的农产品主要包括：烟草、木耳、香菇、苗木、糙米、咖啡等。对比其他澜湄四国，中国从越南进口的主要是水果产品，从泰国进口的主要是鱼类水产品和水果产品，从柬埔寨、缅甸进口的主要是烟草、未焙制的麦芽、水果等。进一步比较发现，中国从澜湄五国的进口金额排名由大到小依次是越南、泰国、缅甸、老挝、柬埔寨，其中从越南的进口量是从泰国的进口量的 2 倍左右，从泰国的进口量又是从缅甸的进口量的 4 倍左右，从缅甸的进口量是从老挝的进口量的 4 倍左右，从老挝的进口量与从柬埔寨的进口量相当（表 2 - 10、表 2 - 11）。

表 2 - 10　2017 年与 2018 年中国从老挝进口的主要农产品

单位：美元

2017 年		2018 年	
籼米精米	97 595	烟草废料	179 820
鲜龙眼	148 030	食用水果或坚果种用苗木	228 800
其他芝麻	264 141	其他烟草或烟草代用品的制品	240 554
咖啡浓缩精汁制品	446 792	加味、加糖或其他甜物质的水	249 568
籼米稻谷	465 773	干银耳	353 828
制造淀粉残渣	486 469	其他部分或全部去梗的烟草	377 398

（续）

2017 年		2018 年	
麦芽酿造的啤酒	920 542	长粒米糙米	408 777
西谷茎髓及植物根茎粉	1 373 919	烟草制的卷烟	425 788
木薯淀粉	1 758 844	部分或全部去梗的烤烟	1 101 644
木薯干	1 855 895	干香菇	1 175 959
其他供吸用的烟草	2 408 554	未列名的坚果及其他子仁	1 302 688
烟草制的卷烟	3 187 430	未列名含油子仁及果实	2 030 635
其他植物液汁及浸膏	3 280 340	已焙炒未浸除咖啡因的咖啡	2 040 500
其他精米	3 748 093	制刷用山羊毛	3 397 499
经其他加工的未列名谷物	5 307 568	干木耳	3 454 763
未焙炒未浸除的咖啡	7 432 312	白酒	3 645 461
甘蔗	17 775 657	未焙制的麦芽	8 667 436
籼米糙米	28 449 028	其他供吸用的烟草	10 710 288
玉米 种用除外	45 135 009	制作或贮藏的墨鱼及鱿鱼	13 846 872

数据来源：中国海关。

表 2 - 11　2018 年中国从越南、泰国、柬埔寨和缅甸的十大进口商品

单位：美元

越南		泰国	
干香菇	889 959 293	干香菇	230 063 612
干木耳	380 499 596	鲜葡萄	225 997 068
鲜或冷藏的蒜头	304 167 644	冻的墨鱼及鱿鱼	182 842 390
填充用羽毛，羽绒	281 196 607	干木耳	165 817 310
鲜或冷藏的洋葱	243 993 604	制作的墨鱼及鱿鱼	144 695 407
其他柑橘	223 617 585	鲜苹果	142 996 755
鲜葡萄	153 715 584	其他柑橘	138 609 376
鲜苹果	148 474 417	盐渍绵羊肠衣	115 642 477
制成的饲料添加剂	134 935 305	其他冻的墨鱼及鱿鱼	115 160 933
其他鲜梨	106 590 944	其他鲜梨	66 155 393

（续）

柬埔寨		缅甸	
未焙制的麦芽	6 133 111	鲜苹果	76 223 983
烟草制的卷烟	4 995 440	填充用羽毛；羽绒	64 929 088
调味紫菜	4 710 238	味精	60 161 871
白酒	4 370 849	其他柑橘	56 026 467
其他肉、食用杂碎制成香肠	4 276 812	麦芽酿造的啤酒	27 405 384
其他零售包装狗食或猫食饲料	3 509 295	鲜葡萄	19 007 576
部分或全部去梗的烤烟	3 120 736	其他鲜梨	16 809 273
冻带鱼	1 562 952	其他葵花子	15 140 246
干香菇	1 467 436	红茶及其他半发酵茶	14 274 933
制成的饲料添加剂	1 447 395	未焙制的麦芽	11 674 619

数据来源：中国海关。

2.2　老挝的营商环境与投资政策

2.2.1　老挝的营商环境

2.2.1.1　老挝营商环境的总体评价

营商环境评价是对东道国的投资环境的一个综合评价，它衡量投资、创设企业与经营企业的难易程度。从 2002 年开始，世界银行每年发布涵盖全球几乎所有经济体的营商环境报告，其报告内容涉及开办企业、办理施工许可证、获得电力、登记财产、获得信贷、保护少数投资者、纳税、跨境贸易、物流、执行合同等方面的创设企业与经营企业的效率指标。它是了解世界各国的营商与投资环境的一份权威报告。

在世界银行的《2019 年营商环境报告》中，老挝在全球 190 个经济体的营商环境综合排名中位居第 154 位，排名相对靠后。在中国出口信用保险公司的国家风险评级中，得分为 6，其国家风险的展望基本处于平稳水平。在 2017 年全球清廉指数评分中，老挝的得分为 135，清廉程度相对靠后。在世界经济论坛的《2017—2018 年全球竞争力报告》中，老挝在全球 137 个国家和地区的竞争力排名中位居第 98 位。整体而言，老挝的营商环境排名相对靠后，但是近年来有了很大的提升（表 2 - 12）。

表 2 - 12　老挝的营商环境和竞争力总评

评级机构	评级时间	主权信用评级及展望
中国信保	2018 年 10 月	国家风险评级 6（6/9），展望稳定 主权信用风险评级 CCC（7/9）展望稳定
2017 年全球清廉指数	2018 年	135/180
2019 年世界银行营商便利度排名	2019 年	154/190
世界经济论坛	2019 年	全球竞争力 98/137

数据来源：世界银行《2019 年营商环境报告》、商务部《对外投资合作指南：老挝（2018）》、世界经济论坛《2017—2018 年全球竞争力报告》。

老挝政府认识到外国投资对促进本国经济的重要性，大力改善营商环境，包括软硬件设施，并在促进投资便利化方面做出很多努力。

一是简化企业创设流程、进出口流程等。老挝政府要求工业与贸易部减少办理注册公司程序所需天数，以提升投资便利。同时，老挝政府通过引进电子系统精简流程，加快业务审批速度，提升服务效率。老挝在万象省、琅勃拉邦省、波里坎塞省、甘蒙省、沙湾拿吉省和占巴色省及万象市等地开始使用 Easy Tax 电子税收系统征税，并通过老挝外贸银行、老挝发展银行、农业促进银行和老越银行等实现企业和个人在线缴税。

二是改进老挝政府重点改善包括农田水利设施、交通运输设施、电力设施在内的各项基础设施。通过与中国的合作，加快农田灌溉系统的改造以及中老铁路的建设，老挝近年来开通了多条从老挝到中国主要城市的航班，加大两国人员与信息的流动。此外，老挝还加大了与中国高校（如湖南农业大学等）、科研机构的互动，提升其科技水平与劳动力素质。

三是完善投资服务，包括构建"一站式"服务、跟踪项目实施进展等，推动外来投资发展。

2.2.1.2　政局及法制完善程度

老挝的政局基本稳定，社会治安形势相对较好。老挝实行社会主义制度，老挝人民革命党是老挝唯一政党。该党致力于对外开放与经济发展。老挝与 136 个国家建交，与 19 个国家和地区签订了贸易协定，有 35 个国家或地区向老挝提供优惠关税待遇。

中国与老挝之间有着长期的睦邻友好关系，两国政府在各个层面都有广泛交流与互动。2009 年 9 月，中老两国关系提升为全面战略合作伙伴关系。2017 年 11 月中共中央总书记、国家主席习近平对老挝进行国事访问；2018 年

5 月老挝国家主席本扬·沃拉吉访华；2019 年 4 月 30 日，中共中央总书记、国家主席习近平与老挝人民革命党总书记、国家主席本扬·沃拉吉在北京签署《中国共产党和老挝人民革命党关于构建中老命运共同体行动计划》，中老两国、两党关系进入新的发展阶段。

与政局稳定相比，老挝的政府管理绩效评级不高，缺乏一个有力的法律执行框架。根据世界银行《2019 年世界营商环境报告》的评估资料，老挝在公共部门透明度、问责性和腐败评级、社会保障评级、金融部门评级等方面的评分相对较低。整体而言，老挝的公共部门管理质量处于中等偏下水平（表 2-13）。

表 2-13　政府管理绩效评级（1＝低至 6＝高）

指　　标	2005 年	2015 年	2016 年	2017 年
公共部门透明度、问责性评级	2.0	2.5	2.5	2.5
社会包容性/公平政策集群平均值	3.1	3.4	3.4	3.4
公共部门管理和机构集群平均值	2.5	3.1	3.1	3.1
社会保障评级	2.0	2.5	2.5	2.5
财产权和基于规则的治理评级	3.0	3.0	3.0	3.0
公共资源使用公平性评级	3.5	3.5	3.5	3.5
公共管理质量评级	2.5	3.0	3.0	3.0
宏观经济管理评级	4.0	3.5	3.5	3.5
人力资源建设评级	3.0	3.5	3.5	3.5
性别平等评级	3.5	4.0	4.0	4.0
财政政策评级	3.5	3.5	3.0	3.0
金融部门评级	1.5	2.0	2.0	2.0
预算和金融管理质量评级	2.5	3.5	3.5	3.5
环境可持续性政策和制度评级	3.5	3.5	3.5	3.5
债务政策评级	3.5	3.5	2.5	2.5
企业监管环境评级	3.0	3.5	3.5	3.0
法律权利力度指数（0＝弱，12＝强）	—	—	6.0	6.0

数据来源：世界银行《2019 年世界营商环境报告》。

从政府清廉度评价来看，老挝的得分并不高。世界银行的调查资料显示，公司对公职人员的非正常支付比例（占公司收入的百分比）在 2018 年达到 36.7％，经历过一次以上的索贿的公司比例在 2018 年达到 40.3％。腐败问题可能成为影响外国投资的一个重要障碍因素。

从社会治安状况评价来看，老挝的民风相对淳朴，人民友善。近年来公司经历盗窃、抢劫的比例为 9.5%，且呈现逐年下降的趋势；由盗窃、抢劫等导致的损失占销售额百分比也仅为 2.3% 左右（表 2-14）。

表 2-14　社会治安状况与政府清廉度

	指　　标	2009 年	2012 年	2016 年	2018 年
政府清廉度	对公职人员的非正常支付（占公司的百分比）	39.9	36.2	70.2	36.7
	索贿比例（至少经历一次索贿的公司比例）	39.2	37.3	16.4	40.3
社会治安状况	公司经历盗窃、抢劫的比例（占公司百分比）	21.7	25.5	1.9	2.3
	由盗窃、抢劫等导致的损失（占销售额百分比）	1.2	2.7	4.0	9.5

数据来源：世界银行《2019 年世界营商环境报告》。

有力的合同执行是确保投资信心和投资效率的重要因素。在合同执行力评价方面，老挝在全球 190 个经济体中排名第 162 位。在遇到商务纠纷时，如果需要通过司法审判来执行合同，所耗时间几乎长达两年，合同纠纷审判和执行判决结果一般要耗时 344 天和 365 天。通过司法审判来执行合同所耗的成本也相对较高，各种费用占索赔金额的比例达到 31.6%，这一评价显示出老挝政府的行政效率相对较低。当然，也可能与老挝整个社会的慢生活节奏相关，一定程度影响了当地人的思维模式和办事效率（表 2-15）。

表 2-15　老挝合同执行力度评价

指　　标	数值
合同执行申请耗时（天）	119
合同纠纷审判耗时（天）	344
执行判决耗时（天）	365
合同执行所耗成本（占索赔比例,%）	31.6
律师费用（占索赔比例,%）	27.9
诉讼费（占索赔比例,%）	1.4
执行费（占索赔比例,%）	2.3
司法程序质量指数（0～18）	3.5
司法行政质量指数（0～18）	3.5

数据来源：世界银行《2019 年世界营商环境报告》。

2.2.1.3　创办企业便利程度

2018 年老挝在全球 190 个经济体中的创立企业便利程度排名位于第 180

位（其他澜湄四国的排名分别是缅甸排名第 152 位、泰国排名第 39 位、越南排名第 104 位、柬埔寨排名第 185 位），总得分为 60.88。其中，企业注册所需要的程序为 10 项，创立企业所需要的天数为 174 天，注册资产所需时间为 28 天，取得营业执照的时间为 27 天；建立仓库所需时间为 92 天，所需程序为 12 个。创立企业所需要的成本占人均收入的 7%（表 2-16）。

表 2-16　老挝创立企业便利程度

指　　　标	2005 年	2009 年	2013 年	2018 年
企业注册的启动程序（数量）	10	11	9	10
创办企业所需时间（天）	135	86	88	174
开办企业流程的成本（占人均 GNI 的百分比）	25.6	14.5	12.4	7.0
财产登记程序（数量）	9	9	6	6
注册资产所需时间（天）	46	46	55	28
履行合同所需时间（天）	828	828	828	828
法律权利力度指数（0＝弱，12＝强）	—	—	2	6
取得营业执照所需时间（天）	—	13.6	—	27
建立仓库的程序（数量）	11	11	12	12
仓库建设所需时间（天）	98	83	92	92

数据来源：世界银行《2019 年世界营商环境报告》。

从近年发展情况来看，创立企业的成本在老挝不断下降，从 2005 年的 35.1%，下降到 2018 年的 7%。这一比例下降的原因有两个方面：一是近年来老挝的营商环境确实在改进，二是近年来老挝的人均收入提升较快。

在老挝创立企业的效率相对较低。统计资料显示，在经合组织（OECD）成员国家开办企业的手续数为 4.9 个，仅为老挝的手续数量的一半。在耗费时间上，老挝的时间耗费远高于经合组织成员。老挝与东亚及太平洋地区的其他经济体相比，创设企业的效率也相对较低（表 2-17）。

表 2-17　老挝与东亚地区经济体及经合组织成员的创立企业效率比较

指　　　标	老挝	东亚及太平洋	经合组织
开办企业手续（个数）	10.0	6.8	4.9
时间（天）	174.0	25.9	9.3
成本（占人均收入百分比）	6.6	17.8	3.1
实缴资本下限（占人均收入百分比）	0.0	4.0	8.6

数据来源：世界银行《2019 年世界营商环境报告》。

从澜湄五国横向比较来看，企业运营启动时间最短的是缅甸 13 天（2014 年为 72 天，经过政策改革之后转变为 13 天），其次是越南和泰国，两者的启动时间在 25 天左右，其中泰国的营商环境一直比较稳定，创立企业所需时间有一个稳定的下降趋势。柬埔寨（99 天）和老挝（67）创立企业所需时间要远高于泰国、越南（表 2 - 18、表 2 - 19）。

表 2 - 18　澜湄五国企业运营启动时间比较（天）

年份	柬埔寨	老挝	缅甸	泰国	越南
2010	102	93	—	32	36
2011	102	93	—	29	36
2012	102	92	72	29	32
2013	101	92	72	27.5	34
2014	101	92	72	27.5	34
2015	87	73	13	27.5	20
2016	99	67	13	25.5	24

数据来源：世界银行《2019 世界营商环境报告》。

表 2 - 19　澜湄五国企业的业务启动成本人均 GNI 比较（％）

年份	柬埔寨	老挝	缅甸	泰国	越南
2010	127.5	8.9	—	6.9	12.1
2011	109.1	7.6	—	7.0	10.7
2012	99.9	7.1	187.5	6.7	8.8
2013	150.6	6.7	176.7	6.7	7.7
2014	139.5	5.7	155.9	6.6	5.3
2015	78.7	4.9	97.1	6.4	4.9
2016	57.2	4.6	40.4	6.6	4.6

数据来源：世界银行《2019 年世界营商环境报告》。

2.2.1.4　基础设施完善程度

长期以来，老挝的基础设施一直处于落后状态。但近年来在中国以及国际组织的帮助下，老挝的各项基础设施有了很大改进，基础设施的建设投资也逐年递增。

1. 交通设施

老挝是内陆国，各个城市的交通主要是公路和铁路。贯通老挝南北的 13

号公路，全年基本保持通畅，老挝全国没有高速公路，混凝土公路相对较少，主要是柏油路、碎石路，公路运输占全国运输总量的79%。2018年4月4日，云南建投集团投资建设的万象—万荣高速公路项目开工，建成后将极大促进老挝境内交通运输发展。

老挝的铁路里程很少，现有铁路仅3.5千米，它从老挝的首都万象通往老泰边境的友谊大桥。该铁路由泰国政府投资1.97亿泰铢修建，2009年3月正式通车。2016年中老铁路建设开工，计划于2021年12月通车，通车以后将带动磨丁—磨憨跨境经济合作区的发展。

在空运方面，老挝有12个机场，较大的机场有万象瓦岱机场、琅勃拉邦机场和巴色机场20多条航线，主要国际航线有：万象—昆明、万象—南宁、万象—广州、万象—常州、万象—曼谷、万象—河内、万象—胡志明市、万象—吉隆坡、万象—新加坡等。2017年的航空客运量为119万人次。

水运是老挝的重要运输方式之一。湄公河在老挝境内全长1 800多千米，流经13个省（市），运输总量占全部交通设施的运输总量的18%。

2. 物流基础设施

老挝的物流成本相对较高，一个25吨的集装箱的物流成本为每千米2.5美元，几乎是其他东盟邻国的2倍，物流成本高的原因之一是交通等基础设施的相对落后。表2-20显示，如果物流绩效最高水平为5，老挝的物流绩效处于2.5以下，在货物追踪能力、货物预计到达准确程度、物流服务质量、清关效率等方面都相对落后。这一问题也需要老挝政府重视，改善物流行业和基础设施，以便吸引更多的投资。

表2-20 2019年老挝物流绩效指数（1=低，5=高）

指　　标	2010 年	2016 年	2017 年
综合分数	2.46	2.06	—
追踪查询货物的能力	2.45	1.76	—
货物在预定或预期的时间内到达收货人的频率	3.23	2.67	—
物流服务的能力和质量	2.14	2.09	—
安排价格具有竞争力的货运的难易度	2.70	2.17	—
贸易和运输相关基础设施的质量	1.95	1.76	—
物流绩效指数：清关程序的效率	2.17	1.84	—
港口基础设施的质量（1=欠发达至7=发达）	—	2.20	2.3
海关手续负担（1=效率极低，7=效率极高）	—	4.00	3.8

数据来源：世界银行《2019年世界营商环境报告》。

3. 电力设施

老挝水电资源丰富，电力出口已经占老挝出口总额的相当比例，但老挝的电力资源并未完全开发，老挝正全面加大这一领域的投资。截至 2015 年老挝拥有 1 兆瓦以上的电站有 38 座，其中水电站项目 37 个，总装机容量 626.48 万千瓦。中资企业在老挝以 BOT（建设—经营—转让）形式开发有南立 1-2 水电站和南俄 5 水电站。其中，老挝国家电力公司拥有电站 12 座，占总装机容量的 12.34%；私人投资电站 26 座，占总装机容量的 87.66%。目前还有一些在建电站项目。老挝电力除自用外还出口到泰国、越南。近年来随着泰国、越南经济的快速发展，对进口老挝电力的需求越来越大，老挝出口电力的收入将进一步增加。2015 年老挝出口电力 113.66 亿千瓦时，占发电总量的 76.1%，收入约 5.65 亿美元。不过，在老挝境内还有少部分村、县尚未通电。

对于在老挝新创立的企业，要实现企业通电所需的时间为 105 天（2018 年），而 2010 年通电所需时间为 135 天，这说明老挝的电力设施有了较大改善，不过相对其他国家仍有差距。企业在一个典型月份里经历的电力中断次数为 0.2 次，通电延误时间通常为 14.7 天，会造成 0.9% 的销售值损失（表 2-21）。

表 2-21　老挝的电力供应状况

指　　标	2010 年	2012 年	2016 年	2018 年
通电所需时间（天数）	135	135	105	105
电力中断导致的价值损失（占销售额比例）	—	2.5	2.6	0.9
经历断电的公司的比例	—	88.7	51.9	78.5
企业在一个典型月份里经历的电力中断（次数）	—	2.3	0.9	0.2
通电延误（天数）	—	22.7	23.4	14.7

数据来源：世界银行《2019 年世界营商环境报告》。

在中国"一带一路"倡议下，老挝的电力基建项目开发加大。2018 年老挝电力增长速度为 9.22%，占老挝 GDP 经济总量的 12%，电力成为老挝的支柱产业。在过去的十年里，中国企业帮老挝承建了多个水电项目：中国重型机械有限公司承建的老挝南俄 4 水电站；中国电建集团承建南马江梯级水电站工程 EPC 合同等；中国建筑公司实施的老挝琅勃拉邦海螺水泥项目；中国水利水电十局与中电建十五局联营体承建的老挝东萨宏水电站项目；中国电建成都勘测设计院有限公司以 EPC 方式总承包老挝南普水电站项目；中国航空技术国际控股有限公司以 EPC 方式总承包老挝 Nam Dik 一期水电站项目等。2019 年 4 月，在中国国家电网所属的中国电力技术装备公司的帮助下，老挝万象 500 千伏/230 千伏输变电项目开工。可以预计，未来时期老挝的电力供应状况会越来越好。

4. 通信设施

在通信基础设施方面，老挝在中国华为公司等的帮助下基本建成全国通信网络，光缆分南北和东西走向，全长 6 000 千米。通信基础设施的完善使得老挝的无线电话使用人群比例提升到 54.1%，互联网使用的人群比例提升到 25.5%，极大地改善了老挝的信息传输状况。

2.2.1.5　商务成本水平

商务成本是企业运营的重要成本，它包括税负以及水电、土地等资源的使用成本。

1. 税负水平

近些年来，老挝政府为了吸引外来投资，不断降低企业的税负水平。企业总税负占商业利润比例的从 2005 年的 35.2% 下降到 2018 年的 24.1%。在总税负中，利润税（即所得税）所占的比例最大，2018 年为 16.4%，相对于 2005 年的 27.1%，下降了近 10 个百分点。除了利润税，还有其他税种，其所占比例较小。另外，老挝存在一定的腐败现象，企业在纳税过程中会被期待送礼，这一比例高达 35.2%。筹纳税所需的时间也较多，2018 年达到 362 小时（表 2-22）。

表 2-22　老挝的税负水平

指　　标	2005 年	2009 年	2012 年	2016 年	2018 年
总税负占商业利润比例（%）	35.2	31.4	31.4	26.2	24.1
利润税占商业利润比例（%）	27.1	25.1	25.1	15.8	16.4
劳动税和缴费占商业利润比例（%）	5.6	5.6	5.6	6.8	6.8
企业其他应缴税种占商业利润比例（%）	2.5	0.6	0.7	3.7	0.9
纳税项（个）	34	34	34	35	35
企业与税务官员见面的平均次数	—	5.5	4.4	5	2.8
与税务官会面时被期待送礼的企业占比例（%）	—	26.2	23.5	13.7	35.2
筹纳税所需时间（小时）	672	362	362	362	362

数据来源：世界银行《2019 年世界营商环境报告》。

2. 水、电、燃气的价格

在老挝的主要城市，水、电、燃气等基本能够保证供应，且成本相对低。具体价格见表2-23：

表2-23 2018年老挝的水、电、气的价格

用途	水（美元/立方米）	电（美元/千瓦时）	燃气（美元/千克）
居民消费	10立方米以下0.16美元；11～30立方米0.23美元；31～50立方米0.3美元；51立方米以上0.36美元	25千瓦时以下0.04美元；26～150千瓦时0.05美元；150千瓦时以上0.12美元	15千克每罐煤气，27美元
工业消费		0.07美元/千瓦时	

数据来源：中国驻老挝大使馆经商参处。

3. 土地租金成本、建筑成本

老挝《土地法》规定，外国人不能购买土地，只能租赁土地，租期一般不超过50年。目前政府规定的农业用地租赁价为每公顷每年6～9美元，不过实际价格一般在每公顷每年30美元左右。建筑和工业用地价格远高于农业，在不同区域和不同行业有区别。在老挝的首都万象，远郊的工业用地租金价格通常在每年100美元/平方米左右，近郊则在每年300美元/平方米。省会城市的工业用地价格也通常在100～300美元/平方米。

在建筑成本方面，老挝的钢材、水泥等价格均高于中国，钢材一般是进口钢材。老挝的建筑成本如表2-24。

表2-24 2018年老挝的建筑成本

成本	价格
办公楼建筑成本	320～380美元/平方米
仓库建筑成本	200～220美元/平方米
标准大厂房	330～370美元/平方米
水泥	95美元/立方米
钢材	920美元/立方米
河砂	7美元/立方米
混合石料	24美元/立方米

数据来源：中国驻老挝大使馆经商参处。

4. 劳动力成本

老挝的劳动力成本比较低，这与老挝的生活成本相对较低有关。普通老挝

人的人均生活成本大约为每年 1 000 美元。不过近年来老挝出现劳动力资源不足的状况，劳动力成本有所上升。2018 年 4 月老挝总理府发布通知，第八次提高最低工资标准，从 2018 年 5 月 1 日起将老挝最低工资由每月 90 万基普（728 元人民币）上调至 110 万基普（890 元人民币）。老挝的劳动法还规定，如需额外加班，需要视情增付 1.5～2.5 倍的加班工资（表 2 - 25）。

表 2 - 25　老挝 2018 年最低工资标准

国家	一类区	二类区	三类区	四类区
越南	1 238 元/月	1 100 元/月	960 元/月	865 元/月
老挝		890 元/月		
柬埔寨		1 105 元/月		
缅甸		682 元/月		
泰国		1 560 元/月		

数据来源：中国驻越经参处、中国驻老挝经商参处、中国驻曼德勒总领馆经商室中国贸促会驻泰国代表处。

5. 劳动力供求

由表 2 - 26 可见，2018 年老挝的劳动力总数为 372.63 万人，其中男女比例几乎各一半。老挝的非全日制就业人数比例较高，在 2017 年老挝非全日制就业人数占到 25.84%。老挝劳动力的技能水平相对较低，新招的员工一般需要从基础知识开始培训，并且老挝劳动力的工作节奏较慢、效率低、纪律和法律意识淡薄、稳定性差，会造成企业的用工成本较高（表 2 - 26）。

表 2 - 26　老挝的劳动力供应状况

指　　标	2010 年	2017 年	2018 年
劳动力总数（万人）	310.76	364.49	372.63
劳动力，女性（占劳动力总数的百分比，%）	50.11	49.73	49.70
非全日制就业，总人数（占就业总人数的比例，%）	12.59	25.84	—
非全日制就业，男性（占男性就业总数的比例，%）	11.63	23.82	—
非全日制就业，女性（占女性就业总数的比例，%）	13.56	28.16	—

数据来源：世界银行。

2.2.1.6　贸易便利程度

1. 关税水平

近年来，在互惠共利政策推动下，贸易伙伴不断降低老挝商品的进口关税税率。2017 年老挝享受的所有产品最惠国加权平均税率①为 8.27%，老挝出口的工业品和初级产品面临的关税水平很低且几乎相近，其中最惠国加权平均税率分别为 7.7%、9.27%，加权平均适用税率分别为 0.98%，3.35%。税率低的一个重要原因是老挝在 2013 年加入 WTO，2015 年老挝加入东盟自贸区，另外老挝是最不发达国家之一，很多国家给予老挝最惠国待遇（表 2-27）。

表 2-27 老挝商品出口享受的平均关税水平

指 标	2005 年	2016 年	2017 年
所有产品最惠国加权平均税率（%）	13.67	8.10	8.27
所有产品加权平均适用税率（%）	9.95	1.65	1.48
达到国际最高关税税率的所有税目产品所占比例（%）	15.49	2.21	2.23
工业品关税水平			
工业产品最惠国加权平均税率（%）	12.10	7.70	—
工业产品加权平均适用税率（%）	8.63	0.98	—
达到国际最高关税税率的工业产品比例（%）	14.78	2.27	—
初级产品关税水平			
初级产品最惠国加权平均税率（%）	16.87	9.27	—
初级产品加权平均适用税率（%）	12.57	3.35	—
达到国际最高关税税率的初级产品比例（%）	23.32	1.74	—

数据来源：世界银行《2019 年世界营商环境报告》。

在地区贸易方面，2019 年老挝政府宣布不再向东盟成员国的 8 536 件商品征收进口关税，占老挝根据东盟货物贸易协定（ATIGA）与区域成员国进行贸易的指定清单上总产品的 89%。免征进口关税将进一步促进老挝与东盟成员国之间的贸易自由化。

2. 通关效率

尽管老挝面临的关税水平整体较低，但是由于政府机构效率低，实际通关的成本和耗时较高。在世界 190 个经济体中，老挝的通关便利程度排名第 76位，办理进口或出口的合规通关文件要耗去 60 个小时，办理合规的出口文件要耗费 235 美元，办理进口文件要 115 美元（表 2-28）。

---

① 所有产品最惠国加权平均税率是以每种产品在相应伙伴国家的进口额中所占比例为权数对最惠国税率进行加权计算得出的平均数。

表 2 - 28　老挝进出口通关便利程度

指　标	2017 年
办理进口合规文件的耗时	60
办理进口合规文件的耗费（美元）	115
办理进口清关手续的平均时间（天）	140
办理出口合规文件的耗时	60
办理出口合规文件的耗费（美元）	235
办理出口清关手续的平均时间（天）	140

数据来源：世界银行《2019 年世界营商环境报告》。

2.2.1.7　外汇管制

近年来，老挝的金融环境相对宽松，外汇管制逐渐放宽。老挝的货币为基普，目前 1 元人民币等于 1 235 基普。在老挝的很多市场，基普、美元以及泰铢可以相互兑换使用，人民币主要在老挝北部以及中老边境地区大量使用。老挝实行有管理的浮动汇率机制，每日设定参考汇率，并允许市场汇率在参考汇率值的±0.25％的范围内浮动。近些年来，基普对美元汇率基本稳定，但是仍存在波动风险。

根据老挝的外汇管理政策，在老挝注册的外资企业都可以在老挝银行开设外汇账户，用于进出口结算；外汇的进出使用需要申报，如果携带超过 1 万美元的现金，则需要申报并获得同意才可以携带出入境；在老挝工作的外国人获得的合法收益在纳税之后可以全部转出。

老挝的融资成本相对较高，金融体系不发达，在全世界 190 个经济体中，老挝得到融资的便利程度排名居于 73 位。老挝的商业银行和金融机构的资产规模偏小，资金实力较弱，难以满足重大项目建设的资金需求。老挝一般通过如世界银行等国际组织，获取资金用于水电等民生项目建设。近些年来，在中国政府和企业的帮助下，也开展了许多重大工程项目建设。

2.2.2　外国投资促进政策

2.2.2.1　外国投资促进法

老挝政府为鼓励外国投资，先后出台了多个法律文件，制定了吸引和鼓励外国投资的政策。2009 年老挝颁布《投资促进法》，2011 年 4 月颁布《投资促进法实施条例》，对投资促进法中的条款做了进一步细化规定。2016 年 11 月老挝颁布了新修订的《投资促进法》。新修法案进一步扩大投资特许权范围，提升了在老挝投资的收益，最大限度吸引外国投资。

《投资促进法的》的第八条规定：直接投资形式分以下三种：国内或国外独资、国内外股份制投资、根据合同联营。投资行业种类分为普通行业、特许经营权行业、公共私营合作制行业、经济特区开发行业。其中普通行业分为国家管控行业清单内的行业、国家管控行业清单外的行业；特许经营行业分为涉及使用自然资源的特许经营权行业、无涉及自然资源的特许经营权行业；公共私营合作制行业是政府与私营企业之间的一种合作投资形式，政府针对公共私营合作制行业出台特殊规定进行管控；经济特区开发行业是根据政府决议，对某一指定地区进行开发投资，它根据特殊促进政策实施，为吸引投资、运营活动提供便利。

老挝的投资主管部门是老挝的工业与贸易部门、计划与投资部门，它们分别负责外国投资中的一般投资、特许经营投资和经济特区投资。企业注册通常由老挝的工业贸易部受理，或者由省、直辖市的工业贸易厅受理企业注册。申请材料包括企业注册的申请书、企业名称许可证、成立协议、企业章程及授权书等，申请材料一般在 10 个工作日获得批复。

从目前情况看，老挝的司法体系还不够完善，缺乏透明度和独立性，合同执行和行政执法水平有待提高。不过，近年老挝经济改革加快，法律制度环境也在向好的方面发展。

2.2.2.2 投资（行业）准入政策

在《投资促进法》中，老挝将所有行业划分为四类：禁止投资的行业，涉及武器生产和销售等属于明令禁止投资的行业；政府专控的行业，主要是石油、能源、自来水、烟草、邮电和交通、原木及木材制品等行业；专为老挝公民保留的职业，例如工业手工业部门、旅游部门、通、运输、邮电和建设部门等；老挝政府鼓励的投资领域包括：农业（种植、农林加工等）、制造业（日用产品生产、建材生产、汽车与摩托车配件生产、电器电子生产等）、物流业、餐饮业、旅游开发业、基础设施建设等，还有相关的服务业，例如医院、职业学校、大学等。

近年来，老挝政府一直大力鼓励现代农业和绿色农业的发展。老挝政府强调发展市场导向型农业，加快推动周边国家（中国、泰国、越南、缅甸等）需求量较大的玉米、甘蔗、烟叶、木薯、花生、黄豆、薏仁米及大米等农产品的商品化经营。

2.2.2.3　投资管理政策

　　按照老挝的投资法律规定，外国投资者可以以三种方式进行投资：一是协议联合经营，二是与老挝投资者成立"混合企业"，三是外国独资企业。其中，协议联合经营是在不成立法人的基础上老挝投资者与外方按照协议联合经营；"混合企业"是老挝投资者与外国投资者一起注册法人，共同经营，外国投资者所持股份不得低于注册资金的 30%。

　　在老挝的投资有特许经营和普通投资两种方式。特许经营投资方式一般适用于老挝的水电、矿产等行业，不少来自中国、越南、泰国的投资者在老挝以BOT 形式开发水电站。特许经营年限在水电行业一般为 25 年，矿产业为30 年。

2.2.2.4　税收政策

　　老挝的税制分为三大方面：一是进口税；二是间接税，包括增值税（5%～10%）和消费税（5%～90%）；三是直接税，包括企业的利润税（或所得税）和个人所得税。国内企业的所得税为 24%，外资企业依据投资地区、行业采取差别税率，分为 10%、15% 和 20%，个人所得税一般在 0～25% 之间。除此之外，还有环境税、手续和服务费等。

　　在东盟地区，仅有老挝和越南对内外资企业征收不同税率的企业所得税。老挝依据基础设施完善程度，将全国划分为三个不同的税区，依次征收 10%、15% 和 20% 的企业所得税率。①一类地区是指没有经济基础设施的山区、高原和平原，免征 7 年利润税，7 年后按 10% 征收利润税。②二类地区是指有部分经济基础设施的山区、高原和平原，免征 5 年利润税，之后 3 年按 7.5% 征收利润税，再之后按 15% 征收利润税。③三类地区，指有经济基础设施的山区、高原和平原，免征 2 年利润税，之后 2 年按 10% 征收利润税，再之后按20% 征收利润税。免征利润税的时间按企业开始投资经营之日起算；如果是林木种植项目，从企业获得利润之日起算。通过差别性政策，老挝希望加大落后地区的经济发展，最大力度吸引外资。

　　老挝新修订的《投资促进法》加大了税收优惠力度。《投资促进法》规定，在困难地区（基础设施欠发达）投资农业、农产品加工、教育和医疗等行业享有减免税优惠。在其他发达地区投资此类行业享有 7 年免征所得税优惠。另外，还包括免除土地租赁和特许权费以及进口设备、电器、车辆等的关税和增值税（表 2 - 29）。

表 2 - 29　老挝的税制

税种	征收对象	税　率
消费税	燃油、酒、香烟、车辆、机动船只、娱乐场所服务、电信服务等 15 类商品和服务项目	5%～90%范围
个人所得税	薪金、劳务费、动产和不动产所得、无形资产所得等	税率分为 5%、10%、15%、20%、25%等。外国人按总收入的 10%计征
企业利润税	企业的利润	国内企业税率为 24%；外国企业依据投资不同地区分别为 10%、15%和 20%
增值税	一种消费类税收；征收对象为所有在老挝进行税务登记的法定企业及未税务登记进口商的全部进口产品	所有货物类和服务类产品均按 10%的同一税率进行征收
进口税	进口商品	进口用于国内销售或再出口的原材料、半成品和成品可减征或免征进口关税、消费税和营业税；经老挝计划投资部批准的进口设备、机器配件、车辆可免征进口关税、消费税和营业税

数据来源：李志辉，潘康莫，田伟杰. 老挝对外商直接投资的税收激励政策研究，《亚太经济》2017 年第 4 期。

　　为了鼓励再投资和出口，老挝出台了以下优惠政策：①对企业将利润用于拓展业务给予免征年度利润税；②对用于加工出口的半成品所直接使用的生产车辆配件、设备等免征进口关税和赋税；③给予企业出口免征关税的优惠。在一些经济特区、工业区、边境贸易区，老挝还按特殊地区政策给予一定的优惠；④老挝还实施了一系列税收激励措施，例如降低企业所得税率、增加免税期、加大投资津贴与税收抵免等。

　　表 2 - 30 是东盟七国的税收优惠比较：老挝对外商直接投资的税收优惠力度处于中等水平，其法定企业所得税率为 24%，低于菲律宾和印度尼西亚；免税期最高年限仅高于新加坡和菲律宾（表 2 - 30）。

表 2 - 30　老挝与东盟成员近 8 年的企业所得税率比较

指标	老挝	泰国	越南	菲律宾	马来西亚	印度尼西亚
税率	24%	20%	20%	30%	24%	25%
免税期	3～7 年	3～8 年	最多 8 年	3～6 年	5～10 年	3～8 年

（续）

指标	老挝	泰国	越南	菲律宾	马来西亚	印度尼西亚
鼓励性行业	农业、林业、工业加工业、基础设施建设	出口企业及其他行业	出口企业及其他行业	出口企业及其他行业	制造业、农业、旅游业	出口型企业、矿业及偏远地区企业
进口及增值税减免	免除进口关税	特定企业、原材料以外出口产品免征增值税	外资企业进口特定产品免征进口关税	保税工厂免征进口关税	鼓励性行业免征进口税、营业税	减免进口关税

数据来源：Asian Regional Integration Center；KPMG。

　　通过比较发现，近年来为了吸引外来投资，东盟七国的企业所得税都有下降，老挝的企业所得税下降幅度较大，从 35％下降到 24％，处于一个相对较低的水平。这也表明老挝政府加大了吸引外国投资的优惠力度（表 2 - 31）。

表 2 - 31　老挝与东盟成员、全球的企业所得税比较

国家（地区）	2009 年	2012 年	2016 年	变化率
老挝	35％	28％	24％	−31.43％
印度尼西亚	28％	25％	25％	−10.71％
马来西亚	25％	25％	24％	−4％
菲律宾	30％	30％	30％	0
新加坡	18％	17％	17％	−5.56％
泰国	30％	23％	20％	−33.33％
越南	25％	25％	20％	−20％
亚洲平均	25.73％	22.89％	21.92％	−14.81％
全球平均	25.38％	24.4％	23.63％	−6.93％

数据来源：Asian Regional Integration Center；KPMG。

2.2.2.5　土地政策

　　老挝的《土地法》（1997 年颁布）将全国土地划分为八个类型：农业用地、林业用地、建筑用地、工业用地、交通用地、文化用地、国防、治安用地和水域用地。中央政府在全国范围内划分各类土地，地方政府在所辖范围内规定土地的使用。土地使用的转换需要征得有关部门的许可，并且不得对自然环境和社会造成不良影响。

依据老挝的法律，所有的土地为国有，国家按照法律和规划统一管理全部土地，保证有目的和有成效地使用土地。土地不能买卖，土地市场的交易仅限于土地使用权交易。外国投资者可以向政府租赁土地，或向当地老百姓租赁土地，租赁年限以合同约定为准，根据外国人投资的项目、产业、规模以及特性，土地的最高租期不允许超过 50 年，不过政府可以决定续租与否。

2.2.2.6　劳工政策

2007 年 1 月，老挝政府颁布了关于劳动、劳工和移民的《劳动法》，再加上《引进和使用外籍劳务管理的决定》（1999 年 3 月）、《关于老挝劳务外派的总理令》（2002 年 5 月）、《引进外籍劳务许可的决定》（2007 年 12 月）和《老挝出入境管理和外国人管理的总理令》（2009 年 5 月）等，老挝已经具备较为完善的劳动法律体系。

老挝《劳动法》的核心内容如下：

（1）工时，老挝政府规定普通工作一般每周工作 6 天，每天不超过 8 小时，一个星期不超过 48 小时；特殊工作每天不能超过 6 小时或每周不超过 36 小时。

（2）加班，加班需要征得劳工本人同意，加班时间每月不超过 45 小时或每天不超过 3 小时。

（3）年休，凡工作满 1 年及以上的劳工可以申请休 15 天年假；从事特殊工作的劳动者可以申请休 18 天年假，休假期间获得正常工资。

（4）老挝政府按不同工作种类制定不同的最低工资标准。加班费分两种情况，正常工作日加班者，白天以日常工资的 150% 计算，晚上以 200% 计算；法定节假日、公休日加班者，白天以日常工资的 250% 计算，晚上以 300% 计算。

2010 年以来，随着老挝经济的快速发展，老挝对矿产、水电、建筑、加工、农业和服务业等劳动力需求增大，对高新技术人才、经营管理人才、新兴产业和特殊技能人才的需求增加，例如，工程规划设计人员、项目管理人员、工程师、监理工程师等的需求在增加。为了补充劳动力，老挝引入了一部分越南劳工。

2.2.2.7　特区政策

为了促进对外开放，加快经济发展速度，老挝政府设立了经济特区，鼓励外资进入。目前老挝已设立 12 个经济特区，共有近 400 家来自老挝和国外公司在特区内投资，注册资本超过 80 亿美元。老挝进出口量排名前三的园区依次为赛色塔综合经济开发区、沙湾—色诺经济特区、金三角经济特区。根据老挝的《投资促进法》，经济特区及专业开发区的经营期限最长不超过 99 年，经老挝政府批准，还可以延长经营期限。

1. 赛色塔综合经济开发区

赛色塔综合经济开发区是老挝最有名的经济开发区，位于老挝首都万象，距主城区东北 17 千米，开发区占地面积 10 平方千米。它是中国在老挝唯一的国家级境外经贸合作区、"一带一路"建设的早期收获项目，其设立与建设一直受到两国政府高度重视。2012 年 7 月 11 日，中老签订《中华人民共和国政府和老挝人民民主共和国政府关于万象赛色塔综合开发区的协定》，2016 年中老两国政府签署的《联合声明》和《联合公报》都将赛色塔开发区项目列为重点建设项目。

赛色塔综合开发区的主办方是昆明高新技术产业开发区管委会与云南建工集团。开发区重点发展农副产品加工、林木加工、机械制造、能源、物流、家电生产、纺织服装以及旅游休闲等产业。赛色塔开发区的建设将促进老挝实现产业升级。老挝的工业基础薄弱，赛色塔开发区的建设将吸引许多中国农业和农产品深加工、能源、建筑等方面的企业投资老挝，促进老挝的工业发展，加快其城市化进程。

赛色塔综合开发区除了其地理位置优越，拥有良好的基础条件之外，特区还提供"一站式"服务平台，为投资者提供从项目前期考察到项目落地、建设、运营等全过程、全方位的服务，公司的注册登记、劳工许可、施工许可、建筑设备和材料免税申请等手续也基本能在 20 天左右办理完成。

2. 中老磨憨—磨丁经济合作区

2016 年 4 月，中老磨憨—磨丁经济合作区获得中国国务院批复同意设立。该合作区是继霍尔果斯国际边境合作中心之后，中国与毗邻国家建立的第二个跨国境的经济合作区。经济合作区的中方区域位于中国云南省西双版纳州磨憨镇，老方区域位于老挝南塔省磨丁经济专区。

中老磨憨—磨丁经济合作的中方区域位于中国云南省西双版纳州磨憨镇内，规划面积 4.83 平方千米（483 公顷）。它的范围为：东至磨憨集镇，西至磨龙村，南至中老国界线，北至尚岗村茶厂。老方区域全部位于老挝南塔省磨丁经济特区内，规划面积 16.4 平方千米（1 640 公顷）。它的范围为：东至老中边界边防林，西至三峰山国防林，北至中老边界边防林，南至三峰山国防林会通诺河磨别村。其中，老挝的磨丁经济特区由中国云南海诚集团以"特许经营"方式投资开发,老挝海关后撤5千米至磨丁货场,实行"境内关外"的海关监管政策。

2.2.2.8 中国与老挝之间的投资贸易协定

为促进中国与老挝的经贸发展,中国与老挝签署了多项双边协定。老挝于1986年开始"革新开放"。1988年12月中老签署了《中老贸易协定》和《中老边境贸易的换文》。1993年1月中老签署了《中老关于鼓励和相互保护投资协定》、1993年12月中老签署了《中老汽车运输协定》、1994年11月中老签署了《中老澜沧江—湄公河客货运输协定》、1996年10月中老签署了《中老旅游合作协定》、1997年5月中老签署了《中老关于成立两国经贸技术合作委员会协定》、1999年1月中老签署了《中老避免双重征税协定》。2000年4月中老缅泰四国签署了《中国、老挝、缅甸和泰国四国澜沧江—湄公河商船通航协定》,2004年11月中老签署了《货物贸易协议》和《争端解决机制协议》,2016年11月,中老签署了《关于加强两国边境地区经贸合作的协定》。2018年5月,中老两党两国最高领导人一致决定启动制定《构建中老命运共同体行动计划》,2019年4月中老两国领导人在北京签署《中国共产党和老挝人民革命党关于构建中老命运共同体行动计划》,行动计划着眼未来五年,推进战略沟通与互信、务实合作与联通、政治安全与稳定、人文交流与旅游、绿色与可持续发展"五项行动",为中老关系长远发展规划时间表和路线图。

2.3 世界各国对老挝的农业投资

2.3.1 世界对老挝的总投资

1986年老挝开始实行对外开放,外国在老挝的投资日益增多。根据联合国贸发会议发布的《2018年世界投资报告》,2017年老挝吸收外国直接投资流量达到8.13亿美元,截至2017年底,老挝累积吸收外国直接投资存量为65.6亿美元。相对于2017年老挝的GDP总量(168.5亿美元),其外国投资流入占GDP比例为4.82%,高于世界的平均水平(2.73%)。这表明老挝是全球具有吸引力的投资目的地。

农业、基础设施、矿业、加工业一直是外国投资者进入的热门行业。2012年老挝暂停审批新的矿业、橡胶及桉树种植等特许经营项目,外资进入受到一定影响。不过在其他行业,外国对老挝的投资仍在不断增加。中国在老挝的投资项目主要涉及经济合作区、铁路、电网、水电站、房地产和通信卫星等多个领域。

外国在老挝的投资一般以两种形式进行：一是外国私营企业的投资，二是外国援助。日本、法国、德国、瑞士以及亚洲开发银行、联合国开发计划署、国际货币基金组织、世界银行等都是老挝的重要援助方。2017 年日本援助老挝 0.72 亿美元，法国援助老挝 0.11 亿美元，德国援助老挝 0.23 亿美元，瑞士援助老挝 0.28 亿美元。官方发展援助主要用于公路、桥梁、码头、水电站、通讯、水利设施等基础建设项目。2016 年老挝政府获得外国官方援助项目 351 个，金额为 6.88 亿美元（图 2 - 1）。

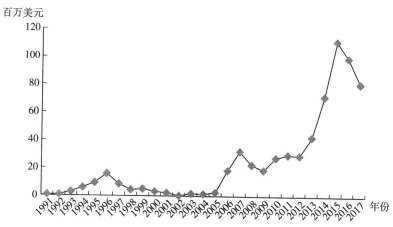

图 2 - 1　世界各国对老挝的直接投资额

数据来源：联合国粮食与农业组织。

2.3.2　世界对老挝的农业投资

在 2003 年之前，世界各国对老挝的农业投资一直徘徊在数百万美元之间，但在 2007 年世界各国在老挝的农业投资有了一个显著增长，达到近 7 000 万美元。2018 年世界银行与老挝签署协议，世界银行将提供 2 500 万美元支持老挝农业发展。这一资金将主要用于湄公河综合水资源管理项目，支持 224 个村庄约 28 000 名农户提高农产品产量和质量，提高农业生产的收益（图 2 - 2）。

与其他澜湄四国相比，老挝吸收的农业投资规模相对较低。越南和柬埔寨在农业领域吸收的外国直接投资要远高于老挝，它们每年吸收的农业投资在 1 亿美元左右（图 2 - 3）。

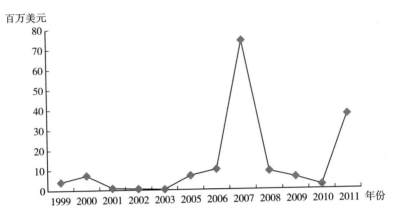

图 2-2　1999—2011 年世界各国对老挝的农业投资额
数据来源：联合国粮食与农业组织。

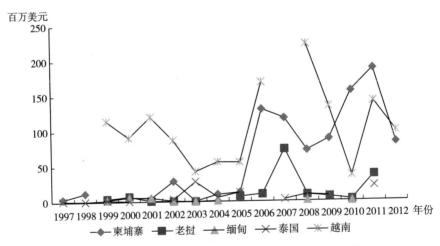

图 2-3　1997—2012 年世界各国对澜湄五国的农业投资
数据来源：联合国粮食与农业组织。

　　在世界对老挝的直接投资中，农业投资的占比一直很高，大约占到 15％ 左右，这与老挝的经济结构以农业为主有关。在提升老挝农民的收入的同时，老挝政府也非常重视自然生态环境的保护，2018 年老挝政府规划未来（2018—2023 年）将投入超过 1 880 亿基普（约 2 350 万美元）支持在华潘、琅勃拉邦、甘蒙、南塔、沙湾拿吉、川圹和波乔等七省的环保项目。这些资金将用于加强 7 个目标省的保护区建设，保护流域资源和省级防护林（图 2-4）。

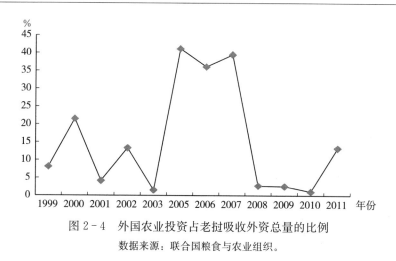

图 2-4　外国农业投资占老挝吸收外资总量的比例

数据来源：联合国粮食与农业组织。

2.4　中老农业贸易与投资

2.4.1　中国对老挝的总投资

中国是老挝的第一大投资来源国和第二大贸易伙伴国。地缘接近、相近的政治和文化，以及"一带一路"倡议提供的优惠政策使得老挝成为许多中国企业投资的首选之地。根据中华人民共和国商务部的统计资料，2017 年中国对老挝的直接投资流量为 12.20 亿美元，对老挝累计直接投资存量为 66.55 亿美元。虽然老挝是最不发达国家之一，但是老挝与中国经济存在很强的互补性强，经济合作潜力巨大。2016 年中国超过越南，首次成为在老挝最大的外国直接投资来源国，在老挝的投资额从 2009 年的 2 亿美元上升至 12 亿美元（图 2-5）。

中国在老挝的投资项目主要是农业、矿业、水电站、铁路、通信卫星、酒店业和经济合作区。截至 2017 年底，中国在老挝投资有约 771 个项目，其中矿产项目 102 个，投资额 27.7 亿美元；电力项目 11 个，投资额 10.8 亿美元；农业项目 188 个，投资额 6.1 亿美元；工业和手工业项目 193 个，投资额约 5 亿美元。其中 557 个项目为 100% 中国独资，214 个项目为中老合资。

根据商务部的统计资料，2017 年中国企业在老挝新签承包工程合同 159 份，新签合同额 52.11 亿美元，完成营业额 42.29 亿美元；累计派出各类劳务人员 16 728 人，在东盟国家中位居第一。新签大型工程承包项目包括中老铁路磨丁至万象项目；老挝南纳恩输变电项目、老挝南俄 4（Nam Ngum 4）水电站项目；南马江梯级水电站工程 EPC 合同、老挝琅勃拉邦海螺水泥项目等。

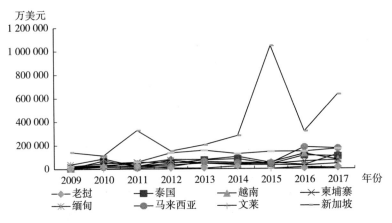

图 2-5　2009—2017 年中国对东南亚国家联盟投资

数据来源：联合国粮食与农业组织。

随着中老两国经济快速发展，中资企业对老挝的投资规模加大，投资领域不断扩大，投资方式呈现多样化。

在中国对东南亚联盟成员的直接投资中，新加坡一直成为最大的吸收国，这主要与新加坡的金融中心地位相关。新加坡的自由开放金融政策成为吸引外来投资的主要动力。许多中国企业投资于新加坡的金融、电子制造、化工、房地产等行业领域，也有的企业借助新加坡作为"跳板"投资其他地区。

从图 2-6 的国家比较看出，每年中国对澜湄五国的直接投资规模较为接

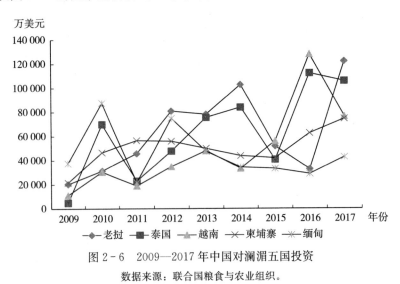

图 2-6　2009—2017 年中国对澜湄五国投资

数据来源：联合国粮食与农业组织。

近，且呈现一个上升趋势，2013 年"一带一路"倡议提出以后，中国对澜湄五国的投资有一个上升趋势，特别是 2017 年中国对老挝、泰国、柬埔寨的投资有较大幅度上升。2017 年中国对老挝的投资超过 12 亿美元，对泰国的投资超过 10 亿美元。这些投资主要集中于基础设施领域，包括中老铁路项目、水电站等项目。

2.4.2　中国对老挝的农业投资

2.4.2.1　投资老挝农业概况

1. 投资总额

近年来，随着中国企业"走出去"步伐加大，中国农业对外投资也增长快速，中国农业开始主动参与全球农业资源的配置与利用。中国国家统计局的数据资料显示，中国农业对外直接投资净额从 2006 年的 1.9 亿美元增加到 2017 年的 20.5 亿美元。在中国农业对外投资的前十位国家中，瑞士排名第一，主要原因是中国化工集团投入 43 亿美元收购瑞士农业企业先正达。在前十位国家中，中国对老挝农业的投资存量为 9.6 亿美元，排在第 6 位（表 2 - 32）。

表 2 - 32　2017 年中国农业对外投资的前十位国家

排序	国家	投资存量（亿美元）	比例（%）
1	瑞士	43.3	25.0
2	澳大利亚	15.2	8.8
3	以色列	13.7	7.9
4	印度尼西亚	11.8	6.8
5	新西兰	10.4	6.0
6	老挝	9.6	5.5
7	俄罗斯	6.7	3.9
8	巴西	6.4	3.7
9	泰国	5.2	3.0
10	新加坡	4.7	2.7

数据来源：中国农业对外投资合作分析报告（2018 年）。

2017 年中国对老挝的农业投资流量为 1.8 亿美元，占对亚洲农业投资总额的 24.6%，其中对粮食作物的投资为 1.1 亿美元，对经济作物的投资为 0.3

亿美元。截至 2017 年底，中国对老挝的农业投资存量为 9.6 亿美元，占对亚洲投资总量的 14.8%，投资的主要流向也是粮食作物（5.3 亿美元）和经济作物（2.8 亿美元）。

截至 2017 年底，中国在老挝的农业投资企业有 86 家，老挝是中国农业在亚洲地区设立企业最多的地区。其中，粮食作物投资企业有 37 家，经济作物投资企业有 28 家，畜牧业投资企业有 4 家，林业投资企业有 3 家，其他企业有 14 家（表 2-33）。

表 2-33　2017 年中国对老挝的农业投资

单位：个，万美元

行业	企业数量	投资流量	投资存量
种植业	65	13 824.5	81 113.8
畜牧业	4	325.5	1 191.5
林业	3	1 860.0	4 525.1
渔业	0	0	0
其他	14	2 426.9	8 846.0
合计	86	18 436.9	95 680.3

数据来源：中国农业对外投资合作分析报告（2018 年）。

2. 中国在东盟的农业投资比较

截至 2017 年底，中国对东盟国家的农业投资存量达到 41.7 亿美元，占中国农业对外投资总量的 24%。粮食作物（17.7%）、经济作物（31.6%）、畜牧业（3.2%）、林业（3.1%）、渔业（21.3%）是主要投资领域。

截至 2017 年底，中国在东盟国家设立 333 家企业，其中在老挝设立 86 家企业，在缅甸设立 52 家企业，在柬埔寨设立有 45 家企业，在印度尼西亚设立有 42 家企业。老挝是目前中国投资项目数量最多的国家。

3. 中国各省对老挝的农业投资

云南省是我国对老挝农业投资额最大的省份。云南省与老挝、缅甸接壤，独特的地理位置优势使得云南省在对老挝农业投资中占据重要的位置。2017 年云南省对外农业投资 1.72 亿美元，其中对老挝投资 1.34 亿美元，对缅甸投资 0.34 亿美元。截至 2017 年底，云南省在老挝设立 65 家农业企业，在缅甸设立 44 家农业企业。

云南在老挝的投资主要是种植业、林业、畜牧业、农副产品加工业，包括水稻、玉米、薯类、旱谷等粮食作物，以及天然橡胶、甘蔗、芝麻、香蕉、咖啡和茶叶等经济作物，畜牧业主要是猪肉等产品。

海南省也是我国对老挝农业投资的重要省份。截至 2016 年底，海南在老挝投资设立 3 家企业，都是种植业企业。2016 年海南对老挝的农业投资为 0.108 亿美元，占海南对东盟投资流量的 75.67%。海南对老挝的农业投资主要是经济作物的种植，如香蕉等热带水果的种植。

近年来，湖南省与老挝的农业合作不断强化。借助早年在老挝经商的广大湖南人脉资源，湖南省与老挝加强互动、扩大合作成果。2017 年老挝驻长沙总领事馆在长沙正式设立。同时，湖南省与万象市、乌多姆赛省、沙湾拿吉省也建立起友城关系。湖南省政府、湖南农业大学和湖南省农业科学院等还与老挝万象市、乌多姆赛省、沙湾拿吉省等地方政府以及老挝国家农林研究院合作，组织老挝农业干部和技术人员来湖南参观学习。截至 2018 年，湖南省在老挝开展境外投资的企业共有 134 家，主要投资行业有矿产开发、电器机械设备制造、对外贸易、轻工产品制造、非金属矿物制造业、农林牧渔业等。湖南企业炫烨（老挝）有限公司由炫烨集团投资设立，现已将中国技术、中国标准成果运用到老挝稻米生产和加工流程中，实现了老挝稻米出口中国的突破，为两国民众带来共赢。另外，湖南省粮食集团、湖南国宏投资有限公司也多次前往老挝考察，拟在老挝建立粮食生产、加工、销售基地。

2.4.2.2　投资老挝农业的部分企业名录

20 世纪 80 年代末期，中老关系正常化之后，前往老挝投资的企业越来越多。在老挝的万象、琅勃拉邦、沙湾拿吉、巴色等城市，已经有一大批的中国人从事商业活动。其中，湖南省在老挝的经商人数最多，达到 10 万多人，其次是浙江人。依据相关统计资料显示，2008 年成立的老挝湖南总商会拥有会员 2 533 户，合同投资额累计 5.43 亿美元。

中国企业主要在老挝从事种植业和养殖业，其中种植业主要有稻谷、香蕉、甘蔗、南瓜、西瓜、红薯、百香果、香茅草、紫菊花等；养殖业方面有肉牛、生猪、黑羊、鱼类等。

从投资主体分布看，投资老挝的中国企业主体呈现多元化趋势，形成了以国有企业为主导，民营企业和非农企业共同参与的多元投资主体结构，例如国有企业中的广东省广垦橡胶集团和民营企业中的湖南炫烨生态农业公司。这些企业一般拥有雄厚的资金实力，农业技术领先，且有着较为丰富的海外投资经验和资源整合能力（表 2 - 34）。

表 2 – 34　近年来中国投资老挝农业的部分企业名录

境外投资企业（机构）	境内投资者名称
炫烨（老挝）农业有限公司	湖南炫烨生态农业公司
老挝超越农业开发有限公司	北京英辉超越农业投资有限公司
老挝开元农业科技发展有限公司	成都汇农新创农业科技有限公司
通化渔业有限公司	登封市众联新型建材有限公司
中老合资万象现代农业生态示范园（B园）	广西北海顺水国际贸易有限公司
老挝金穗农业有限公司	广西金穗农业集团有限公司
老挝川圹梧松农林开发有限公司	广西梧松林化集团有限公司
万丰进出口贸易农业独资有限公司	海南东方万丰实业开发有限公司
河南昌久农业技术有限公司	河南省昌久农业技术有限公司
老挝泰禾农业发展有限公司	菏泽元邦房地产开发有限公司
黑龙江省湄祥（老挝）农业发展有限公司	黑龙江省湄祥农业发展有限公司
老挝梓鑫生态农业科技发展有限公司	湖南梓鑫生态农业科技发展有限公司
老挝万象市中老农业开发公司	娄底市中老农业开发有限公司
长江农业开发公司	勐腊县嘉创橡胶商贸有限责任公司
勐腊中云农业种植进出口有限公司	勐腊县中云糖料种植有限公司
古丰农业开发有限公司	三亚汇锦达实业有限公司
老挝天伟农业发展有限公司	厦门天伟科技发展有限公司
老挝波乔嘉丰农业开发有限公司	邵阳市金象行国际贸易发展有限公司
老中农业发展进出口有限公司	石屏县蓝达进出口贸易有限公司
阳正农业发展有限公司	四川北大荒物流集团有限公司
渠鑫农业发展有限公司	四川北大荒物流集团有限公司
波乔精谷农业开发有限公司	西双版纳渠鑫农业开发有限公司
东泰农业发展进出口有限公司	西双版纳尚特新能源科技开发有限公司
西双版纳顺源纳莫农经作物加工公司	西双版纳生茂科技有限公司
老挝农业畜牧产品进出口有限公司	西双版纳顺源边贸有限公司
老挝农业畜牧产品进出口有限公司	西双版纳万新贸易有限公司
乌多姆塞益农农业进出口公司	西双版纳万新贸易有限公司
蓝天木业有限公司老挝公司	西双版纳益农农业发展有限公司
南塔德商农业开发有限公司	新田蓝天木业有限公司
南塔鸿沅农业科技有限公司	玉溪德商农业投资有限公司

（续）

境外投资企业（机构）	境内投资者名称
老挝伟兴农业科技有限公司	玉溪鸿沅农业科技有限公司
诚信农业开发与养殖独资有限公司	袁氏种业高科技有限公司
老中建大农业科技开发有限公司	云南辉祥宏生物科技工程有限公司
老挝精谷农业科技开发有限公司	云南建大农业科技开发有限公司
老挝凌宇农业发展有限公司	云南精谷科技有限公司
老挝云沐林业发展有限公司	云南凌宇商贸有限公司
中老东腾农业技术进出口有限公司	云南沐香铭沉香投资有限公司
老挝莫里坎塞农业发展有限公司	云南强胜农业技术开发有限公司
广垦橡胶集团老挝分公司	广东广垦橡胶集团

数据来源：中华人民共和国商务部。

除了直接投资生产活动，中国企业还与老挝政府合作共同发展产业园区。中国企业先后在老挝合作发展了老挝万象赛色塔综合开发区、老挝云橡产业园、老挝磨丁经济开发专区、老挝现代农业产业园、老中农业研究和生产合作项目基地等。重庆市外经委与万象市农林厅合作建设了老挝重庆综合农业园、云南省与乌多姆赛省合作建设农业科技示范园、广西壮族自治区与占巴塞省合作建设中国果蔬新品种试种基地、广西中老合作农作物优良品种试验站、深圳华大基因公司组建实施老挝—中国农业科技示范园等（表 2-35）。

表 2-35　中国在东南亚投资的产业园区

国家	园区名称	实施企业
柬埔寨	西哈努克港经济特区	西哈努克港经济特区有限公司
柬埔寨	柬埔寨山东桑莎（柴桢）经济特区	诸城服装针织进出口有限责任公司
柬埔寨	柬埔寨桔井省斯努经济特区	中启海外（柬埔寨）实业有限公司
柬埔寨	华岳柬埔寨绿色农业产业园	华岳集团有限公司
柬埔寨	柬埔寨齐鲁经济特区	齐鲁（柬埔寨）经济开发有限公司
老挝	老挝万象赛色塔综合开发区	云南省海外投资有限公司
老挝	老挝云橡产业园	云南农垦集团
老挝	老挝磨丁经济开发专区	老挝磨丁经济专区开发集团有限公司
老挝	老挝现代农业产业园	炫烨（老挝）有限公司

（续）

国家	园区名称	实施企业
老挝	老中农业研究和生产合作项目基地	炫烨（老挝）有限公司、湖南省农科院、老挝农林部研究院
老挝	老挝重庆综合农业园	重庆市外经委与万象市农林厅合作组建
老挝	农业科技示范园	云南省与乌多姆赛省合作组建
老挝	中国果蔬新品种试种基地	广西壮族自治区与占巴塞省合作组建
老挝	广西中老合作农作物优良品种试验站	广西壮族自治区与占巴塞省合作组建
老挝	老挝—中国农业科技示范园	深圳华大基因公司
缅甸	缅甸皎漂特区工业园	中信集团
泰国	中国—东盟北斗科技城	武汉光谷北斗控股集团有限公司
泰国	泰中罗勇工业园	华立产业集团有限公司
越南	越南北江省云中工业园区	富华责任有限公司
越南	越南龙江工业园	前江投资管理有限责任公司
越南	中国—越南（深圳—海防）经贸合作区	深越联合投资有限公司

数据来源：中华人民共和国商务部。

2.5 中国企业在老挝农业投资案例

2.5.1 广东省广垦橡胶集团投资案例

2.5.1.1 公司简介

广东省广垦橡胶集团有限公司成立于 2002 年，是一家老牌的国有企业，它是广东省农垦集团公司的直属公司。广东省农垦集团公司的前身是华南垦殖局，成立于 1952 年，其经营范围包括天然橡胶种子、种苗生产，天然橡胶种植、生产、初加工及橡胶产品销售等。广垦橡胶集团对外投资 14 家公司，具有 3 处分支机构。广垦橡胶集团建有一批现代化的国有农场和天然橡胶生产基地，是广东省重点支持的骨干企业名单，也是我国现代农业"走出去"的排头兵。

2.5.1.2 投资老挝的区位优势

天然橡胶是重要的工业原材料，它有良好的弹性和绝缘性，被广泛用在工业、交通、医药卫生和日常生活等领域，轮胎、手术手套、奶嘴等都是橡胶制品。我国适合种植橡胶树的地区很少，天然橡胶供给不足总需求的 20%，主要依赖进口。老挝一年只有旱季和雨季，全年有超过 2 000 毫米的降雨量，年平均气温在 26℃左右，高温、高湿的气候条件非常适合橡胶树生长。根据老挝工贸部的统计资料，橡胶已经成为老挝最大的农业出口收入，2017 年老挝的橡胶出口额达到 1.53 亿美元。2018 年老挝种植有近 30 万公顷的橡胶树，其产品出口市场主要是中国、越南和泰国。

2.5.1.3　公司投资老挝的战略目标

广垦橡胶集团投资老挝的战略目标主要是：①实现海外投资战略布局，扩大现有的橡胶种植面积，提升天然橡胶供应能力和全球市场竞争力。②拓展橡胶加工能力，在境外形成橡胶种植、原料初步加工的产业链。

为实现战略目标，广东省广垦橡胶集团开始在老挝的万象省、甘蒙省等 4 个省份投资。目前广垦橡胶集团在老挝的橡胶种植面积达到 7 197 公顷，种下了 195 万株橡胶树。2016 年 10 月，广垦橡胶集团成功收购泰华树胶有限公司 62％的股权，泰华树胶有限公司曾经是全球第三大天然橡胶生产企业，在东南亚乃至全球有着较强的影响力，收购泰华公司使得广垦橡胶集团一跃成为领先全球的天然橡胶全产业链跨国企业。①

2.5.1.4　投资遇到的困境及应对措施

广垦橡胶集团在老挝发展橡胶产业遇到的第一个问题是管理问题。整个老挝分公司只有 3 名中国人，801 名是老挝人，由于语言不通、文化差异大，给投资工作和生活带来很大的不便。分公司人员开始学习老挝语，加强与当地员工的沟通。

在解决语言问题之后，遇到的第二个问题是提高工作效率问题。由于老挝缺乏熟练技能工人，分公司人员先后组织多次老挝工人技术培训活动，亲授割胶技术。技术好的胶工能让一棵树多产 35％左右的橡胶，割胶寿命延长 5～8 年，工人技能水平高低将对公司效益高低产生重要影响。经过多轮培训之后，老挝工人的生产效率有了很大提升。2016 年以前，一名老挝胶工每月胶产量在 800 千克左右，经过技术培训后，产胶量增加到 1 500 千克左右。

第三个问题是工作激励问题。为了提高老挝工人的工作积极性，公司开始推行绩效工资制度，让产量与收入挂钩，多劳多得，还为全年超产、月度割胶竞赛的获奖者设立激励措施。例如，在割胶比赛中，设立一、二、三等奖，一等奖的奖金 10 万基普（人民币约 78 元），二等的奖金 8 万基普（人民币约

---

① 中国国际贸易促进委员会. 从"没人要"到"抢着要"——看广垦橡胶如何拓展国际市场［EB/OL］. http://www.ccpit.org/Contents/Channel_4126/2018/0726/1038128/content_1038128.htm.

63 元），三等奖的奖金 5 万基普（人民币约 39 元）。同时，还对员工的晋升机制进行改制，定时定量考核业绩，业绩靠前的可以直接晋升管理岗位。这些激励措施充分激发了当地员工的工作积极性和创新力，大大改进了公司的经营效益。2017 年，分公司的橡胶产量是 3 327 吨，2018 年达到了 5 000 吨。①

2.5.1.5 投资成效

广垦橡胶集团投资老挝至少带来两个方面的成效：一是促进了广垦橡胶集团自身的发展，提高了其产品市场竞争力；二是对老挝当地经济产生深远影响。

中国企业投资老挝，不仅把优良的橡胶生产技术带到了老挝，提升胶农生产技术水平，也提高了当地人的收入，改善了胶农的生活。投资让当地的橡胶资源的经济价值得到开发，带动了当地经济发展和出口。广垦橡胶集团在老挝发展橡胶产业，其拥有的资金、技术是投资的基础，而公司成功实现与当地人的友好沟通、文化融合、带动地区经济发展才是合作共赢的保证。

2.5.2 湖南炫烨生态农业发展有限公司投资案例

2.5.2.1 公司简介

湖南炫烨生态农业发展有限公司（以下简称"炫烨公司"）是 2013 年 8 月成立的一家民营企业。公司注册资金 5 000 万元人民币，获准境外投资 6 000 万美元。炫烨公司主要经营谷物及其他经济作物的种植、收购、加工、销售，以及农业项目投资、农业技术开发等。

炫烨（老挝）有限公司（以下简称"炫烨老挝公司"）成立于 2014 年 11 月，它通过对老挝农业的投资，建立起 2 000 多公顷的水稻示范型产业化生产基地，并于 2015 年 10 月将老挝大米推动进入中国市场。②

2.5.2.2 投资历程

2014 年 11 月湖南炫烨生态农业发展有限公司在老挝设立炫烨（老挝）有限公司。炫烨老挝公司与老挝沙湾拿吉农林厅签署合作备忘录，在老挝建设 2 000 多公顷的水稻示范型产业化生产基地。项目采取老挝农户出地、出劳力，公司出资金、出技术、出市场回购渠道的合作生产模式，通过老挝大米输

---

① 腾讯网．他们在东南亚割橡胶，2 年营业收入超百亿［EB/OL］．https：//new.qq.com/omn/20190411/20190411A06Q2N.html.

② 中国湖南炫烨生态农业发展有限公司官方网站．www.xuanyegroup.com/dsj.html？cid＝4.

华质量标准的推行和推广，受到老挝各级政府和当地农户的支持和认可，让"中国标准"成为了老挝高品质大米的标杆。

2015 年中国与老挝签订"老挝大米输华检验检疫要求议定书"，炫烨公司董事长作为老方代表参加签字仪式。项目促进公司在老挝创建了一条从育种、种植、加工、存储、物流、交易的完整产业链，畅通了老挝大米出口中国的路径。炫烨老挝公司在 2015 年 10 月成功将老挝大米输入中国，打破了老挝大米"零出口"中国的历史，让原生态老挝大米成为国民餐桌上的美味，成为国民青睐追捧的放心粮。公司打造的老挝原生态 LAND LAO 系列农产品品牌成为老挝对外交往的"国礼"，并被老挝农林部授予"绿色种植农产品"认证。

2015 年炫烨老挝公司又与老挝政府合作建设现代农业产业园，不仅帮助老挝大米出口、筹建产业园，还促进中老农业研究、创新生物有机肥、开创烟叶出口和土壤环境监测体系及农产品质量检测系统等。中老农业研究和生产合作项目基地由炫烨（老挝）有限公司携手湖南省农业科学院，与老挝农林研究院联合开展老挝农业研究和生产合作项目，总投资 3 000 万元，合作期为 20 年。农业研究合作将推动老挝和湖南省的农业科技合作，促进两地农业科技发展，辐射带动东南亚农业发展，打造中国农业品牌，实现农业技术"走出去"，优质产品"带回来"的多边共赢目标。

2018 年 3 月中老合资建设年产 20 万吨复合微生物肥料项目由炫烨（老挝）有限公司与国有企业湖南金叶众望科技股份有限公司、老挝农林部种植司合作建设，为老挝清洁农业发展，提供高品质的农化技术服务，拟提升老挝国家产品产量、品质及国际竞争力。项目总投资 2 000 万美元，总占地面积 42 公顷，分二期建设。一期建厂于老挝沙湾拉吉省，占地 20 公顷；二期建厂于老挝琅勃拉邦省，占地 20 公顷，建综合检测研发中心于老挝万象市，占地 2 公顷。

复合微生物肥料技术符合老挝国家农业、环保和高科技三大产业政策。项目将能基本覆盖老挝全国种植用肥，将各种农作物的产量提高 20％以上，作为老挝农林部认可的肥料向全国进行推广，助力老挝改良土壤效果、降低生产成本、提高农产品产量和质量、加速老挝农业转型，促使中老两国取得显著的社会、经济与生态效益。合作三方于 2018 年 3 月在万象已签署合作备忘录，合作项目已进行了试点试验，效果显著。2018 年 11 月，三方签署正式合作协议，启动第一期 20 万吨微生物复合有机肥厂建设，肥料将向老挝全国推广使用，开创中老清洁农业发展合作新领域。

　　烟叶种植开发项目是由炫烨（老挝）有限公司于 2016 年控股老挝立生农业科技开发国际有限公司后，与老挝丰沙里省政府签订《优质烟叶开发合作协议》，并采取"公司＋农户"的模式积极推进老挝优质生态烟叶的开发生产项目。项目已在老挝丰沙里省奔诺县按中国烟叶生产标准建成育苗基地、烘烤工厂及仓库，烟叶种植基地初具规模，促使老挝北部贫困山区近 1 000 户农民实现脱贫。通过规模生产，将让更多的老挝农民受益受惠，有望为中老两国"精准扶贫"的国际合作做出示范和样板，开创老挝烟叶出口中国新路径，实现中老双方各方的互利共赢需要。

2.5.2.3　投资成功经验

　　炫烨（老挝）公司在老挝获得投资成功主要有以下几个方面的经验。

　　一是将中国的农业产品标准成功引入老挝，为老挝产品打开中国市场铺垫基础。炫烨（老挝）公司是经中国国家质检总局注册备案的老挝大米输华唯一的出口商。炫烨（老挝）有限公司于 2015 年 10 月 27 日获得中国国家质检总局批复同意该公司生产的大米准入中国市场。老挝出口到中国的大米由中国检验认证集团（CCIC）柬埔寨公司装船检验，该检验公司是老挝农林渔业部授权的唯一的老挝大米出口到中国的检验机构，也是中华人民共和国国家质量监督检验检疫总局（AQSIQ）备案的检验机构。

　　二是多方合作，推动全产业链发展。炫烨老挝公司先后与国内多家公司合作，借助它们的力量推动在老挝的农业投资发展，这也是其能在短期取得成功的原因之一。炫烨老挝公司与中国航空技术北京有限公司签订老挝现代农业产业园项目合作协议。炫烨老挝公司还与老挝农林部种植司、湖南林勘院成功签署"战略合作框架协议"，合作建立老挝"全国土壤环境监测体系及农产品质量检测系统"。炫烨老挝公司与老挝农林部种植司、湖南金叶众望科技股份有限公司签署生物有机肥合作项目的协议。炫烨老挝公司与湖南省农科院、老挝农林部研究院签约联合开展老挝农业研究和生产合作项目。

　　三是注意媒体宣传，树立良好的企业形象。炫烨老挝公司通过多年的投资活动已经在当地塑造了良好的企业形象，被老挝政府列入重点扶持中资企业，成为老挝大米在华首家出口商。炫烨老挝公司注重投资过程中的互动双赢，带动当地人民富裕，也赢得了他们的尊重。[①]

---

　　① 新浪财经. 广垦橡胶发力深耕"一带一路"进一步健全产业链［EB/OL］. http：//finance. sina. com. cn/roll/2017－05－01/doc－ifyetxec7146037. shtml.

2.5.3 老挝金穗农业有限公司投资案例

2.5.3.1 公司简介

老挝金穗农业有限公司（Laos Jinsui Agriculture Co.，Ltd.），是广西金穗农业集团有限公司于 2014 年 12 月在老挝投资开设的全资海外子公司。广西金穗农业集团创建于 1996 年，是一家集农业种植、种苗培育、生物有机肥生产、酒精生产、农产品深加工、仓储物流、农村金融服务、园林美化工程和休闲农业旅游开发为一体的多元化产业集团。2017 年广西金穗农业集团公司总资产近 10 亿元，集团国内流转的土地储备面积达 3 733 公顷，老挝流转的土地储备面积达 2 133 公顷，主要从事香蕉、火龙果、柑橘、甘蔗等经济作物种植。

老挝金穗农业公司注册资本为 170 万美元，项目总投资 4 600 万美元，项目定位为香蕉、瓜类等农作物种植，是广西金穗农业集团与乌多姆赛省共同打造的大型、高标准、现代化的农业种植专属产业区。

2.5.3.2 老挝的香蕉种植业优势

老挝地处热带，是香蕉最适宜种植的区域之一。由于气候适宜，老挝的香蕉上市时间非常灵活。2004 年首批中国企业投资老挝种植业，当时的地租仅为每年 70 元/亩，尽管 2018 年种植香蕉的土地地租上涨到每年 500～600 元/亩，但是土地的租金价格仍低于国内，并且老挝的种植园土地肥沃，产品质量上乘，具有很强的市场竞争优势。依据联合国粮食及农业组织的统计数据，老挝的香蕉种植面积由 2000 年的 5 000 公顷攀升至 2016 年的 27 710 公顷。

不少中国企业，如耀正农业、金穗农业等在老挝的会晒、南敦、金三角、琅勃拉邦、乌多姆塞、万象、万隆等地投资种植香蕉。

2.5.3.3 投资历程

金穗农业公司的总部设在乌多姆赛省勐昏县，下辖乌多姆赛省勐昏县和琅勃拉邦省勐南县两个标准化现代农业种植基地。金穗农业公司在乌多姆赛省勐昏县取得省政府授权开发的土地 2 000 公顷，项目开发分两期进行，第一期开发截至 2019 年 3 月已顺利完成，已种植香蕉 2 000 多公顷，累计已完成投资 2 500 万美元。项目二期开发将于 2020 年开始，预计总投资 1 800 万美元，目标再栽种香蕉 1 000 多公顷，配套组建香蕉套袋厂、农业废弃塑料再生回收厂、大型冷库，以及冷藏运输车辆 200 台的运输车队，实现香蕉后期无缝冷链运输保障。二期工程建成后，老挝金穗农业种植专属区在老挝的总投资将达4 300万美元，有望成为老挝北部省份规模最大、功能最全的高标准、现代化的农业专属产业区。

下一步金穗农业公司将加大投资力度，在2～3年内完成投资4 600万美元，陆续推进农业专属区的深化开发，逐步配套建设香蕉深加工工厂、生物有机肥工厂、香蕉脱毒组培苗工厂；从北部地区往南部地区发展，建设种植面积超过3 000公顷的香蕉高标准农业示范基地。

2.5.3.4　投资成效

从2014年到目前，金穗农业公司已派驻老挝生产基地的中国籍生产技术人员达210名，聘请老挝籍员工和临时工近800名，招募当地承包户600多户，共计2 000多人。截至2019年2月，中国金穗农业总公司的物资出境以及现金投资累计已超过4 000万美元。金穗农业公司在老挝投资五年来，累计发放地租600亿基普（约合940万美元），惠及老挝百姓近1 300户，聘请当地的临时日工累计45 000人次，开展的农业技术培训400场次，受益农民达3 000人，大幅提升了当地民工的专业技能和职业素质。每年生产季实现农民年人均收入2 350美元，公司年缴土地使用税、香蕉出口农产品税等税费25亿基普（约合31.25万美元），年缴物资出入关税约123万美元。

金穗农业公司严格遵守老挝当地法律，尊重当地民俗和信仰，和当地老百姓真诚地交朋友，得到当地老百姓普遍的欢迎。老挝金穗公司被当地政府列为外来投资的优秀榜样，乌多姆赛省省长在2015年3月到金穗农业公司基地视察，对金穗农业公司各项工作充分肯定，2015年6月金穗农业公司邀请老挝乌多姆赛省代表团一行8人参加集团公司协办的"第二届中国农场主大会"，并对南宁市进行友好访问增进了中老友谊，2019年1月国民议会副主席到金穗农业公司参观访问。

2.5.3.5　遇到的主要问题

一是香蕉种植的成本在不断攀升。目前除纸箱、套袋等包装物资由当地厂商配套提供，部分肥料则需要从泰国购买运输，种苗、农药等也主要从国内运输至老挝。另外，近年来，运费的上涨速度较快，不时还发生的口岸拥堵事件，更是增加了老挝香蕉投资的风险。在老挝投资香蕉种植，将地租、农资、人工、运费各项成本核算在内，抵达关口时，每亩香蕉的成本约在5 000～7 000元。这样的成本价格，相较于广西并不具明显优势，相比广东湛江、云南等地也略显高昂。

二是老挝的基础设施相对落后，开发成本较高。公司前期需要投入较大资金用于水电设施改善，还要投入资金用于人员培训等，这些资金投入一方面增大了公司的资金压力，另一方面在收购、运输等环节需要投入大量的人力、时间，农业投资回报周期拉长。

图 2-7　金穗农业公司在老挝的香蕉种植园

数据来源：广西金穗农业集团有限公司官方网站。

2.6　投资老挝农业的建议

2.6.1　老挝农业投资的潜力大

中老农业投资合作有很大的互补性。一方面，中国农业企业拥有较雄厚的资金实力、管理及海外投资经验，在一些领域掌握有成熟的生产技术；另一方面，老挝拥有得天独厚的自然资源和气候条件，老挝拥有纯净的空气、水、土壤等，耕地肥沃，老挝原生态绿色无污染的农产品保证了品质，使得其产品具有很高的竞争优势。老挝在香蕉种植、橡胶种植（130 000 公顷的橡胶树）、稻谷种植、咖啡种植、甘蔗种植（2018 年老挝向中国市场出口了 55 000 多吨糖）和烟叶种植等都有明显的自然资源优势，其产品质量也具有很强的竞争力，特别在有机产品方面。中老双方合作能够有效利用互补优势，为两国经济发展带来共赢。

另外，老挝的劳动力成本低于中国，能够降低农业企业的运营成本。老挝近50％的劳动力集中在农业部门，并且年龄结构相对低，平均年龄仅为21岁左右。投资老挝农业不仅能够开发优良的自然资源，也可以有效利用人口红利。

在"一带一路"倡议下，老挝的基础设施投资正在逐年加大。基础设施的改进将为老挝农业投资搭建更有利的平台。可以预计，在中国的帮助下，老挝的水电设施、农业灌溉设施、交通运输设施、产业园区建设等都将得到显著改进，这将进一步提升老挝农业投资的回报。

2.6.2 中老产业链价值合作是有效投资模式

从中老双方的互补优势利用而言，老挝在于种植、养殖、加工等环节具有优势，中国农业在资金、技术、市场运营与管理方面有优势。投资老挝农业可以采取产业链分工合作模式，实现互补优势的利用。作为一种经营战略考虑，中国企业可以将老挝视为重要的农业生产基地，利用其自然优势，同时中国企业通过注入资金、人才、设备和技术等改造老挝农业。中国企业应专注于技术研发、销售和品牌运营，实现产业链的专业分工合作。

中老的产业链价值合作也能够促进中国农业的转型发展，促使中国农业企业向高附加值、知名品牌方向发展，把商业资源集中于品牌开发、技术研发与高附加值的产品运营，这也是中国农业的转型发展之路。另外，采用产业链分工合作有助于降低投资风险，同时也符合老挝政府鼓励出口、发展外向型农业的目标，能够实现共赢。

2.6.3 投资老挝农业应合理规避风险

投资老挝农业也会遇到很多经营障碍，应合理规避风险。

一是老挝农业经营会遇到一些自然灾害，应通过投保规避可能存在的经营风险。由于地理位置和农业基础设施薄弱的原因，老挝种植业的产量在雨季、旱季都可能发生很大的变化。例如，2018年由于老挝雨季突发大面积洪水，造成16省稻米产量低，约10.1万公顷稻米受到洪水的影响，占种植面积81.78万公顷的12％左右，总共有大约6.6万公顷的稻米作物被洪水摧毁。受此灾害的影响，老挝2018年的大米出口显著下降。

二是老挝农业的基础设施以及农资供应等方面存在较大短板，会给企业经营带来一定困难。老挝在水利灌溉、防洪防旱、通路通电等基础设施方面较落后，因而企业的前期投入规模会较大，企业需要投入一定量的资金用于蓄水池、排水渠、加工厂、配套电力设施等的建设，这方面的资金投入会给企业造成一定的压力。另外，老挝的良种、化肥、农药等农资供应也常不足。农资方面的短板可以通过中老进出口贸易弥补，不过这也需要一定的时间和成本。要补足短板，企业需要做好预算规划，合理安排资金投入。随着近些年来老挝基础设施建设的加快，基础设施短板问题也会有很大改进。

三是老挝农业的现代化仓库、技能人员不足、产品质量认证机构等要素配套不足，会给农产品的深加工、出口造成一定的阻力，提升产品附加值较为困难。老挝劳动力的质量较低、劳动生产率低是企业运营的一大挑战。尽管劳动力成本低廉，但由于老挝老百姓的识字率较低，技术劳动力的缺口较大，无法满足市场需求。提升老挝的劳动者技术也需要一定资金和时间投入。另外，老挝的稻米出口也要面临国际竞争，例如来自泰国大米、越南大米的竞争，除了要确保稻米的产量，还要提升产品质量，获得国际标准认证，才有更广阔的国际市场。

四是政府的政策执行与合同执行的效率相对较低，会提高企业的运营成本。尽管老挝政府制定了《投资促进法》，但是在政策实施的具体过程中，企业仍会面临透明度低的问题以及投资审批程序多和耗时长的问题。中国企业投资老挝常面临的一个问题是物资供应不足、物流成本高。一些农业物资需要从中国或泰国进口，但是成本（进出口手续、成本较高）会相对较高。这也会限制农产品在老挝的深加工发展。

中国企业投资老挝时，一定要注意市场调查、风险评估，合理规避投资风险。老挝政府的外商投资政策通常是差异性政策，不同行业、不同地区、不同贡献的企业制定了不同标准的优惠政策。企业需要全面、客观地了解这些优惠政策的条件，做好风险规避。投资老挝农业还要正确处理好与老挝政府、当地居民的关系。其次，要及时了解经济政策走向，积极参与老挝政府鼓励的水稻、玉米、木薯、香蕉等作物的种植。再次，要积极回报社会，引导当地政府、百姓参与合作，主动传授农业经验和技术，带动地方经济发展，实现双赢。最后，还要依法保护生态环境，树立良好的企业形象。

2.6.4　进一步完善中老农业投资环境

提升农业投资环境很重要。一方面，需要中老两国政府层面不断加强战略对接和政策沟通，努力构建要素自由流动、市场深度融合、资源有效配置的发展环境。两国需要进一步巩固完善现有的多双边合作机制，推进投资、贸易机制创新，为农业企业投资提供更加便利的条件。另一方面，需要政府为农业企业"走出去"提供支持，包括海外投资经验介绍、风险规避、人才培训、融资等方面提供支持。农业海外投资的风险一般较高，回报周期也较长。企业普遍缺乏风险预警、控制和防范的能力。我国的农业部门、驻外机构、商务部门、金融部门等应提供针对性的支持，及时解决企业遇到的一些瓶颈问题。

缅甸农业投资环境与政策

3.1 缅甸的农业经济发展概况

缅甸联邦共和国（The Republic of the Union of Myanmar），简称缅甸，是东南亚国家联盟成员国之一，它在"一带一路"倡议、中国—东盟自贸区、孟中印缅经济走廊建设中都是重要的节点国家，其重要性不言而喻。其中，农业是该国的支柱性产业，加强中缅农业合作有利于贯彻落实中国"亲、诚、惠、容"的周边外交政策，体现我国发展同周边国家睦邻友好关系的外交方针，同时也有利于中缅两国经济发展、社会稳定。

3.1.1 缅甸的地理气候

缅甸国土面积 67.66 万平方千米，地处于中南半岛的西部，是中南半岛上面积最大的国家。它西南临安达曼海，西北与印度和孟加拉国为邻，东北靠中华人民共和国，东南连接泰国与老挝，三面环山、一面靠海造就了其独特的地理气候环境。缅甸地势北高南低，以山地、高原和丘陵为主，北部高山区海拔达 3 000 米以上，东北部为掸邦高原。其因拥有得天独厚的地理位置，成为了连接太平洋和印度洋的最佳陆上通道。

缅甸几个主要的城市——内比都、仰光、曼德勒都位于缅甸中部，是全国的政治、经济、文化中心。著名的伊洛瓦底江三角洲是伊洛瓦底江和西塘河流域的冲积平原，地势平缓，是缅甸重要的水稻生产基地，每年向全世界出口大量水稻。

缅甸地处东南亚各国偏北位置，西、北、东三面环山，特殊的地形阻止了北方冷空气的入侵。并且其南靠大海，印度洋暖湿气流畅通无阻，因此缅甸大部区域属热带季风气候，北回归线以南的大部分区域（约 65%）为热带，北回归线以北区域处于亚热带。缅甸自然生态环境非常优越，水灾、旱灾等自然灾害极少发生，适合多种农作物生长，助力其农业成为支柱产业。

在缅甸，气候按照气温可分为热季（3月至5月中旬）、雨季（5月中旬至10月）和凉季（11月至次年2月）三季，各地区全年平均气温变化不大，但不同区域的气温稍有差异。南部区域全年温差较小，而中部区域内温差大，热季平均气温在40.6～43.3℃，凉季则在10～15.6℃；北部地区气温常年偏低，个别高海拔地区有终年不化的积雪。

根据降雨量，缅甸气候可分为湿季（5月至10月）、干季（11月至次年5月）两季，国内年降雨量平均1 000～2 500毫米，其中7月雨量最为充沛。降雨主要受地理区位和季风活动影响，各地分布不均，自海岸向内陆逐渐减少，中部干旱地区最少，年降雨量不足1 000毫米。

3.1.2 缅甸的自然资源概况

3.1.2.1 水资源

缅甸拥有丰富的水资源，拥有四大河流——伊洛瓦底江、钦敦江、唐锡河和萨尔温江。伊洛瓦底江是缅甸的母亲河，全长2 200千米，流域面积为43万平方千米，是缅甸第一大河；萨尔温江为第二大河，全长1 660千米，流域面积为20.5万平方千米。东南亚著名的湄公河也流经缅掸邦，是缅甸与老挝、泰国的界河。这些河流纵贯南北，支流遍布全国，流域面积广、水量充沛，占东盟国家水利资源总量的40%。

此外，缅甸利用水力发电潜力很大。据国际组织勘测，缅甸蕴藏水力的装机容量为1 800万千瓦，适宜建设大型水电站的地区主要集中在克钦邦、克伦邦、掸邦的伊洛瓦底江上游和萨尔温江流域，这些地方可以建设15座以上百万千瓦级别的水电站。

3.1.2.2 土地资源

历史上的缅甸曾被誉为"亚洲的粮仓"，是世界第一大水稻出口国。其耕地资源丰裕，雨量充沛，一年可种植三季水稻。自1988年土地改革以来，缅甸的土地政策不断调整，政府放开了土地的自由经营权，允许农民自由经营并鼓励私人开垦闲置土地，种植面积由此不断扩大，农田水利等设施也有了进一步的发展。据统计，国内可耕作面积达1 200多万公顷，但利用率仍较低，有较大部分闲置土地有待开发。

缅甸也是著名的"森林之国"，拥有林地面积3 412万公顷，森林面积

1 889 万公顷，森林覆盖率约为 50%，盛产柚木、檀木、灌木、铁力、酸枝木、花梨木等[1]。缅甸是世界上最大的柚木生产国，柚木作为缅甸的国树，具有"树木之王"之美誉，其质地坚韧、耐腐蚀性强的特性使其成为除钢铁外最好的造船材料（表 3 - 1）。

表 3 - 1　2017 年缅甸主要土地资源

土地类型	占地面积（万公顷）	占地百分比（%）
净耕种土地	1 206.58	15.04
休耕土地	46.53	0.58
已占用土地	1 253.11	15.62
除休耕地外的可耕种闲置土地	554.65	6.91
保护林	1 889.28	23.54
其他森林	1 452.05	18.10
其他（不适合种植）	1 621.94	20.21

数据来源：缅甸统计局。

3.1.2.3　渔业和海洋资源

缅甸内陆湖泊众多，海岸线漫长，渔业资源丰富，海水、淡水皆可供养殖，对外合作开发潜力大。缅甸鱼虾多达 500 多种，具有经济价值的石斑鱼、鲳鱼、龙虾等约 105 种。其海岸线长约 2 832 千米，适宜捕捞海域 22.5 万平方千米，平均年捕捞量为 105 万吨，820 万公顷的内陆江湖内也有着大量淡水鱼虾。缅甸水产品质优价廉，但资源的开发利用程度不高，这主要是受资金、技术、捕捞、加工、养殖水平等条件限制。

为促进海洋渔业的发展，缅甸自 1990 年以来持续对海洋渔业法律进行修正，撤销了国家渔业公司，只保留示范鱼塘、苗塘，所有鱼塘、冷库、加工厂转让给个人。经不断发展，水产已成为缅甸第三大经济产业和重要创汇产业，仅次于农业和工业。2017—2018 年，缅甸水产出口达到 7.177 亿美元，创 20 年来新高，其海产品出口地主要集中在中国、新加坡、泰国等国家和地区。

3.1.2.4　矿产资源

缅甸矿藏资源（石油、天然气、钨、锡、铅、银、镍、锑、金、铁、铬、玉石等）丰富，其中石油是缅甸最重要的经济资源之一。据亚洲开发银行能源

---

[1]　杨德荣，曾志伟，周龙. 缅甸农业发展现状分析 [J]. 营销界（农资与市场），2018（22）.

评估报告，缅甸共有 104 个油气开采区块，其中内陆开采区块 53 个，近海开采区块 51 个，约有 1.6 亿桶石油和 5 691 亿立方米天然气。同时，缅甸还是世界上著名的宝石和玉石产地，例如抹谷就以盛产红宝石、蓝宝石等出名。

3.1.3 缅甸的农业发展概况

缅甸是一个农业大国，自然环境优越，资源丰裕，农业生产占全国 GDP 的 32%，国内约有 70% 人口直接或间接从事农业生产。农产品是缅甸第二大出口产品，出口收入占总量的 20%。近年来，政府为提高本国对外贸易开放程度、提升国内经济，选定稻米、豆类暨食油作物、水产品、纺织品、林业产品和橡胶为 6 项优先出口产品，而中国是这几类产品的重要进口国。

缅甸的农业发展虽有着得天独厚的地理和自然资源优势，但也存在一系列问题。其一，缅甸农业设施落后，主要采用传统的畜力和人力，自动化程度低；其二，缅甸为粗放型农业经营模式，生产技术落后、政策扶持不足，这就直接或间接导致了农业生产效率低下，农作物产量低。

3.1.3.1 种植业

缅甸农业生产环境优越，耕地资源丰富，主要以种植业为主。缅甸的农业布局总体分为 3 部分：上缅甸、下缅甸和掸邦高原区。不同区域的气候环境对应所适合种植的农作物各有不同，如表 3-2 所示。

表 3-2 缅甸主要区块划分以及主要农产品种植

区　　域		主要农作物	区域特点
上缅甸		水稻	雨水充足、土地肥沃
下缅甸	灌溉区	水稻	—
	非灌溉区	豆类、棉花、花生和芝麻，以及畜牧业	—
掸邦高原区		畜牧业	地广人稀、草原辽阔

根据自然地理条件，缅甸具有代表性的农产品包括水稻、小麦、玉米、花生、芝麻、棉花、豆类、甘蔗、油棕、烟草和黄麻[①]等。其中，冲积平原等季风气候区域主要种植水稻，干旱地区种植玉米、豆类、棉花、花生，高原地区种植棉花、土豆和花生等（表 3-3）。

---

① 杨德荣，曾志伟，周龙. 缅甸农业发展现状分析 [J]. 营销界（农资与市场），2018（22）.

表 3 - 3　2017 年缅甸农业发展状况统计

农作物	种植面积（千公顷）	产量（万吨）
水稻	7 256.0	2 562.45
小麦	65.4	12.33
玉米	504.4	190.93
油类作物	2 525.9	234.68
豆类	4 175.2	4.25
茶叶	96.5	10.47
咖啡	19.7	0.85
橡胶	656.9	23.80
棉花	224.5	38.86
甘蔗	163.4	1 037.00

数据来源：缅甸统计局。

1. 水稻

水稻是"稻米之国"缅甸最主要的农产品，其产值约占整个农业部门的 60%。水稻一年三熟，分为早熟稻（10 月至 11 月）、中熟稻（11 月至 12 月）和迟熟稻（12 月至次年 1 月）三种。按照稻谷谷粒长宽比的标准，缅甸的稻粒可以分为五大类别：极长粒米、长粒米、中长粒米、中大粒米、大粒米。其中，极长粒米全部用于出口，大粒米全部用于国内消费，其他三种部分用于出口，部分销往国内各地。

2017 年，缅甸全国水稻总产量达约 2 562 万吨，平均水稻单产水平为 3 800 千克/公顷，主要产于伊洛瓦底江三角洲、锡当河河谷、实皆省以及伊洛瓦底江流域。其中的掸邦、实皆省等地和孟加拉湾沿海地区因地势平缓，水稻生产水平较高，单产基本能够达到 4 000 千克/公顷，与邻近的泰国、马来西亚、印度尼西亚等国的生产水平相仿（表 3 - 4）。

表 3 - 4　2017 年缅甸各省/邦水稻产量统计

省/邦	产量（万吨）	省/邦	产量（万吨）
克钦邦	61.86	曼德勒地区	93.34
克耶邦	11.65	孟邦	99.14
克伦邦	79.76	若开邦	131.54

（续）

省/邦	产量（万吨）	省/邦	产量（万吨）
钦邦	7.42	仰光地区	182.70
实皆省	303.15	掸邦	198.48
德林达依省	34.93	伊洛瓦底省	782.74
勃固地区	441.68	内比都	29.54
马格威地区	104.52		

数据来源：缅甸统计局。

近年来，缅甸水稻产量有不断增长的趋势，是目前世界上第六大水稻生产国和第五大稻米出口国。早在殖民地时期，缅甸就是水稻的出口大国，第二次世界大战之后一度成为世界最大的水稻出口国。从表格 3-5 中可以看出，从 2012 年开始水稻产量基本呈现上升趋势，单产也逐步上升，但在近年略有下降。

表 3-5　缅甸各年水稻生产情况

年份	种植面积（万公顷）	单产（吨/公顷）	总产（万吨）
2012	7.24	3.75	2 621.66
2013	7.28	3.79	2 637.21
2014	7.17	3.85	2 642.33
2015	7.21	3.87	2 621.03
2016	7.16	3.82	2 567.28
2017	7.26	3.80	2 562.45

数据来源：缅甸统计局。

2. 豆类

除稻谷外，豆类也是缅甸重要的农作物之一，缅甸是东南亚国家中豆类种植面积最大的国家[1]，也是仅次于加拿大的世界第二大豆类出口国，主要出口中国、印度、巴基斯坦等国家。缅甸境内种植约有 17 个品种的豆类，主要有黑豆、绿豆、黑麦豆、扁豆、黄油豆和木豆等，其中绿豆种植面积最大，达 120 多万公顷。据缅甸农业、畜牧和灌溉部统计，2017—2018 年全国豆类种植面积达 443.5 万公顷，占农作物种植总面积的 21%。

---

① 杨德荣，曾志伟，周龙. 缅甸农业发展现状分析 [J]. 营销界（农资与市场），2018（22）.

缅甸的豆类一般种植在偏北地区的干燥地带，雨季播种，来年收获。豆类生产一般集中在实皆省，年产量达120.37万吨；豆类第二大产区位于勃固地区，年产量约为89.46万吨；其次是伊洛瓦底省和马格威地区，分别为60.76万吨和60.47万吨；剩余产量最多的是曼德勒地区为45.95万吨（表3-6）。

表3-6　2017年缅甸各省/邦豆类产量统计

省/邦	产量（万吨）	省/邦	产量（万吨）
克钦邦	2.56	曼德勒地区	45.95
克耶邦	0.95	孟邦	2.05
克伦邦	5.67	若开邦	2.12
钦邦	0.51	仰光地区	13.38
实皆省	120.37	掸邦	15.21
德林达依省	0.02	伊洛瓦底省	60.76
勃固地区	89.46	内比都	5.35
马格威地区	60.47		

数据来源：缅甸统计局。

由于国内外豆类需求巨大，加上缅甸有适宜的气候条件及土壤环境，豆类的种植面积逐年增长，总产和单产总体也呈上升的趋势（表3-7）。根据未来几年缅甸的豆类生产增长情况和国内外需求状况预计，缅甸的豆类市场潜力大，市场行情向好，价格也会逐年攀升。

表3-7　缅甸各年豆类生产情况

年份	种植面积（万公顷）	单产（吨/公顷）	总产（万吨）
2012	4.17	0.97	404.84
2013	4.26	1.01	432.34
2014	4.28	1.00	427.60
2015	4.38	1.01	442.47
2016	4.39	1.00	439.93
2017	4.18	1.02	424.82

数据来源：缅甸统计局。

3. 玉米

玉米作为食用及动物饲料在缅甸有广泛的种植，缅甸境内除孟邦外都有玉米的种植。玉米也是缅甸重要的出口农产品品种，出口地主要集中在中国、印度尼西亚、孟加拉国、日本等国家。2017—2018年，缅甸的玉米种植地区中，邻近中国的掸邦产量最大，为107.6万吨；其次为实皆省和克伦邦，分别为24.85万吨和11.56万吨（表3-8）。

表3-8　2017年缅甸各省/邦玉米产量统计

省/邦	产量（万吨）	省/邦	产量（万吨）
克钦邦	8.87	曼德勒地区	5.71
克耶邦	9.32	孟邦	—
克伦邦	11.56	若开邦	0.004
钦邦	3.21	仰光地区	0.03
实皆省	24.85	掸邦	107.6
德林达依省	0.01	伊洛瓦底省	6.99
勃固地区	1.33	内比都	3.08
马格威地区	8.37		

数据来源：缅甸统计局。

缅甸玉米的种植季节和豆类类似，一般在雨季种植。为进一步提高玉米的产量和生产效率，缅甸从中泰两国进口有关种子进行杂交，培育出新品种。2012年以来，玉米种植面积逐年扩大，单产和总产也保持增长态势，2017年种植总面积达到50.46万公顷，年产约190.93万公吨，单产4吨/公顷（表3-9）。

表3-9　缅甸各年玉米生产情况

年份	种植面积（万公顷）	单产（吨/公顷）	总产（万吨）
2012	42.18	3.58	150.16
2013	44.05	3.64	160.06
2014	45.90	3.70	169.34
2015	47.19	3.72	174.85
2016	49.02	3.75	183.06
2017	50.46	4.00	190.93

数据来源：缅甸统计局。

4. 油料作物

缅甸油料作物资源十分丰富，主要油料作物包括花生、芝麻、葵花籽、芥末和油菊等。其中，花生、芝麻和葵花籽是传统油料作物，其种植面积也远大于其他油料作物。油籽作物的种植主要集中在中部干旱地带，也有一部分种植于三角洲和山区。据统计，缅甸的油料作物种植主要集中于实皆省，其次为马格威地区以及曼德勒地区。2012 年以来，油料作物种植面积、单产和总产基本呈现稳中上升的态势，但由于人口的快速增长，国内食用油市场仍然供不应求。缅甸农业部计划采取措施，如引进杂交葵花籽和高产品种、采用现代化培育技术等，进一步扩大油菜种植面积，提高种植效率，增加每亩产量（表 3 - 10）。

表 3 - 10　缅甸主要油料作物生产情况

单位：万公顷，吨/公顷，万吨

年份	花生			芝麻			葵花籽		
	种植面积	单产	总产	种植面积	单产	总产	种植面积	单产	总产
2012	91.15	1.57	142.84	149.40	0.53	79.46	54.00	0.65	35.00
2013	93.07	1.57	146.46	154.05	0.54	81.71	49.62	0.93	46.09
2014	94.95	1.58	150.16	146.64	0.55	80.16	48.06	0.95	45.60
2015	95.46	1.60	151.79	153.08	0.55	82.83	46.57	0.94	43.99
2016	98.95	1.59	157.24	150.62	0.54	81.30	40.81	0.95	38.77
2017	103.47	1.53	158.27	149.25	0.52	76.43	27.51	0.94	25.99

数据来源：缅甸统计局。

5. 棉花

棉花是缅甸重要的经济作物，主要有 Wagyi、Mahlaing5/6 和长纤维三个品种。其中，Wagyi、Mahlaing5/6 是缅甸当地的棉花品种，主要应用于当地编织产品；长纤维棉主要用于工厂纺纱，织造服装面料等用途。

棉花的种植区域主要分布于中央干旱区，其中马格威地区的棉花种植最为集中，其产量在 2017 年达 208.38 万吨；其次是曼德勒地区和实皆省，产量分别为 111.36 万吨和 56.26 万吨。为提高棉花的生产效率，缅甸在棉花生产中引入了综合虫害管理技术，实现了棉花单产的增长。棉花种植面积从 1988 年的 18 万公顷增长到 2014 年 30 万公顷，产量也提升至 52 万吨。2012 年以来，缅甸棉花的种植面积和产量在 2014—2015 年度达到最高值，之后略有下滑，单产总体呈现上升趋势，说明缅甸的棉花种植效率持续提高（表 3 - 11）。

表 3 - 11　缅甸各年棉花生产情况

年份	种植面积（万公顷）	单产（吨/公顷）	总产（万吨）
2012	27.86	1.65	45.95
2013	29.93	1.67	50.11
2014	30.46	1.72	52.41
2015	29.15	1.76	51.28
2016	26.03	1.79	46.54
2017	22.47	1.73	38.86

数据来源：缅甸统计局。

6. 橡胶

橡胶是缅甸又一重要出口产品，橡胶产业对促进缅甸经济发展、改善民生具有举足轻重的作用。缅甸橡胶的种植具有地域化的特点，主要种植于孟邦、克伦邦和德林达伊省，其生产的橡胶品种主要为 BPM - 24、PB - 235、PB - 260、RRIC - 100、RRIC - 717。

缅甸适合种植橡胶的土地面积达 600 万公顷。近几年来，由于缅甸国内外市场对工业原料需求增大，缅甸橡胶的种植快速发展。2012 年以来，缅甸橡胶种植面积不断扩大，至 2017 年种植面积达 60 多万公顷，产量超过 20 万吨（表 3 - 12）。

表 3 - 12　缅甸各年橡胶生产情况

年份	种植面积（万公顷）	单产（吨/公顷）	总产（万吨）
2012	58.16	0.76	16.18
2013	61.03	0.75	17.41
2014	64.16	0.75	19.49
2015	65.10	0.74	20.87
2016	65.45	0.76	22.17
2017	65.74	0.76	23.80

数据来源：缅甸统计局。

7. 咖啡和茶叶

缅甸国内咖啡主要种植于掸邦，2017 年产量达 5.21 万吨；其次为克伦邦，产量为 1.96 万吨。缅甸农业、畜牧与灌溉部表示，缅甸咖啡种植面积在 2030 年有望增长到 8 万公顷，出口额可达 6 万吨，其出口将主要集中在瑞士、美国、中国、泰国等国家和地区。

近年来，缅甸茶叶产业也发展迅猛。茶叶主要种植于掸邦和曼德勒地区，种植面积近 10 万公顷，总产达 10 万吨。2016 年，中国云南的春茶价格较上年普遍下滑，而缅甸茶叶却逆势上涨，远销欧美等国家，发展潜力巨大（表 3-13、表 3-14）。

表 3-13 缅甸各年咖啡生产情况

年份	种植面积（万公顷）	单产（吨/公顷）	总产（万吨）
2012	2.02	0.69	0.80
2013	2.03	0.70	0.81
2014	1.99	0.71	0.84
2015	1.99	0.71	0.83
2016	2.00	0.69	0.85
2017	1.97	0.69	0.85

数据来源：缅甸统计局。

表 3-14 缅甸各年茶叶生产情况

年份	种植面积（万公顷）	单产（吨/公顷）	总产（万吨）
2012	9.07	1.18	9.46
2013	9.36	1.18	9.63
2014	9.57	1.18	9.86
2015	9.58	1.18	9.97
2016	9.65	1.19	10.24
2017	9.66	1.18	10.47

数据来源：缅甸统计局。

8. 甘蔗

在缅甸，甘蔗是不可或缺的经济作物。自 1932 年起，缅甸开始大规模种植甘蔗，此后甘蔗种植面积逐年扩大，到 2017 年已有约 16 万公顷。目前甘蔗年产量超过 1 000 万吨，涉及甘蔗种植的劳动力约 140 万人（表 3-15）。

由于早年生产技术缺乏，农业管理效率低，相比水稻、豆类和油料作物，甘蔗的产量相对较低。但近年来农业部采取了一系列措施，如根据缅甸甘蔗种植特点培育改良品种、执行亩产 80 吨的种植计划等，改进甘蔗品质，提高蔗农收入。2012 年起，甘蔗的单产和总产持续增长，种植效率大幅提高。

表 3 - 15　缅甸各年甘蔗生产情况

年份	种植面积（万公顷）	单产（吨/公顷）	总产（万吨）
2012	15.42	61.23	941.31
2013	16.95	60.80	1 030.74
2014	18.10	62.36	1 112.84
2015	16.20	62.62	1 014.24
2016	16.42	63.73	1 043.71
2017	16.35	63.47	1 037.00

数据来源：缅甸统计局。

3.1.3.2　畜牧业

近年来，随着缅甸经济的快速发展和人民生活水平的提高，畜牧业得到了重视并迅速发展。缅甸的畜牧业主要有黄牛、水牛、羊和家禽等品种。其中，黄牛是缅甸最为重要的养殖品种，其养殖规模在 2017 年达到 1 711.3 万只；绵羊和山羊的存栏量增长最快，年增长率达到 11%，2017 年增长至 976.2 万只；此外，猪、鸭等家畜家禽近年来也增长迅猛，增长率均达到 8% 左右（表 3 - 16）。

表 3 - 16　缅甸畜产品存栏量

单位：千只

类别	2015 年	2016 年	2017 年
黄牛	16 574	16 571	17 113
水牛	3 641	3 641	3 752
绵羊和山羊	8 770	8 786	9 762
猪	16 541	16 524	17 910
家禽	296 413	296 267	322 044
鸭	23 662	23 636	25 449
鹅、番鸭和其他	3 466	3 455	3 858

数据来源：缅甸统计局。

缅甸畜牧业分布于伊洛瓦底省、勃固省、实皆省、曼德勒地区、掸邦西部和仰光省南部等地区。其中，面积最大的实皆省因近年来的农业大发展，已成为"缅甸的粮仓"，畜牧业也随之发展起来。据统计，2017—2018 年度，实皆省内产出肉类产品总计 5.34 万千克、蛋类 19.13 亿枚，鲜奶 5.83 万千克。

缅甸畜牧业近年来虽然发展迅速，但也存在诸多缺陷。一方面，由于其尚不具备现代化的畜牧养殖能力，养殖业细碎零星，难以实现规模生产，抵御市场风险的能力较弱。另一方面，缅甸畜牧业研究能力不足，缺乏资金投入，研究技术水平不高，国际合作研究项目极少。

在此背景下，缅甸也推出了一系列政策来推动畜牧业发展。一是扩大养殖规模。以牛奶为例，为减少对进口牛奶的依赖，缅甸在内比都、曼德勒等地区设置了大量养殖基地，同时引进新型畜牧产品加工技术，增加畜牧产品利用率。二是放宽出口限制，增加外资企业资金投入，引进国外先进技术，以此推动国内畜牧业发展。

3.1.3.3　渔业

缅甸为热带季风气候，雨水充沛，内陆湖泊众多，海岸线漫长，因此渔业资源丰富。渔业对缅甸国民经济发展至关重要。据统计，缅甸有 300 万人直接从事渔业，并有 1 200 万～1 500 万人间接受益。

缅甸渔业可细分为三类：海洋渔业、内陆渔业和水产养殖业。其中，海洋渔业中的海洋捕捞业是缅甸渔业的主要部分，专属经济区有约 48.6 万平方千米，管辖水域中共有 770 种硬骨鱼类，其中 67 种中上层种类具有商业开发利用价值[①]。内陆渔业包括有偿水域养殖和开放水域捕捞两种，此类水域包括河流、湖泊和水库等，范围较广。缅甸水域清洁，未受污染，为水产养殖业的发展提供了得天独厚的优势。

近年来，缅甸渔业发展重心向水产养殖业转移，其养殖水域面积和总产增速较快。淡水鱼虾在水产品出口中日益占据重要地位，集中生产于德林达依省和伊洛瓦底省，约占全国产量的 75%，仰光地区和勃固地区也有部分鱼虾养殖基地。据缅甸渔业局统计，2014—2015 年度淡水渔业产量为 140 万吨，出口值超过 1 亿美元，惠及 70% 农村人口（表 3-17）。

表 3-17　缅甸各省/邦鱼虾生产情况

单位：万吨

省/邦	2015 年	2016 年	2017 年
克钦邦	3.39	3.29	3.34
克耶邦	0.15	0.16	0.14

① 刘宝祥. 缅甸渔业现状 [J]. 现代渔业信息，2011，26 (5).

（续）

省/邦	2015 年	2016 年	2017 年
克伦邦	2.26	2.28	2.30
钦邦	0.21	0.21	0.22
实皆省	13.79	13.55	13.62
德林达依省	173.86	176.24	188.55
勃固地区	46.77	47.16	47.57
马格威地区	1.85	1.85	1.86
曼德勒地区	7.51	7.72	7.73
孟邦	27.72	28.14	28.49
若开邦	27.99	27.56	28.02
仰光地区	53.95	55.09	57.92
掸邦	1.18	1.20	1.26
伊洛瓦底省	197.11	201.61	205.20
内比都	0.44	0.46	0.48
总计	558.18	566.53	586.69

数据来源：缅甸统计局。

缅甸渔业近年来发展迅猛，但仍受到多方制约。首先，相关产业配套设施落后。与农业类似，渔业主要以分散的个人经营为主，生产工具和生产技术落后，资源开发程度低。同时，国内缺乏符合国际市场标准的冷冻设备，导致2014 年以来渔业出口量持续下滑。据缅甸商务部统计，2014—2015 年度，缅甸渔业出口创汇 4.2 亿美元，较 2013—2014 年度减少 1 亿美元。此外，缅甸渔业还存在养殖管理不到位、流行鱼病防治困难、养殖原料投入有限、缺少经验丰富的合格养殖人员等问题。

针对上述问题，缅甸政府颁布了一系列措施促进渔业发展。一方面，政府为保护渔业资源，规定每年 6 月至 8 月为休渔期，仅允许 65% 的渔船下海捕捞；另一方面，缅甸海洋渔业实行捕捞许可管理制度，规定合法捕捞作业须获得许可证。

3.1.3.4　缅甸的农业生产总值

缅甸是一个以农业为主的国家，资源丰富，自然条件优越，但其工农业发展缓慢，被联合国列为世界上最不发达的国家之一。为加快国内经济发展，缅甸政府于 2001 年制订了四年经济发展计划，确定了年均经济增长 10% 的目标。同时，缅甸加强基础设施建设，提高对外开放程度，降低通货膨胀，促使经济走上健康、可持续发展的轨道。缅甸经济监测报告显示，缅甸2017—2018年度GDP实际增长率达到了6.4%，2001年以来农业总产值持续上涨，在2017年达到109亿美元。同时，农业总产值占GDP的百分比有所下降，说明缅甸第二、第三产业的比例持续增加，经济健康平稳发展。2017年，农业总产值占GDP的25.76%，农业仍然是缅甸经济发展的支柱产业，对缅甸农业进行投资依然具有重要意义（图3-1）。

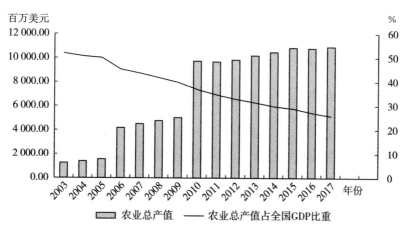

图3-1　2001—2017年缅甸农业总产值情况

数据来源：缅甸统计局。

3.1.4 缅甸的农业发展机遇

缅甸虽然经济发展水平较低，但增长迅速，农业作为其最主要的经济活动，对全国GDP有支柱性贡献，所以农业投资仍具有重大潜力。

首先，缅甸政府开始鼓励农业创新与跨国投资。国家元首昂山素季曾表示，希望外国投资将重心放到缅甸的农业和教育领域，尤其是农业。2016年，缅甸政府重新组建缅甸投资委员会，旨在进一步吸引农业投资，积极寻找泰国、中国、日本、韩国、印度等国的投资者，并为之提供法务、用地等方面的便利。

其次，技术变革大幅度促进农业创新。这主要包括基础通信与互联网的普及，以及农业智能化、数字化的成果在农业领域的快速推广。在缅甸，资本大量投入到与农产品供应链有关的技术领域。此外，缅甸也开始在农业领域尝试运用大数据、物联网、卫星遥感等技术，具有可观的商业前景。

此外，缅甸农业发展使得农民在农业价值链中的地位获得显著提升，进而优化了农业价值链。农业创新发展以来，知识普及和技术推广帮助农民更好地获得市场销售渠道，提高了生产效率并降低了生产成本。

当然，缅甸农业发展的潜力还没有被完全释放出来，需要更多资本投入以及更大的信心和耐心。虽然这是一块广阔的"蓝海"市场，但却十分考验经营者组织品牌、推广产品、技术运用的能力，且能否有效实现"本土化"也是国外投资者到缅甸进行农业投资需要考虑的重要因素。

3.2 缅甸的营商环境与投资促进政策

3.2.1 缅甸的营商环境

3.2.1.1 缅甸营商环境的总体评价

近年来，缅甸 FDI 稳步增长，投资规模稳步扩大，投资来源和投资领域也更加多元化，加上其社会环境相对稳定、人力成本较低等比较优势，其经济发展水平得到进一步提高。但总体来说，目前对缅甸的投资水平与缅甸巨大的潜力相比仍然较低。

为吸引外商投资，缅甸自 2011 年起持续改革，积极改善投资环境，并实施了一系列措施。第一，重组投资委员会，提高工作效率；第二，新政府上台后，积极完善投资法律法规，放开投资限制；第三，调整汇率制度，稳定汇率；第四，设立经济特区，吸引外来投资；第五，开放新的投资领域，如允许外资投资电力、石油等领域。

世界银行发布的《2019 年世界营商环境报告》显示，缅甸的营商便利度排名 171 位，与上年排名保持一致。在东盟国家排名中，缅甸排在最后一位，低于老挝（154 位）；在亚洲国家排名中，缅甸仅高于孟加拉国和东帝汶，位列倒数第三。其中，缅甸在"开办企业"方面的排名由 155 位上升至 152 位，"获取电力"方面的排名也由 151 位上升至 144 位，办理施工许可证方面排名保持不变，其他几大指标的排名均有所下降。为提高缅甸排名，世界银行给出了几点建议，主要包括：重新修订不再适用的法律条款，如重新修订企业法、建立电子贸易等相关法律框架等；完善相关的立法修订，制定新的土地法、颁布新的税收程序等；摒弃落后的习俗条例。

3.2.1.2　政局形势

1. 政局稳定程度

缅甸政局较为复杂，震荡严重。其主要是有以下几方面原因：一是缅甸宪法奠定了缅甸政局复杂性的基础。缅甸立国之初宪法是各民族平等，但民族数量达 130 个，固有的不平等导致缅甸民族武装众多且各自独立，战火 60 多年不能平息。若不能真正实现民族平等，这样复杂的局势还将持续。二是缅甸自独立以来就存在军队和政客两方的博弈，而军方一直在缅甸政局中居主导地位，这种对国家管理并不精通的军人长期实质执政的局面使局势更加复杂。三是宗教信仰之间存在巨大冲突。比如罗兴亚人信仰伊斯兰教，而缅甸也存在极端佛教徒，双方之间的冲突血腥而长久，国际社会因此迅速做出反应，重新制裁缅甸，进而让缅甸政局更添变数。

2. 法律制度完善程度

缅甸政局不稳，政府管理绩效也不高，缺乏一个执行有力的法律环境和框架。缅甸在公共部门透明度、问责性和腐败评级、社会保障评级、企业监管环境评级等方面都低于平均水平，公共管理质量处于中等偏下水平（表 3 -18）。

表 3 - 18　政府管理绩效评级（1＝低，6＝高）

指　　　标	2015 年	2016 年	2017 年
公共部门透明度、问责性和腐败评级	3.0	3.0	2.5
贸易评级	3.5	3.5	3.5
结构政策集群平均值	2.8	2.8	2.8
社会包容性/公平政策集群平均值	2.8	2.8	2.6
收入动员效率评级	3.5	3.5	3.5
公共部门管理和机构集群平均值	3.0	3.0	2.9
社会保障评级	2.5	2.5	2.0
财产权和基于规则的治理评级	2.5	2.5	2.5
公共资源使用公平性评级	2.5	2.5	2.5
公共管理质量评级	2.5	2.5	2.5
宏观经济管理评级	3.5	3.5	3.5
人力资源建设评级	3.5	3.5	3.0

（续）

指　　标	2015 年	2016 年	2017 年
性别平等评级	3.0	3.0	3.0
财政政策评级	3.5	3.5	3.5
金融部门评级	2.5	2.5	2.5
预算和金融管理质量评级	3.5	3.5	3.5
环境可持续性政策和制度评级	2.5	2.5	2.5
经济管理集群均值	3.6	3.6	3.6
债务政策评级	4.0	4.0	4.0
企业监管环境评级	2.5	2.5	2.5

数据来源：世界银行《2019 年世界营商环境报告》。

3. 政府清廉程度和治安状况

缅甸政府内部腐败现象较严重，近年来经过整治有所改善。世界银行的调查资料显示，公司对公职人员的非正常支付（占公司的百分比）从 2014 年的 26.8% 降低至 2016 年的 16.5%；相比而言，因盗窃、抢劫、破坏和纵火所导致的损失（占销售额的百分比）的比例虽有所上升，但其比例仍然很低，表明缅甸当地治安良好（表 3 - 19）。

表 3 - 19　社会治安状况与政府清廉度

指　　标	2014 年	2016 年
由盗窃、抢劫、破坏和纵火所导致的损失（占销售额的百分比）	0.9	1.1
对公职人员的非正常支付（占公司的百分比）	26.8	16.5

数据来源：世界银行《2019 年世界营商环境报告》。

3.2.1.3　创办企业便利程度

2018 年缅甸在全球 190 个经济体的"创立企业便利程度"排名中位于 152 位（其他澜湄四国的排名：老挝排名 180 位、泰国排名 39 位、越南排名 104 位、柬埔寨排名 185 位）。其中，企业注册所需要的程序为 10 项，创立企业所需要的天数为 14 天，注册资产所需时间为 85 天。创立企业所需要的成本占人均收入的 24.8%，从 2015 年的 98% 不断下降。这一比例下降的原因主要是，近年来缅甸的人均收入提升较快，经济形势向好（表 3 - 20）。

表 3 - 20　创立企业便利程度

指标	2015 年	2016 年	2017 年	2018 年
企业注册的启动程序（数量）	14	12	12	12
创办企业所需时间（天）	16	14	14	14
开办企业流程的成本（占人均 GNI 的百分比）	98.0	41.1	40.1	24.8
财产登记程序（数量）	6	6	6	6
注册资产所需时间（天）	85	85	85	85
履行合同所需时间（天）	1 160	1 160	1 160	1 160
法律权利力度指数（0＝弱，12＝强）	2	2	2	2
完成破产所需时间（年）	5	5	5	5
建立仓库的程序（数量）	15	15	15	15
仓库建设所需时间（天）	95	95	95	95

数据来源：世界银行《2019 年世界营商环境报告》。

3.2.1.4　基础设施

1. 交通运输设施

近年来，缅甸的交通运输状况有所改善。陆路交通有所增多，缅甸建设部高速公路局公布的相关数据显，截至 2017 年末，缅甸公路总里程为 4.16 万千米。其中，中国援建的滕密公路连接中缅两国；印度政府也将提供 5 亿美元经济援助，其中部分援款将用于修建连接印度、缅甸和泰国的三边公路，公路全长 3 200 千米。

由于缅甸工业基础薄弱，其铁路设施、机车大多从中国进口，部分车辆还是日本淘汰的二手通勤车。但缅甸政府在加强与周边国家互联互通方面积极努力，计划推动中缅、缅泰、缅印互联互通项目，其中中缅铁路项目近期计划建设木姐—曼德勒段，远期计划从中国瑞丽延伸至缅甸皎漂，全长 813.015 千米。

缅甸全国有机场 70 余个，仰光、内比都和曼德勒机场为国际机场，截至 2017 年底，缅甸已与 20 多个国家和地区建立了直达航线[①]，包括北京、昆明、广州等中国城市，国内大城市和主要旅游景点均已通航。

缅甸主要港口有仰光港、勃生港和毛淡棉港，其中仰光港是缅甸最大的海港。缅甸交通与通讯部数据显示，内河航道约 14 842.6 千米，仰光港口包括

---

① 缅甸概况．泛珠三角合作信息网，http：//www.pprd.org.

仰光港和迪洛瓦港。2016—2017 年度，缅甸进出港船只总吨位均为 2 808.4 万吨，水路运输旅客达 1 032.4 万人次。

2. 通讯设施

缅甸公布数据显示，缅甸全国共有 1 381 个邮局。电话交换台中 465 个为自动交换台，14 个为人工接线台，共有约 5 530 万电话用户，其中约 52 万为座机用户，约 5 478 万移动电话用户。在国际通讯方面，缅甸不仅开通了国际卫星电话，而且可以通过亚欧海底光缆 2 万条线路与 33 个国家和地区直接连通，并能通过这些国家和地区同世界其他国家和地区进行通话[①]。目前，中国移动和联通 GSM 电话可在缅甸使用。

3. 电力设施

截至 2017 年末，缅甸全国电力总装机容量为 5 390 兆瓦，其中水电 3 255 兆瓦，占比 60.4%，天然气热电 1 663 兆瓦，占比 30.9%。随着经济社会的发展，人民生活水平和社会建设水平不断提高，缅甸用电需求逐年增大，工业用电供不应求。但随着越来越多的电站项目建成投产以及输电线路的完善，工业、居民用电将获得保障（表 3-21）。

表 3-21　缅甸电力供应状况

指　　标	2014 年	2015 年	2016 年	2017 年	2018 年
通电所需时间（天数）	98	77	77	77	77
通电延误（天数）	105.6	—	36.5	—	—
电力中断导致的价值损失（占销售额比例）	2.5	—	2.5	—	—
企业某个月经历的电力中断（次数）	12.5	—	11	—	—
经历断电的公司比例（%）	94.3	—	94.9	—	—

数据来源：世界银行《2019 年世界营商环境报告》。

目前，仰光、毛淡棉等大城市周边有在建的燃气电厂，一些规模较小的水电项目也在建设或升级改造中。位于掸邦的燃煤电厂已近完工。根据营商环境分析报告，缅甸的通电所需时间和通电延误天数有所减少，说明缅甸电力供应状况有所改善。

4. 物流基础设施

物流服务业是国际贸易的支柱，良好的物流可以降低贸易成本。从表 3-22 可以看出，2010—2016 年缅甸物流绩效综合分数总体呈上升趋势，但物流服

---

① 缅甸国情报告：2017 - 08 - 23.

务的能力和质量、清关程序的效率等指标都较低。2018 年，缅甸的物流绩效世界排名第 41 位。

表 3 - 22　物流绩效指数（1＝低，5＝高）

指　　标	2010 年	2012 年	2014 年	2016 年
综合分数	2.33	2.37	2.24	2.45
追踪查询货物的能力	2.36	2.34	2.35	2.56
货物在预定或预期的时间内到达收货人的频率	3.29	2.59	2.83	2.84
安排价格具有竞争力的货运的难易度	2.37	2.47	2.14	2.22
物流服务的能力和质量	2.01	2.42	2.07	2.35
贸易和运输相关基础设施的质量	1.92	2.10	2.14	2.32
清关程序的效率	1.94	2.24	1.96	2.42
港口基础设施的质量 （1＝十分欠发达，7＝十分发达高效）	—	—	2.60	2.60
海关手续负担（1＝效率极低，7＝效率极高）	—	—	3.20	3.00

数据来源：世界银行《2019 年世界营商环境报告》。

3.2.1.5　企业税负

为吸引外资，缅甸政府近年来颁布了一系列外商投资法令，企业的税负水平也有所下降。企业总税负占商业利润比例从 2015 年的 33.1％下降至 2018 年的 31.2％，下降约 2 个百分点。其中，利润税（即所得税）在总税负中占比最大，2018 年占比为 26.8％，与前几年基本持平。另外，上文提及的缅甸企业在纳税过程中会被期待送礼，这一比例高达 20.4％（2016 年数据）（表 3 - 23）。

表 3 - 23　缅甸税负水平

指　　标	2015 年	2016 年	2017 年	2018 年
总税率（占商业利润的百分比）	33.1	31.9	31.2	31.2
利润税（占商业利润的百分比）	26.9	26.9	26.8	26.8
劳动税和缴费（占商业利润的百分比）	0.2	0.3	0.3	0.3
企业其他应缴税种（占商业利润的百分比）	6	4.8	4.2	4.2
纳税项（数量）	31	31	31	31
企业与税务官员见面的平均次数	—	1.8	—	—
与税务官会面时被期待送礼的企业（占比）	—	20.4	—	—
筹纳税所需时间（小时）	274	282	282	282

数据来源：世界银行《2019 年世界营商环境报告》。

3.2.1.6　出口关税

近年来，在互惠共利政策推动下，贸易伙伴不断降低缅甸商品的进口关税税率。缅甸在 2015 年享受的所有产品最惠国加权平均税率[①]为 5.24%，其中工业产品和初级产品最惠国加权平均税率分别为 6.21%、2.9%，加权平均适用税率分别为 5.76%、1.61%。缅甸自 1995 年加入世贸组织，2015 年加入东盟自贸区，很多国家给予缅甸最惠国待遇。此外，缅甸海关办理出口清关手续的效率也较高（表 3-24）。

表 3-24　缅甸商品出口享受的平均关税水平

单位：%

指　标	2011 年	2012 年	2013 年	2015 年
所有产品最惠国加权平均税率	2.95	5.81	4.07	5.24
所有产品加权平均适用税率	1.99	5.81	4.07	4.56
关税表中达到国际最高关税税率的税目产品占比	1.71	6.03	3.89	10.46
工业产品最惠国加权平均税率	3.39	5.40	4.44	6.21
工业产品加权平均适用税率	2.22	5.40	4.44	5.76
达到国际最高关税税率的工业产品比例	1.71	5.71	3.89	7.67
初级产品最惠国加权平均税率	2.03	7.64	3.22	2.90
初级产品加权平均适用税率	1.51	7.64	3.22	1.61
达到国际最高关税税率的初级产品比例	1.73	8.15	3.91	32.01

数据来源：世界银行《2019 年世界营商环境报告》。

3.2.2　外国投资促进政策

2016 年 3 月澜湄合作机制正式启动，这一合作将进一步深化五国睦邻友好的合作关系，促进各国经济社会发展，缩小地区发展差距，实现协同发展。在全新的区域合作机制之下，缅甸作为湄澜五国的重要组成部分，其政府实行了一系列开放政策，引进外商投资，促进本国 FDI 的增长。

经过多年经济孤立的负面影响，缅甸政府已开始进行广泛的改革，开放对外贸易和投资。此外，新《缅甸投资法》已于 2016 年 10 月 18 日颁布，投资法实施细则也于 2017 年 3 月 30 日颁布。新《缅甸投资法》将给缅甸国内外投

---

① 所有产品最惠国加权平均税率是以每种产品在相应伙伴国家的进口额中所占比例为权数对最惠国税率进行加权计算得出的平均数。

资者创造良好的投资环境，也将给投资者带来利益。随后的 2017 年 6 月，缅甸投资委员会（MIC）公布了十大优先投资领域：农业及相关服务、农产品增值行业；畜牧和水产养殖业；有助于增加出口的制造业；有助于替代进口的制造业；电力行业；物流业；教育服务行业；健康服务行业；廉价房建设；开发工业园区[①]。

下文将主要从项目审批、税收政策、土地政策三个方面来阐述缅甸的投资政策。

3.2.2.1　项目审批政策

1. 投资法律及主管部门

1988 年缅甸军政府颁布首部《缅甸外国投资法》，对缅甸的对外开放实行管辖。2012 年 11 月缅甸联邦议会通过新的《缅甸外国投资法》，四年后再次修订《外国投资法》。这部新的投资法将 2012 年《缅甸外国投资法》与 2013 年《缅甸公民投资法》合二为一，目的在于规范国内外投资的操作流程，给予外国投资者公平待遇，增加外国对缅甸的投资兴趣和积极性。

缅甸根据《外国投资法》针对外国投资设立了专门的管理机构——缅甸国家投资管理委员会（MIC），是管理外国投资事务的最高机构。此外，相关政府部门官员还组成了一站式联合工作组，此举旨在提高外国投资办事效率，加强部门和机构间协调统一，切实加强对工作的监督。

2. 投资准入制度

（1）外商投资应遵循的基本原则：《外国投资法》对外商投资应遵循的基本原则规定如下：

1）促进和扩大出口；

2）生产进口替代品；

3）生产需要大额投资的出口产品；

4）收购高科技并且开发高科技产品；

5）生产业务发展服务行业；

6）支持和协助涉及大额资本的生产和服务；

7）开辟更多的就业机会；

8）开展可以节约能耗的工程；

---

① 中国商务部. 缅甸公布十大优先投资领域［EB/OL］.（2017-06-12）［2018-03-14］. http://www.mofcom.gov.cn/article/i/jyjl/j/201706/20170602601168.shtml.

9）区域发展；

10）保护和保存自然资源；

11）新能源的开发和生产以及可再生能源的利用，例如生物能源；

12）现代工业产业的发展。

由此可见，缅甸政府十分强调外国投资促进就业、保障内需的作用，也明确引导外国投资注重环境保护、开发利用新能源。因此，有助于缅甸改善基础设施、增加就业、提高国际竞争力并兼顾环境保护的项目，将更易获得缅甸政府的批准。

（2）限制或者禁止的投资项目。《外国投资法》规定，投资项目须先经缅甸政府同意并经投资委员会公布方为有效，同时规定了限制或者禁止的投资项目：

1）在本国内与传统民族习俗相关的业务；

2）可能损坏公共利益的业务；

3）可能损害公共健康的业务；

4）破坏及恶化自然资源、环境和生态系统的业务；

5）可能破坏恶化陆地及水域内动物生存，花和植物，农作物，古代遗产和自然资源等的业务；

6）可能给国家带来有毒废弃物的业务；

7）根据国际公约，使用或者是生产危险化学品的业务。

上述规定也存在例外情况。如果外国投资者对某些项目确有投资需求，且其投资确实有利于国家和人民的利益、尤其是民族地区民众的利益，委员会在获得联邦政府认可后，可予以批准①。

3. 投资形式

外商投资可以使用以下任意一种形式：

1）外商投资，可高达 100％独资；

2）外国人与本国公民或者是相关政府合资组织；

3）双方同意的合同下的任何体系。

《外国投资法实施细则》中规定，委员会在审批认定项目过程中，对于不允许在国内投资的项目、只能与本国公民以合资方式投资的项目和个别特殊情

---

① 缅甸外国投资法（2012 年联邦议会法字 21 号）. http://blog.sina.com.

况下批准的投资项目，须上报联邦政府审批，以公告形式予以公布①。除此之外，其他项目中外国人可以百分百地用外国资本进行投资。

4. 投资准入程序

《外国投资法》规定，投资人或发起人须向投资委员会提交投资许可证申请书，委员会将于 15 天内审核决定是否接受，若接受，则再于 90 天内对倡议书提交人进行资质审核。投资者获得许可证后，需签订相关协议并立项，对协议的期限、条款等事项，投资委员会有权进行修改。据此，在缅甸申请投资将于 105 个工作日内予以答复。

3.2.2.2　税收政策

缅甸纳税实行属地税制，企业按财政部要求按月或季度纳税。目前缅甸政府与外资直接相关的税收法律共有六部——《联邦税收法》《外国投资法》《所得税法》《商业税法》《关税法》以及《仰光市政发展法》。其中，缅甸税收规定的主要依据是缅甸政府 2018 年颁布的《联邦税收法》。

1. 财政和税收现状

（1）财政状况。缅甸统计局数据显示，2013—2018 年，缅甸的 GDP 保持较快增速，虽近年来增速有所放缓，但仍处在高速发展阶段（表 3 - 25）。

表 3 - 25　2013—2017 年缅甸宏观经济数据

年　　度	2013/2014	2014/2015	2015/2016	2016/2017	2017/2018
名义 GDP（亿缅币）	580 116.3	652 618.9	727 140.2	797 601.0	904 509.5
实际 GDP（亿缅币，以 2011/2012 年度为基期）	488 791.6	527 850.5	564 762.3	597 871.3	638 279.2
人均 GDP（万缅币）	113.34	125.53	138.63	150.73	169.42
GDP 增长率（%）	8.4	8.0	7.0	5.9	6.8

数据来源：缅甸统计局。

（2）税收状况。目前，缅甸主要的税收法律法规有《所得税法》《商业税法》《外国投资法》以及《公民法》。缅甸国内的税目主要分为 4 个大类，共约 15 个不同的税目。

2. 税制体系和税收管理机构概览

缅甸的财政税收体系包括对国内产品和公共消费征税、对收入和所有权征

---

① 缅甸外国投资法实施细则 . https：//wenku. baidu.

税、关税以及对国有财产使用权征税四个主要项目下的 15 种税费。以上税收由 5 个部门下设的 6 个直属局负责管理，其中缅甸国家税务局管理 89％以上的政府各项税收（图 3-2）。

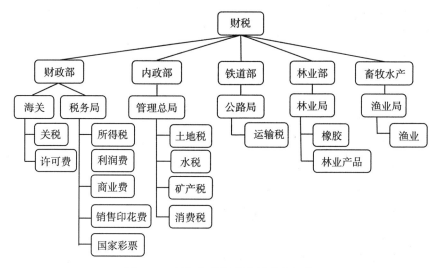

图 3-2　缅甸各部门所分管税种概览

3. 现行税种

（1）企业所得税。缅甸 1974 年颁布了《所得税法》（Income Tax Law），规定个人、企业及其他团体产生的源于缅甸的所得都需要交纳所得税，外商投资企业同样适用该所得税法。由于国内没有单独的资本利得税，资本利得适用于所得税法，为区别于一般所得，资本利得所需缴纳的所得税亦被称为利润税。所得税计税基础为总收入扣除允许扣减的开支和折旧。根据 2018 年《联邦税收法》，从 2018 年 10 月 1 日起所有的纳税人都需要遵循新的财政年度，即从 10 月 1 日到次年的 9 月 30 日。

1）纳税主体。企业所得税的纳税主体为国有经济组织、合作社和经特别许可的外国组织，以及外国企业分支机构、合伙企业、合资企业等。纳税主体区分居民企业与非居民企业，一般外国企业的分支机构通常被视为非居民企业。

2）税率。根据联邦税法，自 2015 年 4 月 1 日起，居民及非居民企业需就净利润按 25％的税率缴纳企业所得税。外商投资企业（MFIL 公司）属于非居民企业的，需就其取得的收入按照 25％的税率计算并缴纳企业所得税，且必须用缅元支付。以外币形式取得的收入需按照取得收入当天的官方汇率换算成缅元。此外，MFIL 公司以储备基金形式留存且在一年内进行再投资的利润免征所得税（表 3－26）。

表 3－26　企业所得税税率

企业类型	企业经营所得	资本利得 （仅在交易额 1 000 万缅元以上的情况时征税）	
		普通企业	石油石化类企业
居民企业	25%	10%	40%～50%的累进税率
非居民企业（外企在缅分支机构）	25%	40%	

数据来源：商务部《中国居民赴缅甸投资税收指南》。

此外，出售固定资产或转让股权所产生的资本利得，税额计算方式如下：

资本利得的企业所得税税额＝（出售价格－账面价格－累计折旧）×税率

3）损失抵扣。见表 3－27。

表 3－27　损失的抵扣情况

损失种类	抵扣情况
资本性资产的损失、法人联合体的损失	不得抵扣收入，也不得进行结转
其他损失	从当年的其他收入中抵扣，在一年之内无法全部抵扣的可以结转至未来三年进行抵扣

数据来源：商务部《中国居民赴缅甸投资税收指南》。

4）资产折旧与摊销。根据所得税条例规定，对于建筑物、机器、家具和汽车等，资产的折旧和摊销是可以税前扣除的，每年扣除比例为固定资产原始成本的 1.5%～20%，具体请参见表 3－28。

表 3－28　资产折旧率汇总表

资产种类		折旧率（占原值或价格百分比）
1. 建筑物		
a	一类建筑物（钢筋混凝土和特选材料重工建造）	
(i)	工厂	10
(ii)	其他建筑物	5
b	二类建筑物（中等重型施工强度）	
(i)	工厂	15
(ii)	其他建筑物	10

（续）

	资产种类	折旧率（占原值或价格百分比）
c	木构建筑（瓷砖或波状钢房顶）	
(i)	工厂	10
(ii)	其他建筑物	5
d	竹构建筑物	其重置成本可作为日常经营支出
2. 家具及建筑物内的固定设施		
a	杯具、玻璃器具、棉布及塑料布	其重置成本可作为日常经营支出
b	用于宾馆、电影院和寄宿公寓的银器、厨房设施、家具及配件	10
c	各类机器设备	10
3. 机器及厂房		
a	一般	10
b	机器设备及各类工具	10
4. 交通工具		
a	飞机	5
b	集装箱	20
c	摩托艇（铁质前盖）	10
d	摩托艇（木质前盖）	20
e	其他交通工具	10

数据来源：商务部《中国居民赴缅甸投资税收指南》。

未在上述所得税条例中列明的机器设备、工具以及其他资本性资产，按照每年原值的5%进行折旧。对于新建的工业建筑物初始折旧率为15%，新安装的机器初始折旧率为20%，以上比例仅适用于新建完成或安装完毕的当年。固定资产的累积折旧不得超过其原值。

（2）个人所得税。

1）纳税主体。缅甸个人所得税的纳税主体分为居民纳税人和非居民纳税人。居民纳税人分为缅甸居民及外籍缅甸居民。外籍人士某纳税年度在缅甸居住时间超过183天，即构成缅甸居民纳税人；若外籍人士在依据《外国投资法》下成立的公司里工作，不论其当年在缅甸的居住时间是否超过183天，均属于缅甸居民纳税人。

2）税率。居民纳税人和非居民纳税人税率稍有差别。两者均适用于0～

25％的超额累进税率。但非居民纳税人无权享受家庭津贴，且如若属于非工资薪金所得需按照 25％税率征收个人所得税，不允许任何扣除（表 3 - 29）。

表 3 - 29 个人所得税税率表

应税收入（缅元）	税率（％）
≤2 000 000	0
2 000 001～5 000 000	5
5 000 001～10 000 000	10
10 000 001～20 000 000	15
20 000 001～30 000 000	20
≥30 000 000	25

数据来源：商务部《中国居民赴缅甸投资税收指南》。

此外，居民纳税人每项所得可享受 20％的免税额，但全年免税总额不得超过 1 000 万缅元。人寿保险费、符合规定的捐赠等可在税前扣除，上限为总收入的 25％。此外，有配偶和子女的个人可享受一定的扣除额。居住在境外的居民纳税人需以外币的形式缴纳占总收入 10％的个人所得税（表 3 - 30）。

表 3 - 30 免税及税前可扣除项目

减免类型	额　　度
基础型	20％（不超过 1 000 万缅元）
父母（必须与纳税人居住）	每人 100 万缅元
受扶养配偶	100 万缅元
年龄在 18 周岁以下子女	每人 50 万缅元
人身保险（自己或配偶）	实际支付的总保费
社会安全津贴（仅适用于缅甸居民纳税人）	总保费

数据来源：商务部《中国居民赴缅甸投资税收指南》。

（3）商业税与特殊商品税。缅甸没有增值税，只针对商品和服务征收商业税。针对部分特殊商品，还会加征特殊商品税。其税基是商品的出厂价、进口价或者销售价中的最高额。税务机关有权根据市场价格对销售价进行调整，从而影响特殊商品税的税基。商业税须以缅元缴纳（表 3 - 31）。

表 3 - 31 商业税税率表

商品品种	税率	备注
大部分商品	5%（默认税率）	所有进项和销项商业税都可
部分行业（如房地产开发商、国内航空运输业）	3%	以互相抵扣
绝大部分出口商品	0	享受出口退商业税的待遇
电力、原油、天然气等	出口商业税	—
29 种服务及 86 类商品	免税	各类农产品等

数据来源：商务部《中国居民赴缅甸投资税收指南》。

相较于 2017 年《联邦税收法》中的特殊商品税，2018 年《联邦税收法》第 5 章第 11 节规定的此类税种有两种商品的税率做了修改。具体而言，自 2018 年 4 月 1 日起，税率下调如表 3 - 32。

表 3 - 32 2018《联邦税收法》特殊商品税调整

品 种	税收（税率）调整
雪茄烟	25%
面包车、轿车、厢式轿车、旅行车和小轿车（排量范围在 151cc 至 2 000cc 之间），四门双厢皮卡除外	10%
芥菜籽、罗望子籽、木薯植物，木薯粉茅草、芦苇、象脚山药等、椰子壳制成的木炭、火漆蜡	不再免税
国内、出境航空运输服务、公共交通服务、文学、杂志、期刊、报刊发行服务	新增免税
（1）根据保险政策收到的保险收入 （2）除资本利得和从企业取得的收入之外的偶然和一次性所得 （3）从合资企业、合伙企业等联合法人团体分配取得的股息红利	免税
（1）包括专业所得、经营所得、财产收益及未披露来源和其他来源的每年收入总额不超过 1 200 000 缅元的所得 （2）出售、交换或转让一项或多项资产，在一年内此类交易的总价值不超过 5 000 000 缅元*	不征税

* 所得税法没有对用外币进行交易是否适用此上限，或以外币交易时该上限金额如何换算成外币做出明确规定。

数据来源：商务部《中国居民赴缅甸投资税收指南》。

（4）固定资产税。缅甸会对位于缅甸仰光发展区内的不动产（包括土地及建筑物）征收财产税。外国公司不允许持有缅甸的不动产产权，因此不涉及固定资产税（表 3 - 33）。

表 3 - 33　财产税税率表

收益情况	财产税
≤年收益 * 20%	一般税
≤年收益 5%	照明税
≤年收益 12%	水资源税
≤年收益 15%	管理税费

＊　年收益是指土地、建筑物（不含家具）的预期年租金收入。也指按应税资产价值一定比例确定的收益，该比例由仰光城市发展委员会确定并不时调整。

数据来源：商务部《中国居民赴缅甸投资税收指南》。

（5）印花税。根据缅甸《印花税法》相关规定，对各类书据征收印花税，部分税率如表 3 - 34。

表 3 - 34　租赁合约的印花税征收

租赁期	应缴印花税
1 年以内	总租金的 1.5%
1～3 年	平均年租金的 1.5%
3 年以上	平均年租金的 3%
转让租赁合约	总租金的 3%

数据来源：商务部《中国居民赴缅甸投资税收指南》。

1）出售或转让不动产，为转让价值的 3%，如出售或转让的不动产位于仰光发展区，加征 2%；

2）转让股权，为股权价值的 0.3%；

3）抵押债券，为担保价值的 1.5%。

需注意的是，对于以外币计价的金融工具，需按照面值的 1% 缴纳从价税。

（6）关税。根据缅甸关税税则，对缅甸进出口货物征收 0～40% 不等的关税。进口物品 CIF 价格的基础上加成 0.5% 为关税的计税基础，一部分进口物品无需缴纳关税，即对应的关税税率为 0。

（7）预提所得税。根据缅甸所得税法有关规定，企业支付给第三方的除工资性质外的其他款项，有义务代扣代缴所得税。根据缅甸财政部规定，居民企业预提所得税并非最终税款，纳税人在实际申报所得税时，已被代扣代缴的税款可以抵扣应纳税额。如果税收协定，非居民企业可以根据税收协定的规定申请享受所得税的减免。预提所得税税率如表 3-35。

表 3-35　预提所得税税率表

收入种类	缅甸企业取得收入的税率		外国企业取得收入的税率
	居民企业（包括外资企业）	外国企业在缅甸境内分支机构	非税收协定缔约国
支付利息	—	15%	15%
股利分红	—	—	—
特许权使用费	15%	20%	20%
基于国内企业合同的支付款项　商品对价	2%	—	—
基于国内企业合同的支付款项　服务对价	2%	3.5%	3.5%
基于国外企业合同的商品或服务对价	2%	3.5%	3.5%

数据来源：商务部《中国居民赴缅甸投资税收指南》。

目前，缅甸与许多国家签署了税收协定，对外签署的税收协定预提所得税的税率总结如表 3-36。

表 3-36　税收协定预提所得税的税率表

项目	税　率
股息、红利所得	印度 5%，韩国 10%，马来西亚 10%，新加坡 10%（符合条件的公司按 5%），英国适用零税率，越南 10%，老挝 5%，泰国 10%
利息所得	印度 10%，韩国 10%，马来西亚 10%，新加坡 10%（符合一定条件的按 8%），英国适用零税率，越南 10%，老挝 10%，泰国 10%
特许权使用费	印度 10%，韩国 15%（符合一定条件的按 10%），马来西亚 10%，新加坡 15%（符合一定条件的按 10%），英国适用零税率，越南 10%，老挝 10%，泰国 15%（符合一定条件的按 10%或 5%）

数据来源：商务部《中国居民赴缅甸投资税收指南》。

4. 税收优惠

(1) 投资激励税收优惠。对于按照《外国投资法》注册成立并获得了投资委员会许可的公司，且资本支出不得低于 30 万美金，则公司可享受以下税收优惠政策。

1) 对制造企业或服务企业提供连续三年的所得税免税优惠，投资委员会可根据企业的经营情况，酌情考虑适当延长免税期；

2) 对于企业用作留存资金的部分，若该留存在一年之内用于再投资，则该部分留存享受所得税减免；

3）按缅甸联邦委员会规定的折旧率，对机器、设备、厂房或其他资产进行加速折旧；

4）对于产品出口所得盈利，所得税减免幅度可高达 50%；

5）可将为外籍员工代扣代缴的个人所得税从企业应税收入中扣除；

6）外籍员工的所得税税率与本国国民相同；

7）可将在缅甸境内发生的研发费用从企业应税收入中扣除；

8）若企业亏损，可从企业亏损发生之年后连续三年内结转弥补亏损；

9）对于企业在经营过程中，因经营目的而进口的机器设备、仪器、机器零配件、原材料等，提供关税或其他国内税的减免优惠；

10）企业建成投产后的前三年，可减免企业进口原材料所征收的关税或其他国内税。

此外，据统计，2017—2018 年度，缅甸农业领域共计引入外资 1.34 亿美元，仅为总额的 2% 左右，为所有行业中最低。为促进农业外资引进，缅甸《新公司法》就农业领域外资股比进行了调整，部分从 49% 放宽至 80%，种子生产方面，外资股比甚至放宽至 100%。

为了让更多的资金进入不发达省邦，创造更多的就业，帮助当地发展经济，缅甸新的投资法将根据国家发展需要划分 3 个领域，实施 3～7 年的免税政策（表 3 - 37）。

表 3 - 37　按区域的税收优惠情况

投资领域	免税政策
人均收入最低，国民生产总值比例最少，贫困人口最多的不发达省邦	7 年
人均收入较低，国民生产总值比例相对较少，发展比较缓慢的省邦	5 年
已发达地区（如：仰邦）	3 年

数据来源：商务部《中国居民赴缅甸投资税收指南》。

（2）经济特区税收优惠。根据《经济特区法》，激励措施包括：

1）自由贸易区外资企业在前七年可享受企业所得税税收减免，经济开发区外资企业在前五年可享受企业所得税税收减免；

2）企业在第二个五年销往海外的产品的盈利享受 50% 所得税减免；

3）企业用于再投资的海外销售盈利，其所得税在之后的五年可减免 50%；

4）对于某些特定物品（如非经营性工具、机器、车辆等），前五年内免关税，在此后五年可减免 50％；

5）在特定期间内享受商业税免税待遇，出口海外商品免除商业税；

6）熟练技术个人或官员为缅甸发展发生的研究费用、开发费用可从其应纳税所得额中扣除。

3.2.2.3 土地政策

缅甸现行的土地法是由一系列的老法和两部 2011 年改革颁布的新法构成。

1. 土地使用权

（1）土地的使用及转让。缅甸土地为国家所有，缅甸中央政府、各级地方政府和私人均合法拥有土地。空地、闲地、荒地中央管理委员会有权为拟从事种植、养殖业的公民审批种植业、养殖业的土地使用权。使用空地、闲地和荒地从事种植业和养殖业投资的申请者必须是缅甸联邦公民。

外国人和外资企业不能买卖土地和房屋，外资企业在缅投资项目一般以 BOT 形式运营，外国投资者在缅甸投资若涉及用地、用房，只能向政府或私人租赁。缅甸政府将批给外资企业或个人投资者一定规模项目建设开发用地，经营期满之后，政府将项目收归国有。1998 年 9 月 28 日，缅甸荒地空闲地中央管理委员会颁布 1998 年 1 号法令，宣布农业部有权批准由本国公民或外国人参与的组织提出的在规定非发展区内进行农业开发的申请，在对批准的农业用地上，只能进行与农业有关的经济发展项目，不得进行地上和地下资源的开采。

随着新《外国投资法》的颁布，外资企业可向农业部申请租用缅甸闲置土地进行农作物种植和开发利用项目投资，外国投资者土地租用期或土地使用期的首次批准年限为 50 年，期满后可根据投资规模和项目种类延期 10 年，延长期满后可再延期 10 年，即实行"50＋10＋10"制度。由于土地信息不公开，且部分土地产权不清晰，外国投资者在缅甸投资面临寻找地源、房源困难及因产权不清导致纠纷的风险。

此外，投资者若需要将获得委员会批准使用的土地在规定期限内出租给他人，或典当、变更股份、转换项目，还需要得到委员会的批准才可以进行。

（2）土地使用期限。

1）用于长年果树种植和园林作物种植的土地，只要不违犯规定，从批准使用之年起 30 年内有效；

2）季节性作物，只要不违犯规定，使用期无限；

3）用于饲养鱼的土地，只要不违犯规定，从批准使用之年起 30 年内有效；

4）用于饲养家禽及牲畜的土地，只要不违犯规定，从批准使用之年起 30 年内有效。

2. 地税和利润的减免

对投资使用的土地将按以下规定免收地税：

（1）种植业。

1）种植长年果树地，从开始种植之年起，8 年免收地税。

2）种植园林作物，从开始使用之年起，6 年免收地税。

（2）养殖业。

1）用于养鱼业的土地，从开始使用之年起，3 年内免收地税。

2）用于家禽牲畜饲养业的土地：

——饲养水牛、黄牛和马，从开始使用之年起，8 年内免收地税。

——饲养绵羊和山羊，从开始使用之年起，4 年内免收地税。

——饲养猪，从开始使用之年起，3 年免收地税。

——饲养鸡、鸭，从开始使用之年起，4 年内免收地税。

已投资用于种植业和养殖业的土地，其生产或服务性行业的利润税，自生产或服务业创造利润之年起至少 3 年内免征利润税。

3. 土地租赁手续及流程

投资人为得到实施某个经济项目需要使用的土地，需填写土地租赁表，连同有土地租赁权或使用者同意出租的证明一起提交给委员会。拟使用的土地如系国家所有，相关政府部门需将同意租赁的意见连同写明地址的函一并提交给委员会，委员会要根据项目所在地区，征求内比都委员会或省、邦政府对申请人拟使用的土地的意见①。

获得委员会批准后，实施土地租赁事宜时，有土地租赁权或使用权者与投资者签订土地租赁合同，并提交给委员会。租赁政府部门、政府组织所有土地时，相关部门、组织要向投资者收取土地使用保证金。委员会只能按照相关联邦部委确定的租金标准确定租赁费，必要时可提交联邦政府审批。投资者向有土地租赁权或使用权的公民租赁土地时，双方需就资金的计算方式协商达成协议并呈报给委员会，整个租赁期土地租金按年计租。

---

① 中国—东盟中心. 缅甸外国投资法实施细则. http：//big5. xinhuane.

3.2.2.4 劳工政策

1. 缅甸劳动法律体系

缅甸的劳动法律体系形成于英国殖民时期，此后进行了多次修改。2010年缅甸改革以来，议会对五部法律进行修改，与原先九部旧法一起形成了缅甸现行的劳动法律体系。

缅甸的立法机构为缅甸联邦议会，由民族院和人民院上下两个议会组成，分别设有劳工事务相关的专门委员会，其中，民族院委员会为"劳工权利保障委员会"，人民院委员会为"农民和劳工事务委员会"。行政机构为劳工部和外资管理委员会（MIC）。调节与仲裁机构为纠纷调解机关以及仲裁机关。

2. 用工规定

《外国投资法》中规定，在雇佣公民作为熟练技工、技术员及职员从事技术工作时，投资方应当从企业开始运行时，在第一个五年合同期雇佣至少 25% 的缅甸公民，在第二个和第三个 5 年合同期分别雇佣 50% 和 75% 的缅甸公民，并对所任命的职员和雇员提供必要的培训，以提高其职业技能。企业雇佣外国专家和技师要经过投资委员会许可，无论何时何地都应尽可能优先雇佣缅甸公民。

投资方应通过工作和劳工招聘办公室、当地劳工代理或自行安排进行劳工招聘。在雇佣公民作为熟练技工、技术员及职员从事技术工作时，雇主和雇员之间应签订符合现有劳动法律法规的就业协议书。投资者不论使用本国职员、工人或外国职员、工人，都必须在聘用当天 30 天内与聘用人员签订劳动合同书。在任命职员和雇员时，应签署符合规定的就业协议，调整和执行以确定雇主和雇员的权利和义务或就业合同中包含的雇佣条款，以获得现有的劳动法律和法规中规定的权利（其中包含最低工资、薪水、休假、节假日、加班费、解雇赔偿金以及工人抚恤金等）。在雇主和雇员、技术人员或职员之间出现争议时，应及时进行谈判及调解。

3. 劳工成本和最低工资

2013 年 3 月，缅甸通过《基本工资法》，工资法规定根据部门种类为最低工资的确定提供了基本框架。2015 年 9 月，《基本工资法》正式实施，每日基本工资为 3 600 缅元（约 17.2 元人民币）。2018 年，缅甸政府宣布把最低工资上调至每天 4 800 缅元（约 23.5 元人民币），涨幅为 33%。

《工资支付法》规定，工资支付期限不得超过 1 个月，必须在下一个月的前 7 天内支付工资；对于从业人员超过 1 000 人的工厂，须在下一个月前 10 天内支付工资，且工资必须在工作日支付。该法严令禁止非法扣除工人工资，违反规定者，最高判处 2 年监禁。

4. 社会保险费

2012 年，缅甸议会通过《社会保险法（2012 年）》，自 4 月 1 日起，聘用 2 名员工以上的缅甸制造、娱乐、交通、港口、开采、金融等企业以及外国公司，须按照员工工资比例向社保理事会缴纳社会保险[①]。

社会保险费以缅币计算，占每月净收入的 5%，其中雇主上交 3%，从雇员薪水里扣留，雇员上交 2%，费用控制到 150 000 缅币之内。2012 年的社会保障法给雇员的福利包括基本医疗保险、工伤和疾病补偿、产妇津贴。基本医疗保险和工伤治疗在定点医院和社会保险诊所进行。

5. 劳动纠纷解决

处理劳动纠纷可以选择协调、仲裁和诉讼三种方式（图 3-3）。

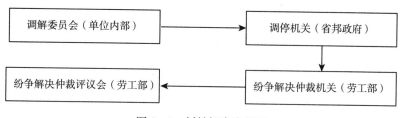

图 3-3　纠纷解决流程图

个人纠纷先由用人单位内部组织调解委员会进行组织协调，未解决则上报调停机关，集体纠纷先由县级调停机关协调，未解决则向省级、国家级层层上报。通过协调无法解决的劳动纠纷可提交争端仲裁机关进行仲裁。对纠纷仲裁结果不满意可直接向法院提起诉讼。

3.3　世界各国对缅甸的农业投资

3.3.1　世界各国对缅甸的总投资

缅甸自然资源丰富，蕴含巨大的投资潜力，但因为长时间的封闭政策和西方国家的经济制裁，这些资源并没有发挥其应有推动经济发展的作用。1988 年末，缅甸开始市场经济转型。2011 年新政府实施市场经济改革，颁布了一系列促进外商投资的法律法规和政策实施条例，创造了有利的政治经济环境。

---

① 缅甸外国投资法实施细则. https：//wenku. baidu.

其中典型的就是 2012 年颁布的新《外国投资法》和 2013 年颁布的《外国投资法实施细则》，大幅度放宽了外来投资的限制，加大了优惠力度，投资环境有了一定的改善。另外，缅甸于 2013 年加入《承认及执行外国仲裁裁决公约》，这一公约旨在保护外商投资利益，极大地增强了外商投资者对缅甸的信心。同时，缅甸已同 10 个亚洲国家和 7 个东欧国家签订了双边贸易协定。此外，缅甸还是关贸总协定（GATT）和世界贸易组织（WTO）的成员，其外贸政策受多边贸易协定规制。

在此背景下，缅甸近年来吸引外资总额总体呈上升趋势，外商企业数量也逐年增加（图 3-4）。十多年中，外资投资有过三次明显变化：首先，2008—2009 年度，因金融危机，缅甸投资受国际金融态势影响较大，2009 年外国对缅直接投资额骤降，其中中国投资额更是从 8.6 亿美元下降至 0.025 亿美元。其次，在 2009—2010 年度，缅甸吸引外资总额骤升至近 67 亿美元，其主要原因在于 2010 年外国在石油和天然气方面投资巨大，且截至 2010 年 10 月外国对缅甸投资额的 42% 都用于油气开采；但 2011 年以来油气领域外国投资占外国总投资的比例下降至 26%，投资总额由此直线下降。最后，自 2012 年起缅甸外资投资额迅速增长，这主要得益于 2012 年颁布的新《外国投资法》以及次年的《外国投资法实施细则》，此举吸引了更多的外商投资，进一步促进了外商投资额的增长。

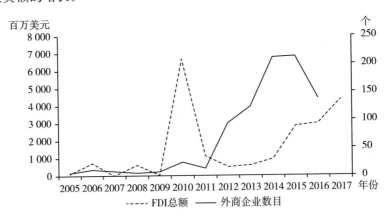

图 3-4 近年缅甸 FDI 总额及外商企业数目

数据来源：缅甸统计局。

随着缅甸进一步开放，外国对缅甸投资持续增长。缅甸的外商投资有两大特点：其一，缅甸的主要投资国较为集中，主要集中于中国、越南、新加坡、泰国等周边国家（如图 3-5）。2016—2017 年度，新加坡对缅投资额骤升，超过 38 亿美元，主要原因在于大量欧洲国家投资经由新加坡进入缅甸；其二，缅甸的被投资领域较集中（表 3-38），2015 年以前主要集中在石油、天然气、水电交通等领域，尤其在 2010—2011 年度，缅甸的油气开采投资额远超其他行业，约占总投资额一半。但自 2016 年来，投资逐渐向制造业、房地产业转移（图 3-6），2017—2018 年度，缅甸吸引外资 57.18 亿美元，其中制造业吸引外资 17.6 亿美元，位居第一，吸引外资额占缅甸吸引外资总额的 30% 以上，房地产行业紧随其后，吸引外资 12.6 亿美元。

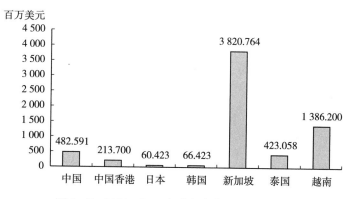

图 3-5　2016—2017 年度缅甸各国投资总额。

数据来源：缅甸统计局。

表 3-38　缅甸 FDI 行业分布

单位：百万美元

年份	2013	2014	2015	2016	2017
农业	20.27	39.67	7.18	—	134.49
畜牧业	96.02	26.86	8.25	96.68	27.66
矿业	32.73	6.26	28.92	—	1.31
油气开采	—	3 220.31	4 817.79	—	—
制造业	1 827.28	1 502.01	1 069.85	1 179.51	1 769.18
电力开发	46.51	40.11	360.1	909.88	405.77
交通运输业	1 190.23	1 679.3	1 931	3 081.15	901.64
酒店旅游业	435.21	357.95	288.4	403.65	176.77
房地产	440.57	780.75	728.68	747.62	1 261.98

数据来源：缅甸统计局。

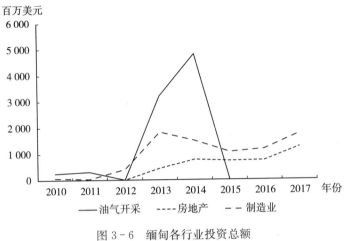

图 3-6 缅甸各行业投资总额

数据来源：缅甸统计局

缅甸投资虽有风险，但潜力更大。首先，缅甸人口红利优势突出。劳动人口年轻，工资成本低廉，近 6 000 万人口中 60％为年轻劳动力。其次，缅甸是近年东亚经济增长最快的国家之一，自 2011 年政府转为民主开放之后，与西方国家有更多实质性外交接触，欧盟与美国分别于 2013 年及 2016 年解除对缅甸的经济制裁。在与国际接轨之后，IMF 等国际组织预期缅甸未来 5 年经济增速达 8％～8.5％，为在缅投资提供更大动力。最后，缅甸外资银行开放、推广信用卡与电子支付，金融业正与国际社会接轨。如今的缅甸，百业待兴，商机无限，已经敞开的缅甸大门正翘首欢迎各国前来投资。

3.3.2　世界各国对缅甸的农业投资

缅甸自然条件优越，资源丰富，农业为缅甸经济最重要的部门。对外国直接投资者来说，对缅甸投资既有机遇又有挑战。

2012 年新颁布的《外国投资法》提出，政府鼓励外商企业进行能够促进当地就业、增加出口、环保无污染的投资。由表 3-39 可知，缅甸外商投资主要集于制造业、交通运输以及房地产行业，而农业投资占比较少，仅为 2.35％。外商较少投资缅甸农业可能出于以下考量：一是缅甸地价昂贵，外商只能向政府租用土地，难以租到理想土地；二是农业投资一般投资期比较长，需要投资者有足够的耐心和足够的资金支持，投资者需要在资金价值和时间价值之间进行平衡，这就限制了外商进入缅甸农业领域进行投资。

表 3 - 39　2017—2018 年度缅甸分行业投资额

行业	投资额（百万美元）	占比（%）
农业	134.49	2.35
畜牧业	27.66	0.48
矿业	1.31	0.02
制造业	1 769.18	30.94
电力开发	405.77	7.10
交通运输业	901.64	15.77
酒店旅游业	176.77	3.09
房地产	1 261.98	22.07
其他	1 005.26	17.58
总额	5 718.10	—

数据来源：缅甸统计局。

　　目前为止，缅甸外商独资的农业项目很少，且都是在 2010 年大选之后签署的。随着缅甸对外开放以及《外国投资法》的颁布，如今缅甸已经允许与外商与本国公民合资甚至外商独资，极大促进了外商对缅甸的投资。根据图 3 - 7，缅甸自 2012 年以来农业投资有明显上升趋势，2017 年增至 1.34 亿美元，约占当年外商总投资额的 2.3%。但相比制造业等其他行业，农业吸引的外资仍相对

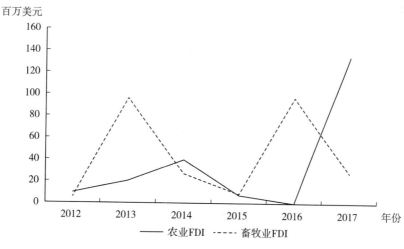

图 3 - 7　历年缅甸农业和畜牧业 FDI 总额

数据来源：缅甸统计局。

较少。同时，畜牧业的 FDI 历年来虽有波动，但总体呈增长态势，2016 年达到 0.97 亿美元。2012 年以来，许多亚洲或西方国家的知名企业与缅甸政府签署了谅解备忘录和协议，投资大规模产业化农业以及食品生产和加工业。

由图 3-7 可知，缅甸当前农业的外商直接投资较少。其中一个重要的原因在于，缅甸的农业外来投资中多半为非正式投资，即大量外资通过缅甸国内企业流向农业领域，而这些投资没有计入 FDI 统计数据中。这主要源于缅甸实施的外商直接投资程序过于繁琐，不仅税率提高，政府过分的关注也带来了更大的不确定性。值得注意的是，外国投资者通过缅甸本土企业以非正式形式进行投资不仅更易操作，而且成本更低，但这种方法适用于规模较小的投资，而不利于持续进行大规模投资。此外，数据偏小的另一个原因在于，不论正式还是非正式的农业投资，均只有大公司的数据被纳入统计。而缅甸的主要劳动力和农业生产力是小农户，所以数目巨大的小农户总投资额并未纳入统计。虽然缅甸的农业投资数据的完整性受到制约，但农业 FDI 仍是缅甸投资重要的组成部分。

3.4 中缅农业贸易与投资

3.4.1 中缅农产品贸易概况

缅甸自古以来就是中国的友好邻邦，两国人民之间的传统友谊源远流长。中缅合作领域近年来也逐年扩展，从原来单纯的贸易和经济援助扩展到工程承包、投资和多边合作，双边贸易额逐年递增。中国主要出口成套设备和机电产品、纺织品、摩托车配件和化工产品等，从缅进口农产品、矿产品、原木、锯材等。为扩大从缅甸的进口，中国先后两次宣布向缅甸共计 220 个对华出口的产品提供特惠关税待遇。

缅甸近年来对外贸易额持续增加，如表 3-40 所示，2017 年度出口额达到 148.51 亿美元，进口额达到 186.87 亿美元，与以前年度相比都有显著增加。与此同时，缅甸常处于贸易逆差状态，虽然国家建设需要进口许多基础设备和产品使得贸易逆差不可避免，但长期逆差必然使国家背负大量外债，甚至会拖垮整个国家经济。最近几年缅甸对外贸易虽然还是入超[①]，但贸易赤字已有逐渐减少的趋势。

---

① "入超"是指一国在一定时期内进口贸易总值大于出口总值，又称贸易逆差。

表3-40　缅甸对外贸易情况

单位：亿美元

财政年度	出口	进口	贸易逆差
2015	111.37	165.78	54.41
2016	119.52	172.11	52.59
2017	148.51	186.87	38.36
2018年（4—9月）	88.32	98.59	10.27
2018—2019年（10—3月）	82.06	87.96	5.90

数据来源：中国贸促会。

农业作为缅甸支柱性行业，农产品出口对出口总额贡献巨大。2013—2017年缅甸对外农产品贸易规模不断扩大（图3-8）。出口额和进口额均大幅增长，且进口额的增长幅度要大于出口额，进口额从2013年的4.7亿美元增长到2017年的14.8亿美元，增幅达到214.05%；而出口额从10.6亿美元增长到13.6亿美元，增幅为25.14%。自2015年以来，缅甸农产品呈现贸易顺差状态，说明缅甸国内经济形势日渐向好，民众购买力持续增强。

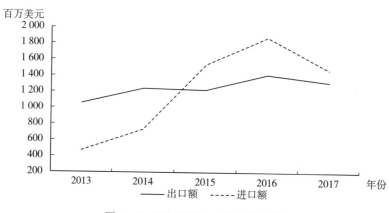

图3-8　历年缅甸农产品贸易规模

数据来源：缅甸统计局。

在缅甸出口的农产品中，水稻、豆类和橡胶居多。其中，豆类在2017年度缅甸对外出口豆类占农产品总额的47.4%，水稻次之，占38.1%，橡胶最少，占4.9%。缅甸农产品出口量在近年持续增长，其中水稻增速最快，豆类出口量大而稳定，橡胶出口量有下降趋势。同时，畜牧业和海洋渔业的出口量有较快增长。

于中国而言，与缅甸的经贸往来涉及的多为互补性产品。中国出口的多为花卉、水果、饮品类和粮食制品类的初级加工品，而从缅甸进口的多为农产品原材料。从表 3-41 可知，缅甸在 2017 年向中国出口的农产品中，水稻最多，达到 40.66%，其次为玉米、豆类和橡胶。其中，绿豆是豆类中主要出口的种类，出口额达到约 1.56 亿美元。

表 3-41　2017 年缅甸对中国的农产品出口情况

产品	投资额（百万美元）	占比（%）
水稻	570.04	40.66
玉米	284.95	20.32
豆类	158.51	11.30
芝麻	119.76	8.54
罗望子	0.98	0.07
橡胶	162.81	11.61
鲜虾和干虾	24.65	1.76
鱼类和鱼类制品	80.43	5.74
总额	1 402.13	100.00

数据来源：缅甸统计局。

中国为缅甸第一大贸易伙伴。根据中国商务部数据，2017 年双边贸易额 135.4 亿美元，同比增长 10.2%，其中中方出口额 90.1 亿美元，同比增长 10.0%，进口额 45.3 亿美元，同比增长 10.5%。

随着"一带一路"倡议和中国—东盟自由贸易区的建设，中缅经贸关系日益密切，贸易总额整体也呈现上升趋势，2017 年达到 117.85 亿美元（图 3-9），

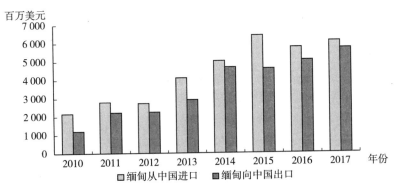

图 3-9　历年中缅产品贸易规模

数据来源：缅甸统计局。

中国日益成为缅甸对外贸易大国。中国与缅甸的贸易主要以缅甸从中国进口为主，2016 年缅甸的贸易逆差达 6.9 亿美元，而 2017 年这一数字降至 3.9 亿美元，同比下降 44.1%。而且出口量也在不断增加。长此以往，缅甸预计会在最近几年内扭转贸易逆差，经济情况有望好转。

3.4.2　中国对缅甸的农业投资

3.4.2.1　投资概况

随着我国"一带一路"倡议的开展，沿线国家纷纷搭上了"中国发展的快车"。缅甸作为"一带一路"倡议中重要的节点，其巨大的市场潜力吸引了越来越多投资者的目光。缅甸中央银行宣布正式将人民币设为官方结算货币，批准将人民币纳入获准进行国际贸易结算与直接兑换的货币范围，这将令中缅之间的贸易投资与经贸合作更为便利。同时，缅甸也在积极采取措施，吸引更多中国企业投资。

作为近邻，中缅两国经贸来往密切，其中云南紧挨缅甸，地理优势使得缅甸成为云南的第一大贸易伙伴、第一大进口来源国和出口目的国。2017 年滇缅贸易额达 63 亿美元，占当年中国对缅甸贸易总额的 48%。云南在缅甸设立的企业超过 110 家，实际投资超过 17 亿美元。2018 年，在与云南省发生跨境人民币结算的 63 个国家和地区中，缅甸结算量最大，达 200 多亿元人民币，占比 35.31%[①]。

自 2011 年缅甸政府实行改革后，中国对缅甸的投资额持续上升，并于 2016 年达到 22.27 亿美元（表 3-42）。但近年来，中国投资占比却呈现下降趋势，2013 年和 2014 年，中国对缅甸的投资流量在缅甸外国直接投资流入总量中的占比分别降至 1.4% 和 6.5%。其占比下跌可能有以下原因：首先，由于 2012 年《外国投资法》以及次年《外国投资法实施细则》的颁布，中国企业没有及时转型，没有跟上缅甸发展的步伐；其次，随着西方解除了对缅大部分制裁，缅甸自身也放开了政策，吸引了来自世界各地的投资，各国投资的增加就使得中国投资占比有所降低。

截至 2015 年，中国对缅甸的农业投资总量为 2.6 亿美元，占亚洲总投资量的 10.2%，其中，2015 年农业投资流量为 3 351.5 万美元。2015 年，对缅甸的农业投资主要投向种植业（67.5%）和农林牧渔服务业（23.8%）。而从投资存量上看，中国对缅投资种植业（63.4%）和林业（23.5%）较多。截至

---

① 李莎. 滇缅之间贸易投资外经合作更加便利 [N]. 云南日报，2019-02-23.

2015年底，中国在缅甸直接投资的企业有43家，是我国在亚洲地区设立企业最多的国家，其中种植业（28家）和林业（6家）的投资企业更多（表3-43）。

表 3-42　中国对缅甸投资情况

年份	投资额（百万美元）	占总投资额比重（%）
2012	231.77	16.3
2013	56.92	1.4
2014	516.90	6.5
2015	3 323.85	35.1
2016	2 227.69	33.5

数据来源：缅甸统计局。

表 3-43　2015 年中国对缅甸农业投资情况

行业	企业数（个）	流量（百万美元）	存量（百万美元）
种植业	28	22.61	164.34
林业	6	2.39	61.83
渔业	1	0	—
畜牧业	1	0.53	3.01
农林牧渔服务业	1	7.98	29.86
合计	43	33.51	259.04

数据来源：《中国对外农业投资合作分析报告.2016年度》。

　　中国对缅甸农业投资的企业主要集中于云南省，占中国投资企业的63.6%，这些企业主要投资于缅甸的甘蔗、木薯、橡胶的种植与加工，此外还有果蔬种植、农业机械和化肥农药销售等。其他地区，如四川、浙江、广西等省份的投资较为分散，包括木材加工、农副产品加工、种子生产和销售等。与此同时，中国企业和个人近年来在缅甸种植西瓜的规模不断扩大，每年都有大量华人种植的西瓜从瑞丽海关运往中国。

　　此外，替代种植项目在中缅农业合作领域有着至关重要的地位，目前的替代种植项目主要以橡胶、咖啡、麻竹、石斛、山苍子、甘蔗、香茅等农林业为主，极少涉及渔业等领域。如我国云南的绿元生物开发有限公司等几家公司，近年来与缅甸有大量替代种植合作项目，2007—2009年在缅甸替代种植协议面积达35 370.03公顷，协议投资人民币2.6亿元，其中中方投资约占74%，缅方投资占26%。

替代种植项目为缅甸经济可持续发展发挥了积极作用。首先，替代种植项目较直接农业投资可行性更强，其产生的大量资金可供缅甸政府进行基础设施建设，近年来替代种植的资金累计为当地修建简易公路超 3 000 千米，架设桥梁 18 座，开通水渠 500 多千米，极大地改善了人民的生活环境和生活质量。其次，缅甸当地农民也参与到替代种植中来，掌握了一定的生产技术，改变了传统的生活方式，在一定程度上推进了传统种植业向科学化、规模化发展。最后，发展境外替代种植也培育了我国新的增长点，促进了我国边境贫困状态的改变，同时还扩大了中国的国际影响。

3.4.2.2 投资缅甸农业的部分企业名录

近年来，我国云南、广西等省份充分响应国家"走出去"的号召，以东南亚国家作为重要突破口，通过发挥自身区位、资源和技术优势，引导农业境外投资。政府积极响应，通过完善农业合作机制，鼓励企业进行对外农业合作项目，实现农产品贸易稳步发展。在此背景下，一大批对外投资的企业涌现出来。近年来中国投资缅甸农业的企业名录如表 3-44 所示。

表 3-44 近年来中国投资缅甸农业的部分企业名录

境外投资企业（机构）	境内投资者名称
合农有限公司	瑞丽市合农商贸有限公司
卡尔迪那农业机械科技发展有限公司	睢宁县濉河农业发展有限公司
缅甸勐拉日日鲜农产品种植有限责任公司	景洪市日日鲜农产品种植有限责任公司
长城—明天高科技农业有限公司	江苏明天种业科技股份有限公司
阿夏农业有限公司	昆明朗恩贸易有限公司
缅甸沃可农生物科技有限公司	昆明沃可农生物科技有限公司
七彩丰园农民专业合作社	云南三农福特农村水利建设农民专业合作社
中国（广西）—缅甸农作物优良品种试验站	广西皓凯生物科技有限公司
掸邦富民农化有限公司	云南奔牛生物科技有限公司
盘江生态农业发展有限公司	兴义市盘江源生态农业发展有限责任公司
缅甸百特定彪农副产品开发发展总公司	云南定彪进出口贸易有限公司
缅甸兴农集团有限公司	四川安吉瑞科技发展有限公司
中国林业集团缅甸有限公司	中国林产工业有限公司
仰光鸿飞渔具有限公司	江西鸿飞渔具有限公司
仰光渔业发展有限公司	青岛泰达远洋渔业有限责任公司
金水果有限公司	云南万果经贸有限公司

数据来源：中华人民共和国商务部。

3.5 中国企业在缅甸农业投资案例

3.5.1 昆明朗恩贸易有限公司投资案例

3.5.1.1 企业简介

昆明朗恩贸易有限公司于 2008 年 1 月 21 日在昆明注册，具有自由进出口权和粮食收购资格经营权，以农资、农机、粮食及农产品进出口为主营业务，在缅子公司有好伙伴实业公司和阿夏农业发展有限公司。好伙伴实业有限公司于 2006 年注册成为缅资企业，拥有大米加工厂、玉米烘干厂、种子生产基地、种子加工厂、农业种子研究所，是"育、繁、推"一体化的本土企业，所开发品种拥有自主知识产权。阿夏农业发展有限公司于 2013 年 3 月在缅注册成立，以种子、农机销售，农业技术推广培训和农产品进出口为主营业务。

3.5.1.2 投资经历

该公司从 2004 年在缅甸本土开展业务，主营业务涵盖种子生产销售，粮食加工仓储和进出口贸易，基本实现全产业链经营模式。公司在缅甸发展十二年，企业实现重要转型，管理实现本土化，技术及基层员工有 95％为缅籍；业务实现国际化，产品主要销售缅甸国内和出口其他国家；产业实现联盟化，与缅甸农业同行，形成产品加工联盟，市场销售联盟。

朗恩贸易有限公司于 2006 年进入种植业，与国内多家农业大学、农业研究院以及种业公司开展交流合作，在缅甸政府与缅甸农业科学院紧密合作，并获准设立种业研究所，所开发的品种拥有企业自主知识产权。该公司在缅甸国家农业部审定通过玉米品种 7 个、水稻品种 1 个（伊诺香米）。其培育的种子产品适应缅甸气候及土壤等自然条件，具有适应性广、产量高、抗病性强、耐旱等优势特点，其中 TP1 型杂交玉米种子，自 2014 年以来，连续四年供不应求，并出口至东南亚其他国家。与此同时，朗恩贸易有限公司还积极与中国国内种业公司开展技术合作，在缅甸建设种子制种生产基地，把生产的玉米和水稻种子出口销售到国外市场。2018 年公司与福利来集团联手，在内比都精心打造农业研究中心，精选、包装、配送玉米种子，并及时配发到全国各销售网点。

3.5.1.3 未来规划

该公司希望未来联手国内实力企业，以现有粮食收购点、玉米烘干中心、种子销售网络为平台，销售农资、提供农机租赁服务等，与国内相关企业合作，融合各方优势，引导"境外混合所有制合作"，共同打造农业"走出去"的稳步开放格局，实现优势互补，合作共赢。

3.5.2 江苏明天种业科技股份有限公司投资案例

3.5.2.1 企业简介

江苏明天种业科技股份有限公司由江苏省农业科学院于 2001 年创办。2009 年与江苏天坤集团实施增量重组，注册资本增为 1 亿元。2011 年随着国家种业新政的出台和实施，公司抢抓机遇，乘势而上，先后顺利完成资质申领、科企分离、并购拓展，目前公司注册资本 1.23 亿元，总资产达 3.4 亿元，年销售种子 7.5 万吨，年销售额 3.5 亿元，现已成为管理科学、运营稳健、资本充盈、整合能力强、整体效益佳的"育、繁、推"一体化种子企业。

公司主营杂交水稻、杂交玉米、常规稻麦等农作物种子的选育、生产、加工和销售，拥有淮麦 33、宁麦 13、南粳 52 等国审和省审品种 40 余个，通过十余年的积累发展，公司逐渐聚焦和凸显四大业务领域。"育"的领域，公司相继建立省工程技术中心和院士工作站，并在此基础上率先在省内成立明天种业研究院，创新发展明天特色的企业商业化育种体系，已自主育成品种 16 个。"繁"的领域，公司在南京和洪泽建有两大仓储加工中心，拥有 4 条现代化加工包装线和 2 万多平方米的仓库加工厂房和晒场，建有核心良繁基地 447 公顷，多类作物在全国适宜区域拥有稳定的制繁种基地达 2 万多公顷。"推"的领域，公司紧扣"两常稳发展，两杂求突破"的营销战略，深耕长江流域、黄淮海区域和苏皖区域市场，建立了完善的销售网络和售后服务体系，全部实现了县域代理制，拥有上千个稳定的核心优质经销商，同时，近年来公司抢抓国家"一带一路"倡议机遇，提前谋划合理布局，加快海外市场拓展，已从单纯的"种子走出去"升级到"种业走出去"，并最终实现"农业走出去"。

3.5.2.2 项目建设

在国家开展"一带一路"倡议规划背景下，为配合公司适时布局"农业走出去"战略，2017 年 4 月起，缅甸长城明天高科技农业有限公司全面启动蓖麻项目，涵盖高产种子推广、农业服务、订单农业、农产加工等全产业链模式。

2018 年，公司累计投入科研资金 100 万元，用于蓖麻品种研发，现已基本完成品种适应性评价，根据缅甸热带季风气候确立高产栽培配套体系，建成落实新品种示范3 826户，涉及3个省50多个村镇。

图3-10 蓖麻籽品种研发

截至2019年6月，公司已完成试点蓖麻籽订单收购体系，建成地推技术团队和全程农户科技服务体系，上下游产业体系联动运营良好。

3.5.2.3 投资成效与未来规划

近年来，中国的科研育种转由企业承担，在这种模式下，缅甸也充分调研并用于实践。缅甸出台的《种子法》已经出台，有利于企业与公司进一步开展合作，在公司与缅甸合作的几年中，在水稻推广、农民技术培训等方面取得了较大突破。未来，该公司将进一步紧跟公司战略布局，以科技服务农户，让良种良法配套体系在缅甸生根发芽，使农户用上高质量种子的同时，提升农业生产水平，实现农户增产增收，为订单农业的成功确立基本保障。

3.5.3 四川安吉瑞科技发展有限公司投资案例

3.5.3.1 企业简介

四川安吉瑞科技发展有限公司（简称"安吉瑞公司"）是中国农业全产业链骨干企业。公司通过优质的粮食种子、全程农机化种植管理和粮食收储加工销售等技术的综合利用，向用户提供现代农业整体解决方案，为人类生产营养健康的食品、提供高品质的生活空间及生活服务。公司业务涉及现代农业机械的流通、推广与技术服务，优质农作物种子的科研选育、繁殖、商业化推广，粮食的种植、加工、仓储、物流、贸易三大核心业务覆盖农业全产业链。

3.5.3.2 投资经历

2012年公司敏锐地捕捉到缅甸农业的突出比较优势，发现了缅甸人力资本和土地流转的成本优势。再加上缅甸气候适宜、农作物一年三熟、种植水稻成本相当于国内的三分之一，公司决定将中国杂交水稻带到缅甸，更是将亩产从不足400千克提升至500千克以上。面对这一机遇，公司扎根缅甸农田，在第一年安吉瑞示范田里水稻的利润就达到每季每亩300元以上，用实践证明这一产业布局的正确性。到2016年1月，安吉瑞的种植基地已经扩大到1 333公顷，中国杂交稻品种每年推广面积达3万~4万公顷[①]。

在"一带一路"倡议布局的推动下，中缅粮食产业示范区的研究示范农场得以建立，通过实行"公司＋农户"的农业生产模式，将种植基地扩大到1 333公顷。未来安吉瑞公司将投资5亿元，建设超过4 000公顷"中缅粮食产业示范区"，拟每年向国内输送大米20万吨，以满足66万人一年的粮食消费。

3.5.3.3 投资困难和应对措施

与众多投资者类似，安吉瑞也遇到了资金周转困难，技术推广难以实现，"本土化"困难的问题。在投资初期，安吉瑞公司联合相关专家确定了"公司＋农户"的产业发展模式，旨在结合多方优势资源实现产业扩张。但在实施过程中，缅甸当地的基础设施和投资制度等多方因素限制了企业战略的实施。

由于缅甸对土地限制较为严格，再加上缅甸的热带季风气候，气候条件较为恶劣，降雨集中，其余月份又干旱严重，导致试验田附近的水库和水渠淤塞严重，有时连续一个月都无法输水。在此困难重重的环境下，安吉瑞公司迎难而上，借助缅甸农业部的帮助，在缅甸首都内比都郊外的德克纳蒂利镇上找到2公顷试验田，并因地制宜，努力适应当地气候和设施条件。在公司各方持续努力下，第一年示范田里的杂交水稻亩产超过530千克，以当地的粮食价格，每季水稻每亩利润能达到300元以上。照此产值，只需三年就能收回成本。

---

① "一带一路"的带动效应，中国杂交水稻"融入"缅甸［EB/OL］. https：//www. mhwmm. com/Ch/NewsView. asp？ ID＝18424.

除了安吉瑞自身的不断努力外，国内"一带一路"倡议的实施也为公司带来了不少生机。2016年安吉瑞获得成都市商务局提供的"走出去"发展缅甸投资项目资金。在这笔资金的扶持下，公司培训了一批当地的技术人员，进一步降本增效，也为公司"中缅粮食产业示范区"的发展提供后续的技术支持。

3.6　投资缅甸农业的建议

3.6.1　缅甸农业投资的潜力

从目前的局势看，缅甸开放的速度将是前所未有的。随着"一带一路"倡议和"孟中印缅经济走廊"国家战略的提出，缅甸政府提出一系列举措加强与周边国家之间的交流合作，提高开放程度。在此背景下，缅甸投资未来前景向好。

1. 中缅具有深厚的政治合作基础

中缅两国自古以来都是山水相连的友好邻邦，两国在20世纪50年代正式建交，共同倡导"和平共处"五项原则这一外交原则，60年代凭借两国之间源远流长的深厚友谊，圆满解决了边界这一历史遗留问题，树立了国家间解决边界问题之典范。2017年，中国提出建设"人"字形中缅经济走廊的提议，中缅经济走廊是中国"一带一路"倡议中必不可少的一环，为打造"三端鼎立"的合作格局奠定了基础。同时，这一经济走廊的建立将缅甸贫富差距悬殊的地区结合起来，缩小贫富差距，有利于推动缅甸国内经济社会健康可持续发展。

2. 缅甸的农业投资空间大

农业是缅甸的经济主体，养活了缅甸将近75%的人口，是经济发展的动力所在。缅甸发展农业资源条件优越，但现在外国在农业领域的投资相较于其他领域比重还是较小。在缅甸，土地资源丰富但开发利用率低，拥有大片尚未开发的土地。在此背景下，缅甸政府展开一系列改革，鼓励外来资金投资农业，希望加强在农业机械、育种技术、仓储物流等方面的合作。可以预见，一旦投资环境稳定，缅甸的土地的利用程度会大幅增加，农业投资的效率和收益会有较大的增长，基础设施的建设也会随之提上日程，未来缅甸的农业发展方式将转变为健康、高效、可持续发展的方式。

与此同时，缅甸宣布了对汇率的改革，缅甸将在几个月内引入本地借记卡，并建立新的股票市场。这一举措解决了外来投资者不得不携带大量现金进行投资的难题，便利性大幅提升，进一步吸引了外来资金的流入。

3. 中缅农业合作的区位优势突出，农业优势互补性强

缅甸是中国山水相连的邻邦，其与中国云南紧密相连，中缅国境线长约 2 185 千米，其中滇缅段为 1 997 千米。缅甸作为中国拓宽东南亚市场的重要节点国家，区位优势突出。

同时，中缅两国农业优势互补性强。首先，缅甸的生产优势与中国的进口需求相一致。当前缅甸农业发展的三大目标是：优质高产种子生产，大力推行农业培训与教育，以及农业科研开发①，缅甸还鼓励出口橡胶、木材、大米、水果等农产品，这正与中国的进口需求相吻合。其次，中国的农业发展较缅甸更为先进，新中国成立以来的农业发展历程对缅甸有一定的参考和借鉴意义，中国可以提供给缅甸较为先进的农业生产技术以及农业生产设备方面的支撑，帮助缅甸农业从传统人力、畜力的生产模式向自动化转变，促进缅甸农业生产效率的提高。同时，缅甸自然资源丰富，其土地肥沃，气候优越，自然灾害少，而中国土地资源紧张，污染较为严重，且自然灾害频发。由此看来，两国之间开展农业合作潜力巨大。

3.6.2 投资缅甸农业可能面临的风险

1. 法规有待完善，政策透明度、稳定性不足

缅甸正在经历民主化改革进程，"三权分立"的民主框架已基本确立，然而各政治派别在国家形态和发展方向上的分歧更加凸显，政局存在不稳定性。再加上缅甸的国有经济和类国有经济仍占绝对的主导地位，且军方经济利益集团仍将在相当长时期内存在，并从自身核心利益为出发点左右缅甸经济政策走向，未来经济政策走向的不确定性较强。

缅甸金融体制和服务落后，导致外商在当地融资困难；政府宏观调控能力弱化，汇率和利率存在不合理的变动，这些因素都严重影响外商投资收益。另外，缅甸仍处于全球最为腐败的国家之列，政府反腐措施虽收到一定积极效果，但除大城市之外影响有限，尤其是基层政府和民族邦区域，腐败现象依然较为突出。

此外，部分外国投资者为了尽可能不受政策限制，会借用缅甸人身份在缅进行投资经营活动，但由于此类外国投资者不受缅甸法律保护，常常因合作失

---

① 张芸，崔计顺，杨光. 缅甸农业发展现状及中缅农业合作战略思考［J］. 世界农业，2015（1）.

败或与合作方利益纠纷而蒙受损失。

2. 基础设施相对落后

作为典型的不发达经济体，全国超过 500 万人口生活在贫困线以下，约 70%的人口生活在农村地区，2011 年全国贫困率为 26%，初生婴儿死亡率为 6.6%。另外，缅甸工业发展水平低，交通、通讯等基础设施落后，电力能源短缺，这些不利因素都给外国投资者带来了一定的投资风险。

3. 技能劳动力较为缺乏

缅甸人民缺乏高等教育使得其劳动力素质普遍较低，根据《缅甸政府统计年鉴（2006 年）》，大学生仅占总人口的 1%。目前缅甸 25～45 岁年龄段的人基本没有上过大学，即没有接受过正规的高等教育，这使得缅甸各个行业都极度缺乏高等教育人才，高素质人才的缺失对缅甸的经济社会发展影响巨大。从教育投入上看，尽管缅甸在 2012 年将教育费用提高到整体预算的 4.9%，但依然是东南亚国家中最低的，因此未来中短期内缅甸劳动力素质状况仍不乐观。

4. 竞争压力加大

近年来随着缅甸国内改革及经济快速发展，各国有意投资缅甸的投资者纷纷前往缅甸进行考察。日本计划以日元贷款的方式帮助缅甸改善基础设施，美国企业拟投资缅甸通信、电力、机场、能源等领域；另外如泰国、新加坡、马来西亚等东盟国家也打算对缅甸进行各方面的投资。以上情况使得中国想要在缅甸企业投资的竞争压力加大。

3.6.3 未来缅甸农业投资的重点领域

结合中缅贸易投资情况、新《外国投资法》实施以及中国"一带一路"倡议及农业"走出去"战略规划，中缅未来农业合作应以如下几个方面为重点领域展开。

1. 粮食农作物与其种植技术的推广合作

缅甸当地盛产水稻、豆类等粮食作物，但由于其基础设施以及农业技术的限制，生产效率有很大的提升空间。相对应的，中国的杂交水稻技术具有国际领先优势，同时中国也是农业生产大国，具有先进的种植技术以及农业管理经验。两国优势互补，中国对缅的投资可以关注缅甸主要粮食作物的培育、病虫害防治等方向，旨在提升缅甸农业生产效率和综合管理水平，这一领域也符合缅甸政府的政策指向。

2. 增强战略性农产品贸易加工

缅甸重要的经济作物有木薯、棉花、甘蔗、天然橡胶等，这些物资亦是中国紧缺的农业战略物资。中缅两国应充分发挥互补优势，加强上述农产品贸易加工技术合作，提高这些农产品产量及生产效率。中国投资者可以从"替代种植项目"出发，通过支持国内加工企业或农业集团在缅甸建造农产品加工、收购、仓储基地的方式，进一步推动农产品物流，从而提升企业资源掌控能力以及产品竞争力。

3. 加强对缅甸农业机械推广以及农业基础设施合作

缅甸作为最不发达的经济体之一，其农业生产的机械化程度极低，98％的农户仍采用传统粗放耕种方式，在这样的农业生产方式之下，缅甸对农用拖拉机、联合收割机及各类农机零配件均有较大需求，这样的巨大需求意味着市场有很大的发展潜力。与此同时，中国在中小型农机制造使用方面具有明显优势，因此中方可以充分发挥成本和技术优势，与缅甸重点开展农机装备合作项目，支持在缅甸建立农机制造、销售、使用示范基地。

同时，缅甸农业基础设施也十分落后，在世界营商的排名中，缅甸的电力、交通和通信基础设施等方面均处于东南亚国家末位，在农业基础设施方面的投资潜力巨大。

4. 加强畜牧业投资合作

缅甸牛羊等畜牧资源丰富，但主要为农户散养的生产模式，饲养方式落后，缅甸每年的乳制品进口量巨大。在此背景下，缅甸政府更多希望外资能够把重心放到投资牛羊肉以及乳制品加工与销售上。就目前而言，中缅双方可以以中缅动物疫病联防联控项目作为契机，推动中缅无规定疫病示范区的建设，并且在标准化养殖、饲料生产、疫苗研发与生产等领域展开全方位的合作。

第4章

□□□□□□□□□□□□□□

泰国农业投资环境与政策

4.1 泰国的农业经济发展概况

泰王国（Kingdom of Thailand），简称"泰国"，是一个位于东南亚的君主立宪制国家。农业在其国民经济中占有重要地位，国内有超过 70％的人口从事农业活动，泰国农产品品种丰富、产量充足。泰国是亚洲唯一的粮食净出口国，也是世界五大农产品出口国之一，享有"东南亚粮仓"的美誉。

4.1.1 泰国的地理气候

泰国作为一个传统的农业国家，位于中南半岛中部，南部临近泰国湾和安达曼海，东部和东北部分别与柬埔寨和老挝相邻，西部和西北部与缅甸交界，南部疆域跨国克拉地峡向南延伸至马来半岛，与马来西亚接壤。领土从形状上看可分为两部分，上半部分宽大，占国土面积的大部分；下半部分细长，整个版图形如大象头。

泰国主要可以分为五个部分：中部平原地区，西北部山区，东北部高原地区，东南沿海地区以及南部半岛地区。其中中部为冲积平原，是泰国最大的平原，湄南河支流环绕，水量常年充沛，一旁的湄南河平原是泰国主要稻米产区，也是富饶的鱼米之乡；西部地区高山耸立，山谷平原夹杂于其中；北部山脉与平原相间，其山脉起到分水岭的作用，滨河、汪河、永河、难河是北部最主要的河流；东北同样为高原地区，但不像北部山脉那样高，且山顶多为平地；东部地形为洼地平原和沿海平原，中间有山脉隔开；南部以高山为主，山脉从北到南纵贯南部半岛，其中东海岸宽阔，海滩多，岛屿少，而西海岸与之相反，狭窄，海滩少且岛屿多。

泰国地处热带，气候炎热，主要可分为三个季节，分别是 2 月到 5 月的旱季，5 月到 10 月的雨季及 10 月到 2 月的冬季，这使得在每年 8 月和 9 月降雨量和径流可能过剩，随后在 2 月和 3 月部分地区会出现干旱。泰国大部分地区年平均降雨量为 1 200～1 600 毫米，分布在约 7 个流域。全国降雨量具体差异见表 4 - 1。

表 4 - 1 泰国地区年平均温度汇总表

地区	平均温度		平均降雨量	
北部平原	28℃（4 月）	20℃（1 月）	1 260 毫米（清迈）	1 801 毫米（清莱府）
中部平原	30℃（4 月）	25℃（12 月）	1 458 毫米（曼谷）	1 141 毫米（那空沙旺府）
东北部高原	30℃（4 月）	23℃（1 月）	2 279 毫米（那空拍农府）	1 137 毫米（呵叻府）
西部近海	30℃（4 月）	24℃（12 月）	1 000 毫米（多数）	
东部近海	26～29℃（全年差别不大）		4 764 毫米（哒叻府）	

数据来源：泰国投资促进委员会（BOI）。

从表 4 - 1 可以看出，泰国各地区雨量多少与离海远近有关。中部平原地区降雨量相对较少，曼谷全年降雨总量约 1 458 毫米，那空沙旺府约为 1 141 毫米；北部地区降雨量与中部相当，清莱府的降雨量约达 1 801 毫米；东北部呵叻高原由于远离海洋，夏季与冬季的温差较大，降雨量与中、北部相当；东部由于邻近海洋，夏季和冬季的温差不大，年平均气温在 26～29℃，各府降雨量有高有低，哒叻府年降雨量为 4 764 毫米，是泰国降雨最多的地方；西部的温差较大，多数地方处于背风坡，降雨量最小，年降雨量低至约 1 000 毫米左右；南方经常受到台风和洪水的袭击。

4.1.2 泰国的自然资源概况

4.1.2.1 水资源

泰国水系十分发达，但水流量的季节性差别很大。这里雨季流量很大，易造成河水泛滥，而旱季水位大降，有些河流甚至干涸。为了在雨季保留降雨的径流，防止洪水灾害，避免旱季对农业部门产生负面影响，泰国政府建造了 3 000 多座水坝。其中 5 座大坝的库容均超过 5 000 立方米，分别为 Srinagarind 水坝（17.75 立方千米）、Bhumipol 水坝（13.46 立方千米）、Sirikit 水坝（9.51 立方千米）、Vaijiralongkorn 水坝（8.86 立方千米）以及 Rat Cha Prapa 水库（5.64 立方千米）。这些水坝除了可以防洪抗旱，也是泰国水力发电的来源。

对于水资源，泰国目前总体发展战略是通过改善和扩大现有水库、沼泽、堰和自然水资源，继续完善扩大全国的供水基础设施服务。其中东北部的黎河流域、驰河流域和门河流域，它们附近有大量农作物的栽培基地。

2017 年泰国大都市水务局（Metropolitan Waterworks Authority，简称"MWA"）为曼谷、暖武里府和沙没巴干府等地约 1 000 万居民提供水资源，年生产能力约 20.64 亿立方米。这里的供水主要来自湄南河（其中 70％来自普密蓬大坝和诗丽吉大坝，30％来自湄公大坝）。根据 MWA 数据，2017 年全年泰国水消耗量为 14.086 亿立方米，占总供应量的 68％。

4.1.2.2　土地资源

泰国国土面积达 5 131.2 万公顷，土地具体可以分为农田、畜牧草地、农业用地以及森林土地。其中农田以及农业用地占据较高比例，均在 40％以上；其次是森林用地占比 32.16％，畜牧草地仅占 1.57％；在农业土地板块中，大多数是农田和耕种土地，比例分别为 96.38％和 76.03％，永久性作物土地和有灌溉设施的土地占 20％～30％，畜牧草地仅为 3.62％；在森林土地板块中，可分为主要森林、种植森林以及其他自然可再生森林，占比相对比较均匀，在30％左右。泰国的森林总体面积十分庞大，有 1 440 万公顷，占国土面积的28％以上，其中的植物种类丰富，大概有 30 多万种，不少属于珍贵林木，例如榕树、露兜树、樟树、金鸡纳树等（表 4-2）。

表 4-2　2016 年泰国土地颁布情况

单位：%

土地面积占比	农业用地	43.28
	农田	41.71
	畜牧草地	1.57
	森林土地	32.16
农业土地占比	耕种土地	76.03
	永久作物土地	20.35
	农田	96.38
	畜牧草地	3.62
	有灌溉设施土地	29.01
	有机农业区	0.26
森林土地占比	主要森林	40.94
	种植森林	24.26
	其他自然可再生森林	34.80

注：由于测度时存在交替现象，各项百分比相加不等于 1。

数据来源：联合国粮食与农业组织（FAO）。

4.1.2.3 生物资源

由于泰国自然条件非常有利于生物生长，因此植物资源十分丰富，拥有茂密的热带雨林，神奇的海滨红树，星罗棋布的自然保护区，设计巧妙的热带植物园等。泰国森林主要有常绿林和落叶林两大类，常绿林约占森林面积的一半，其余为落叶林、沼泽林、海滩林和其他树木。目前泰国有高植株植物11 625种，其中有386种属于濒危植物。泰国有2 000多个树种，其中有250种是国家保护品种。商品树种有40种，出口木材树种15种，泰国现在是木材进口国。泰国有上千种的观赏花木，其中桂树是泰国的国树，睡莲是泰国的国花。泰国的主要观赏花木——兰花就有900多种，兰花是泰国栽培最广泛的花卉，也是每年为泰国创汇几亿泰铢的重要出口商品。其他主要观赏植物有相思树、龙舌兰、大海芋、桃榔、观音竹、番茉莉、番木瓜、翅决明、长春花、花叶万年青、千日红、竹芋及蓬莱蕉等。

泰国的药用植物非常丰富，种类多达几百种。其中有可治癌症的福斯特面包果、林纳氏苏木，治瘫痪的符氏三角大戟，治心脏病的夹竹桃，治肺炎、肺结核的网球花，治哮喘的小子海红豆，治肝炎的心叶栝楼，治肾炎的臭茉莉、木豆等。

泰国的热带气候和大片原始森林为各种野生动物的繁衍生息创造了良好的条件，其动物资源种类多而丰富，不仅有大量的哺乳动物，而且有许多爬行动物、鸟类和鱼类，这些动物广泛地分布在全国各地的森林和水域之中。泰国的哺乳类动物主要有大象、黑鹿、猎鹿、黑熊、马来熊、长臂猿、懒猴、叶猴、短尾猴、猕猴、虎、黑豹等。大象分为野象和驯象两类。大象分布在中部、北部和东北部。泰国爬行类动物有各种蛇、龟和蜥蜴类，以蛇为最常见。泰国的蛇不仅数量多，品种也很多。[①]

泰国的鱼类资源种类繁多，有200多种。如咸水鱼中经济价值较高的鲸鲨、虎鲨、犁头鳐、银鲳等。淡水鱼的种类较少，主要有鲶鱼、鲤鱼、攀木鱼、蛇头鱼、黄鳝等。此外泰国还盛产青鳞、海虾、河虾等水产品。2005年泰国建立的自然保护区面积已达9.4万平方千米，占国土面积的18.3%。其中，国家公园103处，总面积528万公顷；森林公园84处，总面积9.58万公顷；野生动物保护区55处，总面积357.5万公顷；禁猎区56处，总面积43.5万公顷。

---

① 东盟十国之泰国．http：//wenku.baidu.c.

4.1.3 泰国的农业发展概况

农业作为泰国的传统产业，在国民经济中有着重要地位。2017年泰国农业生产指数比上年增长6.86%，增长速度位于世界前列。

4.1.3.1 种植业

目前泰国种植业已基本形成了"南胶中米北丝"的格局，南部多橡胶，中部多稻谷，北部多桑树。全国主要农产品按2017年总产值由高到低分别是甘蔗、水稻、木薯、油棕果实、玉米、橡胶、热带水果等，泰国主要作物产出情况如表4-3所示。

表4-3　2017年泰国主要作物产量、面积、收益

指标	收获面积（万公顷）	产量（万吨）	单产（吨/公顷）
甘蔗	136.83	10 294.60	75.24
水稻	1 061.48	3 338.34	3.15
木薯	134.24	3 097.33	23.07
油棕果	75.66	1 459.13	19.28
玉米	110.63	496.16	4.48
天然橡胶	314.63	460.00	1.46
芒果、山竹、番石榴	44.67	382.43	8.56

数据来源：联合国粮食与农业组织（FAO）。

1. 甘蔗

泰国生产甘蔗的能力在全世界名列前茅，平均每年的平均产量均超过亿吨，仅次于巴西、印度和中国，是全球第三大糖类出口国。泰国多数地方土壤肥沃，土层深厚，日照时间长，无霜冻期，十分适宜甘蔗生产，但甘蔗的成长是七成靠雨水、三成靠灌溉，若遇上干旱或洪水对其产量影响非常大。由表4-4可以看出，在2015年和2016年由于极端的干旱与洪水导致部分地区无法农业作业，产量下降，但2017年产量回升，达到10 294.60万公吨，单产也有大幅提升，达75.2吨/公顷。

表4-4　泰国2012—2017年甘蔗生产情况

年份	收获面积（万公顷）	产量（万吨）	单产（吨/公顷）
2012	128.22	9 840.05	76.75
2013	132.16	10 009.56	75.74

（续）

年份	收获面积（万公顷）	产量（万吨）	单产（吨/公顷）
2014	135.30	10 369.70	76.64
2015	140.07	9 413.85	67.21
2016	140.88	9 008.96	63.95
2017	136.83	10 294.60	75.24

数据来源：联合国粮食与农业组织（FAO）。

甘蔗在泰国的种植可分中部、南部、东部、北部和东北部 5 个地区，主要分布在中部平原边缘的丘陵地带、东北部以及北部部分地区，全国有 27 个府生产甘蔗。其中中部主要种在靠近首都曼谷的沿海地带和素攀等府，东北部主要种在呵叻府。

2. 水稻

泰国是世界上著名的大米生产国和出口国，全国稻田种植面积相对其他作物位居榜首，平均每年生产在 1 000 万公顷左右，约占国土面积 1/5，占全国耕地总面积 2/3 多，产量稳定在 3 000 万公吨左右。泰国稻米有四种类型，分别是低洼田养水稻（水深小于 0.5 米），占比约为 72%；灌溉稻，占比约为 20%；深水稻（水深超过 0.5 米），占比约为 5%；旱稻，占比约为 3%。美国农业部预测泰国 2019 年水稻总收获面积将达到 1 100 万公顷（表 4 - 5）。

表 4 - 5　泰国 2012—2017 年水稻生产情况

年份	收获面积（万公顷）	产量（万吨）	单产（吨/公顷）
2012	1 195.68	3 810.02	3.19
2013	1 168.43	3 676.23	3.15
2014	1 066.49	3 262.02	3.06
2015	971.80	2 770.22	2.85
2016	934.00	2 665.30	2.85
2017	1 061.48	3 338.34	3.15

数据来源：联合国粮食与农业组织（FAO）。

泰国共有四个稻作种植区。首先是北方稻区（包括平原区、北部低地），那里人多地少，稻田面积约占全国稻田面积的 23%，灌溉条件较好，水稻单产是全国最高；其次是东北稻区（呵叻高原），稻田面积约占全国稻田面积的 44%，土地平整，土壤瘠薄，生产条件较差，水稻单产是全国最低；第三是中央稻区（湄南河平原，土地平整），那里人少地多，稻田面积约占全国稻田面积的 26%，是深水稻的主要产区；最后是南部稻区（马来半岛，山区），稻田面积占全国稻田面积的 7%左右，单产较低，主要生产经济作物。

3. 木薯

泰国是世界第三大木薯生产国，仅次于尼日利亚和巴西，也是第一大木薯出口国。泰国平均每年出产超过 3 000 万吨新鲜木薯根，其一半被加工成木薯干及木薯粒，剩余一半则被加工成木薯淀粉，出口海外。在泰国，木薯产业从生产到出口过程中的从业人员，占到泰国人口的 1/6，木薯的出口贸易直接影响到泰国从业人员收入及社会民生稳定。从表 4-6 可以看出，2012—2017 年木薯的收获面积和总产量都十分稳定，没有较大波动，收获面积每年都在 130万公顷以上，单产也在逐年上升（表 4-6）。

表 4-6　泰国 2012—2017 年木薯生产情况

年份	收获面积（万公顷）	产量（万吨）	单产（吨/公顷）
2012	136.21	2 984.85	21.91
2013	138.51	3 022.75	21.82
2014	134.90	3 002.21	22.26
2015	143.38	3 235.77	22.58
2016	137.89	3 116.10	22.60
2017	134.24	3 097.33	23.07

数据来源：联合国粮食与农业组织（FAO）。

由于木薯耐旱性及抗虫能力强，易种植，适于在气候较为干旱，其他作物不宜生长的泰国东北部种植。目前在泰国全国 77 个府中，种植木薯的府已有45 个，主要产区位于泰国东北部、北部和中部。

4. 油棕果

泰国是全球第三大棕榈种植国，仅次于印度尼西亚和马来西亚，在早年就实行油棕扩种计划，并且油棕在泰国属于农作物进行商业栽培，因此泰国的油棕种植面积也逐年增加。收获面积从 1995 年的 16.4 万公顷增长到 2017 年的75 万公顷，增长 4 倍多，产量在 2017 年达到历史最高（1 459.13 万公吨），单产也有同步增加。油棕实用性强，其果肉及种子可以榨油，单位面积产油量大，每年可达每亩 250 千克，分别是大豆、油菜籽和花生单位面积产量的8 倍、4 倍和 14 倍，是世界上生产效率最高的油料作物，被美誉为"世界油王"，被广泛用于餐饮业、食品制造业和油脂化工业等。其种植后 2～3 年可投产，经济寿命 25～30 年，自然寿命可达 100 年（表 4-7）。

表 4-7　泰国 2012—2017 年油棕果生产情况

年份	收获面积（万公顷）	产量（万吨）	单产（吨/公顷）
2012	59.21	1 131.23	19.11
2013	60.37	1 243.45	20.60
2014	64.38	1 247.25	19.37
2015	64.82	1 105.87	17.06
2016	65.67	1 211.43	18.45
2017	75.66	1 459.13	19.28

数据来源：联合国粮食与农业组织（FAO）。

油棕果的种植在泰国南部、西部以及东北部都有涉及，其中西部包括春武里府、骆勇府，东北部包括沙缴府等地。

5. 玉米

玉米在泰国作为主要农作物之一，其出口量已经连续 10 年高居全球第一。从表 4-8 可以看出玉米的收获面积、总产量以及单产连续几年都趋于平稳，收获面积均在 110 万公顷以上。虽然 2017 年收获面积有略微下降，但产量相对 2016 年增加 2.8%，其单产也随之上升。

表 4-8　泰国 2012—2017 年玉米生产情况

年份	收获面积（万公顷）	产量（万吨）	单产（吨/公顷）
2012	114.46	494.75	4.32
2013	115.43	487.62	4.22
2014	113.17	480.48	4.25
2015	113.18	472.95	4.18
2016	113.59	482.47	4.25
2017	110.63	496.16	4.48

数据来源：联合国粮食与农业组织（FAO）。

与油棕一样，玉米种植项目在泰国也受到当地政府的支持，2018 年 12 月泰国内阁同意扩大玉米种植土地面积，再增加 4 个府（黎府、莫拉限府、也梭通府、庵纳乍伦府）参与玉米种植项目，增加约 49 000 莱（约 7 840 公顷）土地，虽然内阁没有因此同意增加项目预算，但已经批准 8.67 亿泰铢（约 2.02 亿元人民币）的项目资金。

6. 橡胶

泰国自 2004 年政府鼓励种植橡胶以来，一直是世界第一大天然橡胶生产国和出口国，在 2017 年之前不论是种植面积还是产量都有逐年上升的趋势，在 2017 年泰国天然橡胶产量约占全球产量的 36%（表 4-9）。

表 4-9　泰国 2012—2017 年天然橡胶生产情况

年份	收获面积（万公顷）	产量（万公吨）	单产（吨/公顷）
2012	251.98	413.94	1.64
2013	263.40	430.51	1.63
2014	291.58	456.63	1.57
2015	301.54	446.61	1.48
2016	309.50	449.05	1.45
2017	314.63	460.00	1.46

数据来源：联合国粮食与农业组织（FAO）。

但是最近几年需求状况不容乐观，国内橡胶价格和世界市场的橡胶价格都有下降趋势。尽管泰国对种植人员每亩补贴千元，但多数农民仍没有足够收入，为此泰国副总理颂奇在农业部高级别会议中指出，应减少橡胶种植面积来提升天然橡胶价格。政府承诺给减少种植橡胶树的胶农补贴——每减少 1 莱橡胶地补贴约 1.6 万泰铢，上限是 10 莱土地。

在泰国 76 个府中，有 52 个府种植橡胶，从事橡胶生产的农户约 150 万户。种植面积 230 万公顷，约占其国土总面积 4.5%，在世界上排第二，仅次于印度尼西亚。传统的橡胶种植区主要分布在南部和中部，近年来逐渐在北部和东北部扩大种植。

7. 芒果、山竹、番石榴

由于泰国是热带地区，先天的环境和气候条件使得泰国的热带水果种类非常丰富，每年都有相当一部分出口到国际市场，热带水果出口产业是泰国非常重要的经济支柱之一。在所有水果中，芒果、山竹以及番石榴是所有水果中产量最大的，如表 4-10 所示，其种植面积呈逐年增加趋势，直至 2017 年收获面积达到 44.67 万公顷，产量为 382.43 万公吨，单产相较其他年份也有所上升。

表 4-10 泰国 2012—2017 年芒果、山竹、番石榴生产情况

年份	收获面积（万公顷）	产量（万公吨）	单产（吨/公顷）
2012	39.84	329.56	8.27
2013	39.95	342.12	8.56
2014	41.07	359.76	8.76
2015	40.77	333.11	8.17
2016	40.00	331.49	8.29
2017	44.67	382.43	8.56

数据来源：联合国粮食与农业组织（FAO）。

4.1.3.2 畜牧业

泰国牲畜的主要品种有鸡、鸭、猪、牛、水牛、山羊、鹅、绵羊等，近年泰国畜产品的存量总体趋于平稳。如表 4-11 所示，鸡是泰国最主要的养殖品种，自 2014 年以来平均在 27 200 万头左右，产量保持平稳上升的趋势；鸭、牛、绵羊的存栏量都有略微减少；猪、水牛、山羊、鹅和珍珠鸡的存栏量比较稳定。其中，种猪、肉牛和种牛主要集中在北部，蛋鸡、肉鸡、蛋鸭、肉鸭、肉猪和奶牛等主要集中在中部。饲料以本地生产为主，进口部分原料为辅。

表 4-11 泰国主要牲畜产量

单位：万头，万只

年份	2014	2015	2016	2017
鸡	26 696.20	27 240.20	27 205.90	27 354.50
鸭	1 522.20	1 512.30	1 397.70	1 289.00
猪	759.15	767.09	791.50	787.20
牛	489.86	475.00	470.00	468.00
水牛	102.01	99.00	105.59	99.63
山羊	44.75	45.21	47.25	46.94
鹅和珍珠鸡	10.00	9.00	10.20	9.50
绵羊	4.39	4.44	4.08	4.09

数据来源：联合国粮食与农业组织（FAO）。

4.1.3.3 渔业

泰国是世界上最大的鱼类生产国之一，大约 2 600 千米的海岸线，泰国湾

和安达曼海的海洋渔场位于泰国专属经济区内，总面积约 31.6 万平方千米，内陆水域面积约 3 750 平方千米，泰国沿海地区约有 100 万公顷适合水产养殖（表 4 - 12）。

表 4 - 12　泰国地理数据

地域	面积（万平方千米）/长度（千米）
域	51.4
水域	31.98
大陆架区域	39.40
大陆海岸线长度	2 624

数据来源：联合国粮食与农业组织（FAO）。

泰国的渔业生产在过去几十年中显示出显著的增长，1977 年总产量首次超过 200 万吨，2007 年渔业总产量约为 390 万吨，其中 58.2% 来自海洋捕捞渔业，22.9% 来自沿海水产养殖，13.1% 来自淡水养殖，5.8% 来自内陆捕捞渔业。

但随着渔业的发展，海洋生态平衡逐渐受到威胁，为保护海洋渔业，泰国政府根据《泰国渔业法》来进行渔业管理。具体如下：第一，泰国每年的 2 月 1 日至 3 月 31 日和 4 月 1 日至 5 月 15 日这一时间段，渔民使用的渔具网眼尺寸必须大于 4.7 厘米，同时禁止拖网渔船和围网渔船在泰国湾南部上部地区捕鱼；第二，泰国政府禁止拖网渔船和推网渔船在距海岸 3 000 米以内作业。在 1980 年，为了控制使用拖网，泰国渔业部宣布必须在登记拖网渔船和推网渔船后才能捕鱼。从那时起，渔业部不再向渔船颁发执照，只有持有捕鱼执照的渔民才能每年申请延长捕鱼执照的有效期，同时除渔民子女外，捕鱼牌照也不得转让予其他经营者。

4.2　泰国的营商环境与投资促进政策

4.2.1　泰国的营商环境

根据世界银行发布的《2019 年世界营商环境报告》最新统计资料显示，在全世界的 190 个经济体中，泰国在全球营商排名为第 27 位。主要数据情况如表 4 - 13 所示，可以看出泰国和全球其他国家相比，在电力供应、外来投资者保护以及破产解决这几方面拥有明显的优势。其中电力供应方面在近年期间提升尤为迅速，2017 年泰国电力获得排名为 37，经过两年发展 2019 年排名上升到第 6。此外在合同执行、企业开办和信贷获得方面也比较靠前，但在施工许可证办理、财产登记、缴纳税金以及跨境交易方面仍有所欠缺。

表 4 - 13　泰国的经商环境便利程度得分与 2019 年世界排名

项目	2015 年	2016 年	2017 年	2018 年	2019 年	2019 年排名
企业开办	83.07	83.05	85.04	92.34	92.72	39
施工许可证办理	70.54	71.65	71.73	71.79	71.86	67
电力供应	83.21	83.21	83.76	91.05	98.57	6
财产登记	—	67.42	67.57	69.65	69.47	66
信贷获得	45.00	45.00	50.00	70.00	70.00	44
外来投资者保护	66.67	66.67	66.67	75.00	75.00	15
缴纳税金	—	69.59	68.69	76.73	77.72	59
跨境交易	84.10	84.10	84.10	84.10	84.65	59
合同执行	—	65.51	65.51	67.91	67.91	35
破产解决	72.19	72.28	73.95	75.64	76.64	24

数据来源：世界银行《2019 年世界营商环境报告》。

对于泰国的营商环境，泰国政府向来重视。近年来一直都在加大基础设施建设，优化投资政策，进而吸引更多外资，其中最显著效益最明显的主要有以下几点：①在纳税方面，鼓励企业进行电子报税、免除年收入不超过 120 万泰铢的企业所得税、减免新开办企业第一年的营业税，为新上市企业提供优惠银行贷款利率、减少房产交易的特种税和产权交易的抵押手续费、降低雇主缴纳社会保障的额度、减少公司的利润税、减轻企业负担。②在创业方面，泰国政府商业发展部主动向企业发放注册条例、为企业注册提供一站式办理服务、合并原来分属一个部门的多个登记表为一张表。③在跨境贸易方面，泰国在不断提升电子通关系统效率，减少企业需要提交文件的数量，减少办理手续所需要的时间。④在保护外来投资者方面，强化董事的责任意识，当公司遭遇内部因股权变更造成的危机情况下，政府确保能及时介入，采取对危机公司的补救措施。

4.2.1.1　泰国投资区域划分

泰国总体经济发展不均衡，在不同的区域有较大差异。为了更好地均衡各地的经济，使经济发展较好地区能带动相对较落后地区，泰国政府将全国大致划分为三大区域，以方便不同需求的投资者。

第一区是经济条件较好的区域，以首都曼谷为中心，位于泰国中部，主要包括曼谷、巴吞他尼、佛统、暖武里、龙仔厝以及北榄等。这一区基础设施较好，长期汇聚来自世界各地的游客，进一步促进了当地餐饮业、酒店类的服务业发展。但因为是市中心，城市化率高，所以土地建筑价格较高，劳动力也相对较贵。

第二区自然资源丰富，基础设施各方面条件仅次于第一区，距离首都曼谷和港口都比较近，交通比较便利，位于泰国中部和南部，主要包括罗勇、大城、北柳、春武里等，汇聚的主要是金属、机械、化工等资源型行业。这里劳动力不如第一区那么高，且有较好的投资优惠政策支持，其中中部的罗勇工业园区和廉差邦工业园区可以享受和第三区一样的最高优惠政策。

第三区相对前两区基础设施较弱，包括分布在全国东、南、西、北四个方向比较偏远的 58 个府。由于比较偏远，交通多有不便，但是拥有很多自然资源，劳动力相对便宜，当地政府为了促进外国投资者在第三区投资，设定了很多优惠的投资政策来促进当地经济发展，加之适宜的地理环境，这里有不少海外农产品加工及农业相关产业。

在将全国划分为三大区域后，泰国政府还发布了东部经济走廊政策来吸引外资，近年来提出的"泰国 4.0"政策主要目的也是调整全国经济结构，寻求农业、工业和服务业的综合协调发展。

4.2.1.2 政局稳定及治安程度

1. 政局稳定程度

泰国实行的是君主立宪制，在 2019 年 3 月进行了自 2014 年军人政变以来的第一次大选，但由于结果未获得全面认可，在之后相当一段时间内政局比较动荡，"亲他信"和"反他信"两大政治阵营的冲突和对峙也日趋紧张。在外交方面，早在中国元朝时期两国就开启了使团友好互访，海上的贸易往来促使双方成为重要的贸易伙伴，泰中两国有着超过 700 多年的友好关系往来。近期泰国提出的东部经济走廊与中国的"一带一路"倡议更是有着异曲同工之妙，高度契合。

2. 合同执行力度

在合同执行方面，根据世界银行 2019 年数据，在全球 190 个经济体中泰国排名为 182，较为靠后，具体情况如表 4 - 14 所示。在发生商务纠纷时，若要完全解决约需要 420 天，整个过程中合同的审判耗时最长，需要 260 天，其次是判决需要 3 个多月。最终通过司法审判来执行合同所耗的成本也不低，各项费用占索赔金额的比例达到 33.8％。

表 4-14　2019 年泰国合同执行力度评估

合同执行 总耗时（天）	合同提交 申请耗时（天）	合同审判 耗时（天）	合同执行 判决耗时（天）	合同执行所耗成本 （占索赔比例,％）
420	60	260	100	16.9

律师费用 （占索赔比例,％）	诉讼费 （占索赔比例,％）	执行费 （占索赔比例,％）	司法程序质量指数 （0~18）	司法行政质量指数 （0~18）
10	6.5	0.4	8.5	8.5

数据来源：世界银行《2019 年世界营商环境报告》。

3. 政府清廉度

泰国政府的廉洁度如表 4-15 所示，世界银行统计里没有记录泰国公司经历盗窃、抢劫的比例，但从表中可以看出，泰国各公司因为社会治安问题导致的损失占销售额仅为 0.8％，可见泰国人民为人比较友善，社会治安环境较好。

表 4-15　2016 年泰国社会治安状况与政府清廉度

指　标	数值
由盗窃、抢劫等导致的损失（占销售额百分比）	0.8
对公职人员的非正常支付（占公司的百分比）	17.6
索贿比例（至少经历一次索贿的公司比例）	9.9

数据来源：世界银行《2019 年世界营商环境报告》。

但对公职人员的非正常支付比例达 17.6％，即平均 6 个公职人员中有 1 个存在贿赂现象，可见在泰国贿赂的现象仍然普遍存在。

4.2.1.3　创立企业便利程度

在湄澜五国中，泰国创建企业排名是最靠前的，在全球 190 个经济体中排名第 39 位。从表 4-16 可以看出，从 2005—2018 年在泰国开办企业的流程中，除了本来就耗时不长的财产登记手续、注册资产时间以及建立仓库程序固定不变外，其他程序均在不断简化：企业注册的启动程序由 10 个环节改为 5 个；开办成本仅占人均 GNI 的 3.1％，比 2005 年减少了 82％；目前在泰国开始一家全新的企业平均只需 4.5 天，在十年前需要 1 个月。

表 4 - 16　泰国开办企业便利度

指　　标	2005 年	2009 年	2013 年	2018 年
企业注册的启动程序（数量）	10	9	7	5
创办企业所需时间（天）	35	34	29.5	4.5
开办企业流程的成本（占人均 GNI 百分比）	17.3	17.1	6.7	3.1
财产登记程序（数量）	5	5	5	5
注册资产所需时间（天）	9	9	9	9
履行合同所需时间（天）	479	479	440	420
法律权利力度指数（0＝弱，12＝强）	—	—	3	7
取得营业执照所需时间（天）	—	—	—	—
建立仓库的程序（数量）	19	19	19	19
仓库建设所需时间（天）	171	171	161	118

数据来源：世界银行《2019 年营商环境报告》。

　　泰国平均一周不到的开办企业速度与东部地区经济体以及经合组织成员国相比仍然比较有优势，具体如表 4 - 17 所示。通过对比可得，泰国的开办企业平均手续个数略微多于经合组织，但优于东亚及太平洋地区的国家；从创办时间来看，泰国时间远少于其他地区，东亚及太平洋地区平均需要 1 个月，经合组织国家大约为 10 天。

表 4 - 17　泰国与东地区经济体及经合组织创立企业效率比较

指　　标	泰国	东亚及太平洋	经合组织
开办企业手续（个数）	5.0	6.8	4.9
创办时间（天）	4.5	25.9	9.3

数据来源：世界银行《2019 年营商环境报告》。

4.2.1.4　基础设施

1. 交通运输

　　为了使得在东盟经济共同体（AEC）核心地区的战略位置最大化，泰国根据《泰国交通基础设施发展计划（2015—2022 年）》和 2015 年紧急运输行动，计划向以下基础设施项目投资 1.9 万亿泰铢：城际铁路网络发展和公共交通网络发展，以解决曼谷及其郊区的交通问题；增加公路容量，将国家的主要生产基地与邻国联系起来；海上运输网络发展以及提高航空运输服务能力。

　　（1）公路运输。泰国的公路运输体系在东南亚国家中比较发达，总长度超过 39 万千米，其中 98.5% 的公路约 38.4 万千米由混凝土沥青铺设，大概有 5.53 万千米的公路将泰国各个区域连接，形成系统的国家公路网络。泰国发达的公路系统使得陆上交通尤为便利，在曼谷附近拥有约 250 条公交线路，共计长约 5 000 千米。

目前泰国国家公路部仍在继续改善和扩大泰国道路，并制定了在 2017—2036 年为期 20 年的城际高速公路发展总体规划，包括 21 条路线，总长度为 6 612 千米。这些全国各地新高速公路最终将成为东西经济走廊（EWEC）的一部分，这将连接南中国海和孟加拉湾，以及新加坡与中国昆明。而湄公河地区的公路网目前已覆盖了四大经济走廊——泰国、柬埔寨和越南在内的南部经济走廊；缅甸、泰国、老挝和越南的东西经济走廊；从中国南部经过老挝和缅甸，进入泰国的南北经济走廊；连接泰国、柬埔寨和越南南部沿海经济走廊。因此泰国的所有主要城市均可以通过这些公路进入，甚至可以一直连接到亚洲其他国家公路和边境口岸邻国公路，这极大便利了各国之间的经贸往来。

（2）铁路运输。泰国的铁路系统也是运输链中重要的一环，根据运输和交通规划办公室《关于泰国交通基础设施发展的战略（2015—2022 年）》，预计到 2020 年将铺设完 887 千米的铁路，具体如表 4-18 所示。

表 4-18　泰国铁路项目建设计划

工程项目	时间（年）	距离（千米）	预算（百万泰铢）
呵叻府—孔敬府	2015—2018	185	26 007
巴蜀府—春蓬府	2015—2018	167	17 293
佛统府—华欣	2015—2018	165	20 038
Map Ka Bao-呵叻府	2016—2020	132	29 855
华富里—北榄坡府	2016—2020	148	24 842
华欣—巴蜀府	2016—2020	90	9 437
总计	—	887	127 472

数据来源：泰国投资促进委员会（BOI）。

在铁路完成后，这些轨道将改造府级铁路网络，与农村地区和邻国的生产基地建立联系。此外，泰中高速铁路项目自 2015 开始也在有条不紊进行，两国正在计划建设一条从东北省廊到曼谷的高速铁路。这个高速列车项目包括四条主线：曼谷—清迈；曼谷—廊开；曼谷—罗勇；曼谷—巴东勿刹，总距离为 1 039 千米。

（3）港口运输。泰国海岸线长 3 219 千米，水道超过 4 000 千米，河运非常发达，曾经是泰国历史上最主要的运输方式。在泰国共有 122 个港口码头，包括 8 个国际深水港，分别位于曼谷、东海岸的林查班、马达普及南海岸的宋卡、沙墩、陶公、普吉以及拉农府。[①] 在所有港口中，商业港口、内河港口和土瓦港口是泰国最重要的港口。

1）商业港口。

● 曼谷港（Bangkok Port）是泰国最大的港口，位于湄南河西侧，港口深度为 8.5 米，每年可处理约 150 万标准箱。其主要出口货物为大米、烟草、橡胶、豆类、柚木、水果等。

● 林查班港（Laem Chabang）位于春武里府林查县和加邦拉蒙，每年可处理约 690 万标准箱，港口深度为 12 米。目前该港口的四个码头由私营公司——莱姆查邦国际码头有限公司在投资、管理和运营。

● 斯瑞拉察港（Sriracha Harbour Deep Seaport）是泰国第一个能够支持高达 10 万载重吨船只的港口，其优越的位置决定了一年 95% 的可用性和完全可用性。

2）内河港口。

● 清盛港（Chiang Saen Port）位于清莱省清盛区湄公河沿岸，面积约 1.47 公顷，面向湄公河，位于老挝对面，毗邻 1 290 号公路（Rimkong Road），连接清盛区和清孔区，该港口每年可处理 12 万标准箱。2012 年新的清盛第二港建成，这进一步了促进泰国和中国南部间的贸易，从而推动泰国北部地区的发展。随着通往这一路铁路建设和安达曼海港口的开发，泰国将建成一条多式联运走廊，并开辟一条连接中国南部、印度、中东、非洲和欧洲的新贸易通道。

● 清孔港（Chiang Khong Port）位于清莱府清孔分区，该港口旨在提升进出口服务的效率，促进中国、老挝、缅甸与泰国之间的边境贸易，该港口每年可处理 1.5 万标准箱。

● 拉廊港（Ranong Port）位于拉廊府，占地面积约 51 公顷，约 30 米宽，150 米长的集装箱泊位一次可容纳 1 艘 12 000 载重吨的货船，是马塔班湾（Mottama）天然气项目海上钻井的主要供应基地。

3）新深海港——土瓦港（Dawei）。土瓦港位于缅甸南部德林达依省首

---

① 张晓华. 开拓泰国承包工程市场须知［J］. 国际工程与劳务，2013（7）.

府，距离印度洋安达曼约 30 千米，与泰国西部北碧府相邻。2008 年泰国建筑企业意泰开发公司与缅甸港局务署签署合作备忘录，一同修建土瓦港。该深海港建成后可容纳 2.5 亿吨的货物，为原油贸易和初级运营建立扩展基地。该港口的建立可以减少通过高价的马六甲海峡次数，从而降低运输成本。此外，在土瓦港附近环绕着 200 平方千米的经济区，可以发展相关的产业，包括住宅、度假村综合设施和附带的基础设施等，这将极大促进区域内经济发展。

（4）空运。泰国全国有 38 个机场，包括 7 个国际机场。其中 6 个机场位于曼谷、萨姆特普拉卡恩、清迈、清莱、普吉岛、帽子岛，由泰国航空国际公共有限公司监管，乌塔堡国际机场则由泰国皇家海军运营。国际服务由多家航空公司提供，包括泰国国家航空公司、泰国航空国际公共有限公司等。

● 素万那普机场

素万那普机场是泰国的区域航空枢纽。2017 年素万那普机场和廊曼国际机场共处理了 59.93 万个航班，服务了 9 626.32 万名乘客。此外素万那普机场为 110 家航空公司提供服务，其中 100 家是混合客货运航空公司，10 家是纯货运航空公司。

● 普吉岛国际机场

普吉岛国际机场的客货运量在全国排名第二，2017 年为 50 家航空公司提供服务，处理了 10.48 万次航班，其中有 5.15 万架是国际定期和包机航班，5.33 万架次是国内航班。机场共服务旅客 1 623.04 万人次，比上年增长 10.25%。

● 清迈国际机场

清迈国际机场主要通往泰国北部，以令人叹为观止的自然景点和源远流长的文化传统而闻名，多年来该机场为泰国北方的旅游业做出了巨大贡献，目前正在制定完善和扩建机场的计划。

● 乌塔堡国际机场

乌塔堡国际机场有一条长 3 500 米，宽 60 米，有 52 个海湾的跑道。当以最大容量运行时，每年可服务 2 000 万名乘客。有 1 个客运站，每年可以支持 70 万旅客，随着第 2 个客运站的扩建，之后将增加到每年 300 万人次。

2. 通讯设施

泰国各种形式的电信网络已经覆盖全国各地，包括固定电话，移动电话，ADSL 互联网宽带、卫星调制解调器及拨号入网服务等。泰国主要的电信服务商包括 CAT、TOT 以及民营的 AIS、DTAC、TRUE 等，其中 AIS 公司是泰国移动通信业务最大的运营商。尽管泰国的通信相对比较发达，但是相较于一些发达国家依然存在着差距。

3. 电力设施

泰国自身发电能力基本能满足国内需求，早在几年前，泰国还存在电力供不应求的现象。根据泰国能源部能源政策和规划办公室的数据可绘制出图 4-1，图中显示出 2019 年上半年泰国各主要行业的电力消耗总量占比情况，其中工业部门消耗最多，占比 44.30%；其次是住宅用户，占比 25.9%；商业部门占比 25.5%；而其他用户消费占比 4.34%。由此可见泰国工业部门的显著增长是国内需要大量电力的主要原因。

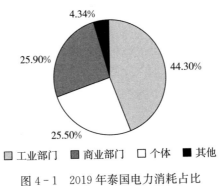

图 4-1　2019 年泰国电力消耗占比

数据来源：Energy Policy and Planning office（EPPO）。

2015 年泰国电力生产能力是 3.74 万兆瓦，从历史数据来看，泰国电力使用量与经济增长率同步。泰国政府预测，从 2014 年至 2036 年预计每年增长 2.67%，即在 2036 年，能源和电力需求分别为 32.61 万吉瓦时和 4.97 万兆瓦。而泰国在能源方面高度依赖进口，因此泰国正在积极与邻国老挝、缅甸等国家合作，希望在国内和区域开发新能源，并促进可再生能源的使用和改善基础设施，以降低运输成本。同时泰国能源部制定了 2015—2036 年近 20 年的能效发展计划（EEDP），制定短期 5 年和 20 年的节能目标（热能和电力），希望在 2036 年将能源强度（EI）与 2010 年的能源强度（EI）相比降低 30%。

4.2.1.5　商务成本水平

1. 税负水平

近几年泰国为了吸引更多外资来泰国投资建厂开办企业，在税负方面不断优化，具体情况如表 4 - 19 所示。2018 年泰国企业总税负占商业利润的 29.5％，相比 2005 年减少 18.96％。其中利润税所占比例最多，优化程度最大；劳动税与企业其他应缴纳税种改变幅度不大。通过不断优化，企业最终所获利润近些年不断提高。此外泰国在筹纳税方面所需耗时仍较长，尽管与先前相比减少很多时间，但平均仍需要 229 小时。

表 4 - 19　泰国税负水平

指　　标	2005 年	2009 年	2012 年	2016 年	2018 年
总税负占商业利润比例（％）	36.4	35.8	36.1	29.6	29.5
利润税占商业利润比例（％）	29.0	29.5	28.6	22.4	22.2
劳动税和缴费占商业利润比例（％）	5.7	5.7	5.7	5.4	5.4
企业其他应缴税种占商业利润比例（％）	1.7	0.7	1.9	1.9	1.9
纳税项（个）	33	21	21	21	21
企业与税务官员见面的平均次数（次）	—	—	—	1.2	—
与税务官会面时被期待送礼的企业占比例（％）	—	—	—	8.5	—
筹纳税所需时间（小时）	264	264	264	262	229

数据来源：世界银行《2019 年世界营商环境报告》。

2. 水电气价格

在水资源方面，用水价格在居民和工商业之间是不同的，用水量从小到大可以分为 11 档。其中居民用水价格为 15～20 泰铢/立方米，政府、商业、国营企业、工业及其他用水价格为 20～24 泰铢/立方米；在电费方面，泰国小型企业、商业与住宅用电收费价格为 3 泰铢/千瓦时，在工业上用电收费价格为 4 泰铢/千瓦时，在商业方面用电收费价格较高约为 8 泰铢/千瓦时；在油气方面，泰国用到的油气主要有三种，其中 95 号汽油价格约为 34.76 泰铢/升，91 号乙醇汽油价格约为 28.75 泰铢/升，LPG 价格为 14.73 泰铢/千克。

3. 土地租金成本、建筑成本

在泰国首都曼谷的普通公寓、写字楼以及服务公寓价格由低到高参差不齐，有较大差异。其中普通公寓每个月租费约为 6～10 美元，写字楼每个月租金约为 14～23 美元，服务公寓每个月约为 10～30 美元。而在建筑成本方面泰国的水泥、钢筋、砂石等原材料与中国国内相比相差不大，具体价格如表 4 - 20 所示。

表 4 - 20　2018 年泰国建筑材料成本

建筑材料成本	价　　格
罗勇工业园厂房	6 000 泰铢/平方米
水泥	2 100 泰铢/吨
钢筋	23 泰铢/千克
型钢	32 泰铢/千克
砂石	300～350 泰铢/吨

数据来源：中国驻泰国大使馆经商参处。

4. 劳动力供给

目前泰国总人口数为 6 943 万，其中农村人口有近 3 200 万，占到总人口一半。人口金字塔如图 4 - 2 所示。在总人口中，25～54 岁的人口占比为 46.12%，14 岁以下的儿童占比为 16.76%，65 岁以上的老年人占比为 10.97%，总体平均年龄为 38.1 岁，大致比较稳定。其中泰国首都曼谷的人数高达 568 万，其次是呵叻府。

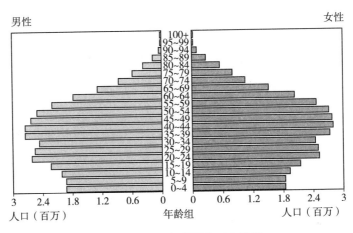

图 4 - 2　2018 年泰国人口金字塔

数据来源：泰国投资促进委员会（BOI）。

在泰国众多的人口中，截至 2019 年 5 月，泰国能够提供劳动力的人口为 3 842 万人，失业率仅为 1.1%，其中大部分劳动力年龄在 35 岁以下。男女比较相对比较均衡，男性略多占比约为 54.36%，女性占 45.64%。并且从长期来看泰国劳动力比较稳定，从 2010 年至 2018 年泰国总体劳动力数量没有较大波动，男女比例也几乎没有变化（表 4 - 21）。

表 4 - 21　泰国劳动力供应现状

指　　标	2010 年	2017 年	2018 年
劳动力总数（百万人）	38.93	38.80	38.90
劳动力，女性（占劳动力总数的百分比）	45.90%	45.65%	45.64%
非全日制就业，总人数（占就业总人数的比例）	18.14%	—	—
非全日制就业，男性（占男性就业总数的比例）	17.50%	—	—
非全日制就业，女性（占女性就业总数的比例）	18.53%	—	—

数据来源：世界银行《2019 年世界营商环境报告》。

5. 劳动力成本

泰国目前的最低工资是 308 泰铢/天，劳动力价格虽然不是全球最低的，但泰国人民勤劳努力，有较强的适应能力，仍然被视为全世界最具成本优势的劳动力市场之一。在泰国 76 个府中，有 20 个属于人均低收入府（加拉信，猜也奔，那空帕农，难，汶甘，武里喃，帕，马哈沙拉堪，莫拉限，夜丰颂，益梭通，黎逸，四色菊，沙功那空，沙缴，素可泰，素辇，廊磨南蒲，乌汶，安纳乍能）。[①] 各府最低日薪，如表 4 - 22 所示。

表 4 - 22　2018 年泰国全国各府每日最低工资

最低工资	区　　域
330 泰铢（3 个府）	昌布里、罗红、普吉岛
325 泰铢（7 个府）	曼谷、北柳府、佛统府、暖武里府、巴吞他尼府、北揽府、龙仔厝府
320 泰铢（14 个府）	甲米府、孔敬府、清迈、阁骨岛、呵叻府、大城府、攀牙府、华富里、宋卡、沙拉武里府、素攀、苏拉塔尼、廊开府、乌汶府
318 泰铢（7 个府）	加拉信府、尖竹汶、坤西育府、巴真府、莫达汉府、那空沙旺府、沙没颂堪府
315 泰铢（21 个府）	北碧府、猜纳府、那空拍侬府、那空沙旺府、难府、康县、武里南府、班武里府、帕夭府、博达伦府、彭世洛府、彼得波利、碧差汶府、益梭通府、黎逸府、黎府、沙缴府、苏林岛、红统府、乌隆府、程逸府
310 泰铢（22 个府）	甘烹碧府、猜也奔府、春蓬府、清莱、董里府、达省、洛坤府、披集府、弗莱茨、马哈萨汉、湄洪颂府、拉廊、叻丕府、南邦府、南奔、四色菊府、沙敦府、信武里府、素可泰府、廊磨喃蒲府、安纳乍能府、乌泰他尼府
308 泰铢（3 个府）	那拉提瓦府、北大年府、也拉府

数据来源：泰国投资促进委员会（BOI）。

[①]　2018 版泰国投资指导手册。

与 2017 年泰国日最低工资（300～310 泰铢）相比，2018 年上调了大约 2.6%。此次最低工资的上调使得劳动密集型的企业用工成本上升约 0.4%，而对于需要半熟练劳动力的企业也有间接的影响，成本上升约 0.3%。

在泰国有很多劳动法则，根据泰国的《劳动保护法》，雇主若忽视该法将受到 5 000～20 000 泰铢的惩罚和长达一年的监禁。但总体来讲，泰国劳动法为管理者在管理劳工方面提供了较大的自由空间，例如若政府对于企业迫于经济形势采取的精简人员决定不会进行干涉。

4.2.1.6　贸易便利程度

泰国是非常重视贸易的外向型经济发展国家，实施的是自由贸易政策，是 WTO 成员和东盟成员，已与多个国家签订自由贸易协定。在关税水平上，泰国税率如表 4-23 所示。由表中可以看出，2015 年泰国享受的所有产品最惠国加权平均税率为 6.86%，出口的工业产品和初级产品相差较大，其中工业品的最惠国加权平均税率是 6.47%，初级产品为 8.79%，而各自的加权平均使用税率要低得多，分别为 2.86% 和 5.72%。

表 4-23　泰国关税税率汇总

指　标	2005 年	2014 年	2015 年
所有产品最惠国加权平均税率（%）	5.55	6.65	6.86
所有产品加权平均适用税率（%）	4.81	3.53	3.52
达到国际最高关税税率的所有税目产品所占比例（%）	22.12	18.22	16.70
工业品关税水平			
工业产品最惠国加权平均税率（%）	6.52	6.71	6.47
工业产品加权平均适用税率（%）	5.87	3.03	2.86
达到国际最高关税税率的工业产品比例（%）	20.86	16.71	14.95
初级产品关税水平			
初级产品最惠国加权平均税率（%）	3.09	7.12	8.79
初级产品加权平均适用税率（%）	2.45	4.84	5.72
达到国际最高关税税率的初级产品比例（%）	29.46	27.52	27.79

数据来源：世界银行《2019 年世界营商环境报告》。

4.2.1.7　金融市场完善程度

泰国的货币单位是泰铢，在国际上泰铢是可自由兑换货币。在外汇方面，对于外国人进入泰国国境时，其携带的外汇数量金额泰国政府没有限制，但按规定在泰国7天内需将携带的外汇出售或存入当地银行；对于海外投资者进入泰国时，其携带的外汇同样没有限制，但同样需在7天内出售或兑换成泰铢，或存入相应的本地银行。在融资方面，不论是泰国本土企业还是外来投资者在原则上都可以享用同等的待遇，具体贷款条件视具体商业银行而定，其中泰国央行对于商业银行的贷款利率是没有硬性限制规定的。

4.2.2　外国投资促进政策

4.2.2.1　税收政策

目前泰国的直接税有三种，分别是个人所得税、企业所得税和石油天然气企业所得税，而间接税和其他税种包括：特别营业税、增值税、预扣所得税、印花税、关税、社会保险税、消费税、房地产税等，泰国不征收资本利得税、遗产税和赠与税。

企业所得税方面，在泰国的企业（不论是国内还是海外公司）均需每半年缴纳一次，每次纳税金额占净利润的30%；如果设立在泰国的公司没有在泰国注册（不论是国内还是海外公司）则需按收入缴纳税款；若是从国外贷款，则其利息不用征税；在拥有其他公司股权，并且其公司在泰国证券交易所上市的前提下，若某企业负责人在接受红利之前或者已经持股超过3个月，则所获的红利可以全部免税；若有海外企业在泰国投资注册公司还可以享受其他多种税收优惠政策。

个人所得税是只要在泰国获得合法收入的居民、非居民都要缴纳的税项。按照泰国税法，不同的收入扣除的标准是不同的。例如若是通过租赁来获取的收入，则依据出租的类别扣除10%~30%；若通过写作、雇佣或者服务获得的收入则扣除40%；承包人的收入扣除70%等。

增值税在泰国的税率是7%，一般情况下，不论是个人还是单位只要在泰国年营业收入超过120万泰铢都需缴纳增值税。但如果从事的是以下行业的可以免征增值税：①销售或进口未加工的农产品、牲畜以及农用原料，如化肥、种子及化学品等；②销售或进口报纸、杂志及教科书；③审计、法律服务、健康服务及其他专业服务；④文化及宗教服务；⑤实行零税率的货物或应税劳务包括出口货物、泰国提供的但用于国外的劳务、国际运输航空器或船舶、援外项目下政府机构或国企提供的货物或劳务、向联合国机构或外交机构提供的货物或劳务、保税库或出口加工区之间提供货物或劳务。当每个月的进项税大于销项税时，纳税人可以申请退税，在下个月可返还现金或抵税。①

4.2.2.2 税收优惠政策

在泰国，有八类行业可以享受税收优惠权益，具体如表 4-24 所示。

表 4-24 享受基本优惠权益的行业

A1	知识型产业，以增强国家竞争力的设计和研发行业为主	B1	没有使用高科技但对产业链发展仍具重要性的辅助产业
A2	发展国家基础设施的行业，具有高附加值的高科技行业，并在泰国投资较少或者尚未有投资的行业	B2	
A3	对国家发展具有重要意义，并且在国内仍然投资较少的高科技行业	◎	辅助目标技术发展行业并且符合合作条款的行业类别
A4	技术不如 A1～A3 先进，但能增加国内原材料价值以及加强产业链发展的业务	8	发展科技与创新，包括发展目标技术产业（例如生物技术、纳米技术、先进材料技术和数字技术）

数据来源：泰国投资促进委员会（BOI）

其中农业及农产品加工业在以上八大行业中主要分布于 A2、A3、A4 以及 B1，若投资后能带动地方经济走向繁荣，则政府将给予以下四项额外的优惠权益：第一，公共便利设施安装或建设的费用按照投入金额的 25% 可在成本中扣除；第二，在 10 年期限内，运输费、水电费按照成本的 2 倍扣除；第三，A1 和 A2 类的行业可再增加 5 年企业所得税减半的优惠权益；第四，在免除企业所得税方面可再增加 3 年（表 4-25）。

表 4-25 按行业类别给予的优惠权益

	免企业所得税	免机器进口税	免征用于研发的物品进口税	免出口产品的原材料进口税	非税收方面的优惠权益
A1	8 年（无上限）	√	仅限于研发业务	√	√
A2	8 年	√	—	√	√
A3	5 年	√	—	√	√
A4	3 年	√	—	√	√
B1	— *	√	—	√	√

---

① 蓝常高. 落实"改善民生"的原则与个体户税收政策的改革 [J]. 学术论坛，2009（1）.

（续）

	免企业 所得税	免机器 进口税	免征用于研发 的物品进口税	免出口产品 的原材料进口税	非税收方面 的优惠权益
B2	—*	—	—	√	√
◎	10 年（无上限）	√	仅限于研发业务	√	√
8	10 年（无上限）	√	√	√	√

* B1～B2 类行业，若符合下列情况，可享受免企业所得税 3 年。

——若在项目中使用自动化系统或机器人，即可享受免企业所得税限额为投资资金的 50%（不包括土地资金和流动资金）的优惠权益。

——若在项目中所使用的机器与国内生产自动化机械相关联或有辅助之用，且该机器占项目所有机器价值不少于 30% 的情况下，即可享受。免企业所得税限额为投资资金的 100%（不包括土地资金和流动资金）的优惠权益。

——必须在 2020 年 12 月 30 日前递交申请。

数据来源：泰国投资促进委员会（BOI）

具体农业及农产品加工业享受的优惠权益，以及在泰国进行投资的条件见表 4 - 26 和表 4 - 27。

表 4 - 26 农业及农产品加工业享受的优惠权益

行业类别	条 件	优惠权益
1.1 生产生物肥料、有机肥料、有机纳米化肥、预防和消灭植物害虫的有机成分	1. 生产生物肥料、有机肥料、有机纳米化肥必须向农业专业局办理完注册手续以及取得生产销售产品许可证 2. 生产预防和消灭植物害虫的有机成分必须向农业专业局办理完注册手续以及生产许可证 3. 必须使用酵母或者有学术文件支持的创新技术	A3
1.2 动物或植物品种的培育改良（不归属生物技术行业部分）	1. 项目必须具备研发环节 2. 涉及农业合作部政策中的敏感植物品种改良业务，泰籍人的持股比例不少于注册资金 51% 3. 植物品种改良后的栽培繁殖所得收入，被视为享受投资优惠权益的所得收入，但此项不包含木薯品种的繁殖栽培 4. 如项目设于投资委认可的地区或科技园区内，可在其享受企业所得税减免优惠权益结束后继续享受企业净利润所得税五年减半的优惠权益 5. 项目的研发人员每年薪资不少于 150 万泰泰铢	A3
1.3 经济树木的种植业务（桉树种植除外）	1. 种植地区周围面积总计不少于 300 莱（1 莱 ＝ 1 600 平方米），连接成片土地不得少于 50 莱 2. 项目必须具备研发业务 3. 必须获得自然资源和环境部的认可	A1

（续）

行业类别	条　件	优惠权益
1.4 植物烘焙和仓储业务	—	B1
1.5 动物品种的繁殖或养殖 1.5.1 牲畜或者水产动物的繁殖	1. 必须使用先进技术，如：使用封闭式透气度好的饲养圈，使饲养圈内空气保持适宜状态。具备自动给水和给饲料系统，具备预防疾病进入养殖场的系统和措施，具备计算动物数量的传感器等 2. 必须具备追溯检查的系统 3. 把鸡蛋孵化为小鸡而无饲养父母种鸡的项目，不符合申请投资优惠权益项目的要求	A4
1.5.2 牲畜或水产动物养殖（养虾除外）	1. 项目本身必须具备动物繁殖环节 2. 必须使用先进技术，如：使用封闭式透气好的饲养圈，使得饲养圈内空气保持适宜状态。具备自动给水和给饲料系统，具备预防疾病进入养殖场的系统和措施，具备计算动物数量的传感器以及有效预防对环境造成影响的系统等 3. 必须具备追溯检查的系统	A4
1.6 动物屠宰业	1. 必须有先进的加工环节，如：使动物昏迷系统，动物挂架，冷冻房，降温系统，肉类质量检验以及杂物检测系统等 2. 必须具备追溯检查的系统	A4
1.7 深水捕鱼业	1. 拖网捕捞渔船规模必须在毛重 500 吨以上 2. 延绳钓渔船规模必须在毛重 150 吨以上 3. 必须具备助航设备，寻找鱼群设备以及追踪渔船定位装置	A3
1.8 筛选、包装和保存农作物、蔬菜、水果或者鲜花	1. 使用高端技术，如：使用传感器检测水果肉质，使用无线电波消灭虫害，使用核磁共振技术等	A2
	2. 使用先进技术，如：使用机械进行植物种子颜色分类，使用蒸汽消灭苍蝇，植物种子表面涂层等 3. 大米质量筛选必须使用高端技术	A3
1.9 生产改性淀粉或特别用途的植物淀粉	—	A3
1.10 生产油类或者从植物或动物中提炼脂肪（不包括用黄豆生产食用油）	1. 从植物中提取原油或者半成品油，必须从农产品加工环节开始 2. 从植物中提取纯油产品，必须从农产品加工环节或者原油加工开始	A3

（续）

行业类别	条　　件	优惠权益
1.11 从天然原料中提取成分或从天然原料中提取成分进行产品加工（药物、肥皂、洗发液、牙膏和化妆品除外）	—	A4
1.12 从天然原料中提取有效成分	必须具备有效成分和有害成分的专业研究支持	A2
1.13 动物皮制革或者皮革装饰	1. 必须使用环保技术，如：减少使用化学原料或者使用酵素或者生物催化剂代替化学原料 2. 制革业工厂必须设在享受投资优惠权益的工业区或者工业村内	A3
1.14 天然橡胶制品（橡胶带，气球和胶圈除外）	—	
1.14.1 天然橡胶初加工	—	A4
1.14.2 生产天然橡胶制品	—	A2
1.15 农产品余料或者副产品的加工（生产环节不复杂的除外，例如：烘干，晒干等）	—	A4
1.16 使用农产品加工成为燃料	—	
1.16.1 使用农产品加工成为燃料 1.16.2 使用废料或者垃圾或者农产品废料生产燃料	—	A2
1.16.3 用生物压缩物质生产燃料	—	A3

（续）

行业类别	条　　件	优惠权益
1.17 使用先进技术进行食品、饮料、食品添加剂或者调味品的加工或者保鲜（饮用水、冰淇淋、糖果、巧克力、口香糖、食糖、汽水、酒精类饮料、含咖啡因饮料、知无淀粉、面包、方便面、鸡精饮品和燕窝除外）	1. 只进行混合或者稀释的项目，不能申请享受投资优惠权益 2. 对于有发酵过程的项目，生产过程中必须使用已经通过研发的酵母 3. 对于饮料项目，只有植物、蔬菜和水果制成的饮料才可获得投资促进优惠	A3
1.18 生产医疗食品或营养补品	1. 生产医疗食品必须取得食品及药品办公厅或者其他国际标准机构的注册，确定属医疗食品 2. 营养补品 2.1 必须取得食品及药物办公厅或者其他国际标准机构的注册，确定属营养补品 2.2 必须有提取有效成分的环节	A2
1.19 冷藏库业务或者冷藏库及冷藏集装箱运输	—	B1
1.20 农产品贸易中心	1. 占地面积必须不少于 50 莱 2. 用于农产品贸易和服务的面积，不少于总面积的 60%，必须设立展示厅及农产品购销场地，拍卖中心，冷藏库和仓库 3. 必须提供质量筛选，检查和有害残留物的检验服务	A3
1.21 生产动物饲料或者动物饲料的成分	—	B1
1.22 生产现代农业系统或提供现代农业系统的服务	必须具有用于资源管理的系统和软件的设计，并且该系统和软件应有集成化性质，可作收集数据、解读数据和分析数据之用	A3（无免税上限）

数据来源：泰国投资促进委员会（BOI）。

表 4 - 27 泰国优惠权益申请要求汇总表

内 容		要 求
1. 项目总结		需简要总结项目，包括：申请人、拟生产的产品、投资资金、工厂厂址、员工数量、使用的原材料、技术等。
2. 行业综述	2.1 总体	（1）申请投资的行业与其他行业关联性 （2）申请投资的行业在国内外形势
	2.2 投资产品需求	（1）国内需求（泰国） • 最近 5 年进口量 • 同类产品的其他生产商数量（若有） • 使用申请投资项目的产品作为工业原料数量及未来使用量增加趋势 • 未来的需求量和增长率 （2）主要出口市场以及市场的增长趋势
	2.3 国内同类产品的生产能力（泰国）	（1）没有享受优惠权益投资的生产商数量，他们生产质量和生产效率情况 （2）享受优惠权益投资的生产商数量，他们生产能力情况，以及是否达到最大生产力
3. 项目合理性	3.1 投资者	（1）说明泰方和外方投资者的商业和工业经验、管理人员构成、公司各方持股比例 （2）说明与合伙人的谈判进展程度，例如：刚开始洽谈合作还是已经签署协议 （3）若非新注册公司，用原有公司投资，需说明原有公司持股人、投资于哪些行业，盈亏情况及过去收支账目
	3.2 金融方面	（1）投资资金来源，来自持股人还是借贷，以及从国内外借贷比例 （2）用于土地、建筑物、机器和流动资金所投入的资金 （3）周转资金、目前的价值、在享受免×年企业所得税的情况下和没有享受免企业所得税的情况下的投资回报率 （4）金融机构考虑给予信贷进展程度，例如：正在研究项目过程中还是已经批准给予项目信贷
	3.3 竞争力	（1）将要生产的产品以及主要原料的进口税和商业税是否合适 （2）生产力在 50%、80% 和 100% 的情况下的单位生产成本 （3）到岸价以及进口同类产品的成本 （4）在泰国生产此类产品的优势 （5）敏感性分析，假设的销售价格变化、原料价格、进口产品以及主要原料进口关税的变化对项目可行性的影响 （6）将来能否提高生产效率，在没有政府保护的情况下，是否能与同类进口产品相竞争，以及需要多长时间进行调整

（续）

内　容		要　求
3. 项目合理性	3.4 技术方面	（1）现有的生产技术有哪些，每项技术各自的优缺点，各国的同类工厂使用何种技术，为什么该项目选择此技术 （2）给予技术支持方是谁，给予什么样的支持，采用此技术有什么局限，技术费用多少 （3）有多少道生产环节 （4）和其他国家生产同类产品的公司相比，生产规模是否合适 （5）原料的来源，是否有足够的原料供应，本国未来生产原材料的机会 （6）工厂位置，为什么选在该府成立工厂，包括足够的水和电等公用事业设施 （7）各级用工情况，员工培训计划
	3.5 对环境影响	（1）原料、生产的产品以及生产环节是否对环境产生影响 （2）保护和解决环境问题的措施，包括投资机器设备和预防环境问题的开支
	3.6 研发、解释研发方案	（1）提高产品质量和产品设计 （2）提高生产效率，包括节约原料和员工 （3）改进生产环节 （4）改进所使用原料质量
4. 对整体经济的影响	4.1 由于享受优惠政策使政府失去的收入	（1）企业所得税 （2）机器进口税 （3）原材料进口税
	4.2 对整体经济的效益	（1）国内附加值（泰国） （2）节省或者进口外汇净额 （3）增加泰国国内就业 （4）对与之关联的产业的效益
5. 政府帮助	5.1 申请投资和享受优惠权益的必要性	
	5.2 调整原材料与成品进口税结构的必要性	
	5.3 由于受到国外的竞争冲击而采取的保护措施或者限制泰国国内生产厂商的必要性	
	5.4 政府在其他方面的帮助，例如：电、水、公共设施等	

注：若在泰国投资项目的金额超过 7.5 亿泰铢（不含土地和流动资金），在申请享受优惠权益投资项目的可行性时需要包含表中内容。

数据来源：泰国投资促进委员会（BOI）。

4.2.2.3　土地政策

泰国的《土地法》和《投资促进法》都对外国投资者在泰国投资的土地使用做了相关规定。一般来说，除了泰国政府许可的工业用地外，泰国政府禁止外国人拥有土地。有以下几种情况例外：①若泰国公司与国外公司合资，泰方拥有 50% 以上的股份，则国外公司可以合法拥有土地；②经过泰国投资促进委员会批准的鼓励投资项目，外国投资者可以根据《投资促进法》购买土地；③外国投资者持有 50% 以上的享受优惠权益的公司若想要申请土地所有权，需要向投资促进委员会提交相应文件，其中包括土地方位图、建筑设计以及土地所有权证书，在投资促进委员会审核土地面积后，将核准函寄给申请者并通知土地部门和当地政府。

外国投资者也可以采取租赁土地的形式，租用土地建造房屋并拥有建筑物所有权。按照《民商法典》与泰国人签订租赁土地合同，一般土地合同有效期不超过 3 年，若超过 3 年需要到泰国土地局进行登记备案。土地租赁整个租期一般不超过 30 年，若到 30 年需另外办理续租手续，最长可续 30 年。此外根据泰国《工商业不动产租赁法》规定，若外国投资者能提供书面材料并在土地局登记备案，则对于不动产的租赁可以大于 30 年但不超过 50 年，在 50 年到期后同样可以申请再续约 50 年。对于公寓方面，泰国的《公寓法》表示外国人可以购买商业大厦，但是总面积不得超过整栋大厦的 49%。

此外，泰国国会在 2018 年 11 月的立法议会中审核通过了新的土地和建筑物税法条例，规定农业用途土地、住宅用途土地、商业及工业用途土地和荒地这四大类土地使用均需缴税，该条例将于 2020 年 1 月 1 日起正式实施有效。

4.2.2.4　泰国地区优惠性政策

1. 南部边境地区和"稳定、繁荣、可持续三角发展"模范城市

泰国南部边境地区指陶公府、北大年府、也拉府、沙敦府以及宋卡府的 4 个县（占那县、纳他维县、萨巴哨县和特帕县）。"稳定、繁荣、可持续三角发展"的模范城市分别为北大年府的农集县（农业产业示范城市）；也拉府的勿洞县（可持续发展示范城市）；陶公府的素埃沟禄县（国际化边境示范城市）。泰国政府为了促进这两大地区经济增长，拉动民营机构的经济投资，增加南部边境地区人民收入，实行了大量优惠政策，如表 4-28 所示。

表 4-28　两大经济区域优惠政策

优惠对象	发展泰国南部边境地区工业投资促进措施	"稳定、繁荣、可持续三角发展"模范城市项目投资促进措施
1. 可申请享受投资优惠权益的行业类别	在投资委员会与2014年12月3日颁发的第2/2557号关于投资促进政策与准则的公告的所有行业类别	1. 在投资委员会与2014年12月3日颁发的第2/2557号关于投资促进政策与准则的公告的所有行业类别 2. 额外增加的六大行业，包括： （1）动物饲料或者混合动物饲料成分 （2）用于公用事业项目的建材及钢筋混凝土产品生产 （3）洗浴护肤用品的添加剂生产，如：香皂、洗发水、牙膏、化妆品 （4）消费品的塑料制品生产，如：塑料包装产品 （5）纤维或纸质产品生产，如：纸箱 （6）工业用的厂房或者仓库的开发
2. 原有项目	1. 已经运营了的项目，无论已经获得投资优惠与否，但必须是在可申请享受投资优惠的行业类别范畴内 2. 经营场所不必设在第1项内容所规定的地区内	
3. 投资新项目	1. 申请投资优惠的新投资项目，需由原法人实体或者是由原有项目经营者完全持股的新法人实体进行投资 2. 经营场所必须设在第1项内容所规定的地区内	
4. 条件（原有项目）	1. 每个项目的最低投资资金必须不少于50万泰铢（不包括土地资金和流动资金） 2. 允许申请享受投资优惠的项目使用价值不超过1 000万泰铢的国内旧机器，并且所投入新机器的总金额不少于旧机器总金额的1/4 3. 必须在2020年12月30日之前递交申请	
5. 条件（按照政策在规定的地区投资新项目）	1. 每个项目的最低投资资金必须不少于50万泰铢（不包括土地资金和流动资金） 2. 允许申请享受投资优惠的项目使用价值不超过1 000万泰铢的国内旧机器，并且所投入新机器的总金额不少于旧机器总金额的1/4 3. 原有项目的投资优惠申请，必须在新项目安装机器完毕并且可正式营业之时递交 4. 新项目的投资优惠申请必须在2020年12月30日之前，与原有项目投资确认书一并递交	
6. 新投资项目的优惠权益	免企业所得税8年，无免税上限	
	再享受企业所得税5年减半	
	双倍扣除水电费和运输费，期限为15年	双倍扣除水电费和运输费，期限为20年
	可扣除用于公共便利设施安装和建设费用的25%	

（续）

优惠对象	发展泰国南部边境地区 工业投资促进措施	"稳定、繁荣、可持续三角发展" 模范城市项目投资促进措施
6. 新投资项目的优惠权益	免机器进口税	
	生产内销产品所需进口的原料或者物料进口税 90%，期限为 5 年	生产内销产品所需进口的原料或者物料进口税 90%，期限为 10 年
	生产出口产品所需原料或者物料免进口税，期限为 5 年	生产出口产品所需原料或者物料免进口税，期限为 10 年
	允许在享受投资优惠的项目中聘用非技术外籍劳工	
7. 原有项目的优惠权益	免企业所得税 3 年。免税额度为新投资项目的投资金额	免企业所得税 5 年。免税额度为新投资项目的投资金额
	其他优惠权益等同于新投资项目时所享受的权益	

数据来源：泰国投资促进委员会（BOI）。

2. 经济特区

泰国为了更好地促进与邻国的经贸发展，共设立了 10 个经济发展特区，遍布全国，如图 4-3 所示。

图 4-3　泰国经济发展特区分布

数据来源：泰国投资促进委员会（BOI）

①达府经济特区——位于达府与边境接壤的 3 个县的 14 个镇，分别如下，湄索县 8 个镇：湄索镇，湄涛镇，塔塞乐镇，帕踏琶登镇，湄卡萨镇，湄巴镇，湄古镇和玛哈温镇；泼帕县 3 个镇：泼帕镇，冲刻镇和瓦乐镇；湄拉玛县 3 个镇：湄乍捞镇，湄拉玛镇以及可内芷镇。

②莫拉限府经济特区——位于莫拉限府 3 个县中与边境接壤的 11 个镇，分别如下，莫拉限县 5 个镇：斯本栾镇，莫拉限镇，班沙艾镇，堪哈欢镇和阿斯暖镇；万艾县 4 个镇：挽沙奈镇，查诺镇，万艾镇和泵堪镇；东单县 2 个镇：坡沙镇和东单镇。

③沙缴府经济特区——位于沙缴府 2 个县中与边境接壤的 4 个镇，分别如下，阿兰亚巴提县 3 个镇：伴单镇，巴莱镇和塔坎镇；瓦塔纳县 1 个镇：帕卡镇。

④哒叻府经济特区——位于哒叻府空艾县与边境接壤的 3 个镇，分别为空艾镇，合力镇和麦禄镇。

⑤宋卡府经济特区——位于沙岛县与边境接壤的 4 个镇，分别为沙岛镇，萨纳堪镇，萨纳缴镇和巴登北沙镇。

⑥清莱府经济特区——位于清莱府 3 个县的 21 个镇，分别如下，清孔县 7 个镇：柯伦镇，本栾镇，临孔镇，温镇，斯东财镇，沙坦镇和海苏镇；清盛县 6 个镇：伴肖镇，巴沙镇，湄恩镇，优诺镇，温镇和斯当满镇；湄赛县 8 个镇：象岛镇，伴代镇，泵南镇，泵帕镇，湄赛镇，温潘堪镇，斯曼春镇和海开镇。

⑦廊开府经济特区——位于廊开府 2 个县的 13 个镇，分别如下，廊开县 12 个镇：开博挽镇，乃萌镇，伴德镇，帕塔挽萌镇，坡钗镇，坡沙湾镇，米钗镇，温酷镇，师该镇，侬宫阁镇，霞单镇和欣恩镇；沙开县的沙开镇。

⑧纳空帕侬府经济特区——位于那空帕农府 2 个县的 13 个镇，分别如下，纳空帕侬县 10 个镇：古鲁酷镇，塔柯镇，纳塞镇，纳拉差开镇，乃萌镇，伴蓬镇，坡达镇，侬雅镇，侬盛镇和阿莎玛镇；塔武亭县 3 个镇：侬单镇，兰拉镇和温帕巴镇。

⑨北碧府经济特区——位于北碧府北碧县的甘良镇和伴高镇。

⑩陶公府经济特区——位于陶公府 5 个县的 5 个镇，分别如下，陶公县的酷千镇，达拜县的皙和镇，易奥县的洛汉镇，温县的乐柱镇，以及素埃沟禄县的素埃沟禄镇。

在以上 10 个经济特区里，若投资项目属于可申请享受投资优惠权益的行业，则可以享受额外的免企业所得税优惠权益，如表 4 - 29 所示。

表 4 - 29 经济特区项目优惠

投资经济特区项目的优惠权益	A1	A2	A3	A4	B1	B2
根据行业类别享受免企业所得税	8 年（无上限）	8 年	5 年	3 年	—	—
享受额外免企业所得税	—	—	3 年	3 年	3 年	3 年
总共优惠年限	8 年	8 年	8 年	6 年	3 年	3 年
企业所得税减半，期限为 5 年	√	√	—	—	—	—

数据来源：泰国投资促进委员会（BOI）。

若投资项目属经济特区政策委员会制定的经济特区中的目标行业，如表 4 -30、表 4 - 31 所示，则其中任一行业均可享受免企业所得税 8 年。

表 4 - 30 经济特区优惠行业

13 个目标行业大类（66 项分类行业）	达府	萨缴府	哒叻府	莫拉限府	宋卡府	清莱府	廊开府	那空帕农府	北碧府	陶公府
1. 工业、渔业和相关行业	√	√	√	√	√	√	√	√	√	根据南部边境投资促进政策享受优惠权益，同时根据经济特区的目标行业优惠政策放宽限制条件
2. 瓷器	√							√	√	
3. 纺织、家用纺织品和皮革	√	√			√	√	√		√	
4. 家具	√	√			√				√	
5. 珠宝和装饰品	√	√			√				√	
6. 医疗设备	√	√							√	
7. 汽车、机器和配件	√	√						√	√	
8. 电器和电子	√	√		√					√	
9. 塑料	√	√				√			√	
10. 制药	√	√				√			√	
11. 物流业	√	√	√	√	√	√	√		√	
12. 工业园	√	√			√				√	
13. 旅游辅助业	√	√		√	√	√	√	√	√	

数据来源：泰国投资促进委员会（BOI）。

表 4 - 31　经济特区新增行业优惠

分类行业	达府	萨缴府	哒叻府	莫拉限府	宋卡府	清莱府	廊开府	那空帕农府	北碧府	陶公府
1. 动物饲料或混合动物饲料	√	√	√	√	√	√	√	√	√	√
2. 用于公用事业项目的建材及预应力混凝土产品	√	√	√	√	√	√	√	√	√	√
3. 洗浴日用品，如：肥皂、洗发水、牙膏等	√	√	√	√	√	√	√	√	√	√
4. 消费品的塑料制品，如：包装用塑料	√	√	√	√	√	√	√	√	√	√
5. 纤维或纸质产品生产，如：纸箱	√	√	√	√	√	√	√	√	√	√
6. 工厂和仓库开发	√	√	√	√	√	√	√	√	√	√

数据来源：泰国投资促进委员会（BOI）。

4.2.2.5　项目审批

1. 项目基本要求

针对国外企业来泰国投资，泰国有特定的项目审批准则。这些准则既能促进国外投资，提升泰国在国际舞台上的影响力，也对各项投资（尤其是农业、工业以及服务业）在享受投资优惠权益的同时提出了相应要求，如下所列：

第一，产品附加值不得低于销售收入的 20%，其中农业和农产品、电子和电子组件行业、金属切割行业附加值不低于销售收入的 10%。

第二，必须拥有先进的生产工艺。

第三，必须使用新机器，新机器可免除进口税，如使用国外进口旧机器，则分为如下三种情况给予不同程度的优惠。

● 第1类优惠：一般旧机器使用（表 4 - 32）。

表 4 - 32　一般旧机器优惠情况

机器情况	允许使用	可用于计算免企业所得税的投资资金	免进口税	条件
全新	√	√	√	—
机器已使用少于 5 年	√	√		在递交机器清单时，需提供机器使用性能证明
机器已超过 5 年但少于 10 年	√	—		

数据来源：泰国投资促进委员会（BOI）。

● 第2类优惠：生产场地从海外搬迁（表 4 - 33）。

表 4 - 33　海外旧机器优惠情况

机器情况	允许使用	可用于计算免企业所得税的投资资金	免进口税	条件
全新	√	√	√	—
机器已使用少于 5 年	√	√	—	在申请享受投资优惠权益之日和递交机器清单之日，提供机器使用性能证明
机器已超过 5 年但少于 10 年	√	√（按机器价值的50%计算免企业所得税的投资资金）	—	
机器使用超过 10 年	√	—	—	

数据来源：泰国投资促进委员会（BOI）。

● 第3类优惠：其他情况（表 4 - 34）。

表 4 - 34　其他旧机器优惠情况

机器情况	允许使用	可用于计算免企业所得税的投资资金	免进口税	条件
船务运输、航空运输或模具	√	√	√	

数据来源：泰国投资促进委员会（BOI）。

第四，投资额在 1 000 万泰铢以上（不含土地资金和流动资金）的项目，从规定投入生产营业之日开始的两年内，必须取得 ISO 9000 或 ISO 14000 国际质量标准认证或其他同等的国际标准认证，否则将被削减免企业所得税期限一年。

第五，获得特许权承包政府项目和国有企业体改项目，投资委员会将会遵照 1998 年 5 月 25 日及 2004 年 11 月 30 日国务院决议审核。[①]

2. 预防环境破坏

泰国负责环境保护的政府部门是自然资源和环境部，该部门对空气噪音污染、水污染、土壤污染、废弃物和危险物质排放等标准都有明确的规定，对于违法违规行为有相应的处罚，有关各项标准的详细规定可参考泰国自然资源和环境部环境质量促进厅网站。

此外，泰国自然资源和环境部要求各项目组必须提交环境影响评估报告，

---

① BOI 2018 版泰国投资指导手册。

报告必须由自然资源和环境政策规划办公室注册认可的咨询公司出具。针对特定投资或工程项目的环评报告如果具有普遍性，经自然环境委员会批准，自然资源和环境保护部长可将之作为范本在政府报刊上予以公示，其他类似的投资或工程项目在同意此范本内容基础上，可以免除提交环境评估报告。

在农业方面，泰国农业部对环保问题追查较为严格，经过评定若发现在农业生产过程中使用的化学物品有违规现象会有相应处罚。目前在泰国已有224种农药划为危险物质，其中的24种严禁进口。为了鼓励经营者使用生物农药，减少对食品和环境的破坏，泰国规定在生物农药登记时，可对毒性资料减免，只需提供资料证明其安全即可。

3. 最低投资资金和项目可行性

一般情况下，项目最低的投资金额（不包括土地资金和流动资金）是100万泰铢，除非投资的行业是可享受投资优惠权益的行业。若项目是知识导向型，则其最低投资金额以员工每年最低工资为基准。此外新投资的项目贷款债务和注册资金比例不能超过3：1，如果是扩大投资的项目，则视实际情况合理性而定。如果项目的投资资金（不包括土地资金和流动资金）超过7.5亿泰铢也需要按投资委员会要求递交可行性研究报告。

4.3 世界各国对泰国的农业投资

4.3.1 世界各国对泰国的总投资

随着经济的快速发展，泰国越来越受到世界各国的关注。近年世界各国到泰国进行海外投资的项目不断增加，表4-35是2017年和2018年各国在泰国的投资项目情况。

表 4 - 35 2017—2018 年全球提交至泰国投资的项目

行业类别	公共创新项目（个）			投资额（百万泰铢）		
	2017 年	2018 年	变化率	2017 年	2018 年	变化率
农业及农业相关产业	54	63	17%	17 232	14 807	−14%
陶瓷和基本金属	20	30	50%	3 534	10 559	199%
轻工业	30	35	17%	5 844	4 471	−23%
金属制品机械	187	236	26%	85 573	101 208	18%
电子电器	181	211	17%	44 886	25 940	−42%

（续）

行业类别	公共创新项目（个）			投资额（百万泰铢）		
	2017 年	2018 年	变化率	2017 年	2018 年	变化率
塑料和造纸化学品	76	77	1%	60 482	343 943	469%
服务和公用事业	338	387	14%	68 732	81 610	19%
技术开发与创新	2	1	−50%	2 595	20	−99%
总计	888	1 040	4%	288 796	582 558	102%

数据来源：泰国投资促进委员会（BOI）。

从投资项目来看，世界各国对泰国投资主要以金属制品、电子电器、服务和公共事业为主，农业投资只占小部分。这是因为泰国本身是农业大国，其农业技术水平较高，与之相比，工业技术处于较低水平，医疗技术、计算机、通信技术等很多高新技术都需要从国外引进。从表 4-36 可以看出 2018 年泰国农业投资项目比上年有所增加，但金额下降了 14%，说明农业投资规模有所缩减。在公共创新项目中，农业及农业相关产业在所有项目中投资占比为2.54%，仍是一个比较小的份额。

从时间跨度来看世界各国对泰国农业投资，自 2015 年以来，世界各国在泰国的农业投资数量和金额持续快速上升。2015 年农业投资项目总数为 24个，经过一年的政府投资促进政策激励，在 2016 年投资项目增加为 51 个，增加幅度超过 50%，投资金额也增加了 20.23%。之后连续几年，农业投资均在平稳增加。2019 年上半年泰国农业及农业相关产业投资项目数为 33，与 2018 年同期相比增加 10%，但投资金额为 4 067 百万泰铢，同比下降29%（表 4-36）。

表 4-36　2015—2019 年泰国农业投资汇总

时间	投资项目数（个）	投资金额（百万泰铢）
2019 年（1—6 月）	33	4 067
2018 年	63	14 807
2017 年	54	17 232
2016 年	51	11 456
2015 年	24	9 139

数据来源：泰国投资促进委员会（BOI）。

4.3.2 世界各国对泰国的农业投资

从投资国别来看，在泰国投资的国家（组织）主要有欧盟、东盟、日本、中国、韩国、印度等，具体投资数量与金额如表4-37与表4-38所示。从单个国家来看，对泰国投资最多的是日本，2018年投资项目数高达315个，均高于欧盟和东盟多国对泰国的投资总量。日本在泰国的投资主要以金属制品、机械和运输设备为主，农业在整体的投资中占较小的比重，紧随其后的是中国、美国、韩国等。

表4-37 2018年按行业分类的 BOI 批准的主要地区投资项目数

行业	欧盟	东盟	日本	中国	韩国	印度
农业及农产品	1	8	7	7	1	0
矿物和陶瓷	2	4	13	4	0	0
轻工业/纺织业	8	1	9	3	0	1
金属制品和机械	26	23	98	27	4	1
电子电气产品	37	23	42	21	11	7
化学制品和纸张	6	10	37	15	6	2
服务业	76	75	109	20	5	1
技术和创新发展	0	0	0	0	0	0
总计	156	144	315	97	27	12

注：地区投资项目是指占该地区资本至少10%的项目。

数据来源：泰国投资促进委员会（BOI）。

表4-38 2018年按行业分类的 BOI 批准的主要地区投资项目金额

单位：百万泰铢

行业	欧盟	东盟	日本	中国	韩国	印度
农业及农产品	521.30	1 984.17	1 188.52	722.00	40.00	—
矿物和陶瓷	654.50	503.34	1 337.23	3 132.35	—	—
轻工业/纺织业	598.61	99.00	1 927.21	529.00	—	5.5
金属制品和机械	8 713.55	19 060.35	47 249.43	17 944.17	89.00	20.0
电子电气产品	1 211.49	10 485.88	15 492.59	760.18	764.81	48.8
化学制品和纸张	15 351.60	1 071.05	21 498.26	2 632.39	628.60	276.9
服务业	4 938.83	32 505.72	4 981.85	7 091.11	707.15	80.0
技术和创新发展	—	—	—	—	—	—
总计	31 989.88	65 709.51	93 675.09	32 811.20	2 229.56	431.2

注：地区投资项目是指占该地区资本至少10%的项目。

数据来源：泰国投资促进委员会（BOI）。

4.3.2.1 东盟对泰国的投资

东盟是由东南亚包括泰国在内的 10 个国家组成一个经济共同体，其宗旨和目标是促进区域内经济发展。由表 4 - 37、表 4 - 38 可以看出，2018 年东盟十国向泰国投资促进委员会申请并批准的农业及农产品项目总数为 8 项，投资总额是 198 417 万泰铢。

在 2018 年 1 月，泰国竞争力提升策略委员会提出 20 年国家竞争力提升五大战略，希望泰国在未来能成为东盟农业、工业和新型服务业、旅游业以及物流的中枢。其中第一条就是发展农业，进一步强调了泰国农业在东盟中的重要作用。

除东盟各国向泰国频繁进行投资外，泰国也在积极向东盟出口大量农产品。早在 2016 年，泰国对东盟国家农业贸易额就达 2 151.69 亿泰铢，在所有农产品中贸易排名前五的分别是砂糖及砂糖制品类、饮品类、大米谷物类、可食用配料类以及初级橡胶类。但农产品的收成贸易容易受到天气影响，2019 年泰国遭受着近十年来最严重的干旱，预计向东盟出口额会大量减少。

4.3.2.2 欧盟对泰国的投资

相比东盟，欧盟对泰国农产品投资相对减少很多，2018 年欧盟向泰国投资促进委员会申请并批准的农业及农产品项目数仅为 1 个，其金额为 52 130 万泰铢。与农业及农产品相比，欧盟向泰国投资较多的为服务业、金属制品和机械以及电子电气产品。

4.3.2.3 日本对泰国的投资

日本是泰国最主要的投资国，在泰国的投资中常年保持第一位。从单个国家对泰国投资来看，日本在 2018 年投资项目数是 7 个，是最多的国家。

从投资主体来看，日本在泰国的投资主体多元化程度较高，以大型跨国公司为主导，中小企业占有相对少的份额。其投资领域主要是金属制品和机械，2018 年由泰国投资委员会批准的项目金额高达 47 249.43 百万泰铢，总额超过东盟与欧盟投资总和，这极大地促进了泰国经济增长。在农业与农产品领域，即使与其他项目相比占比较少，但其投资金额仍有 1 188.52 百万泰铢，远高于中国对泰国的农业及农产品的投资。

4.4 中泰农业贸易与投资

4.4.1 中泰两国的农业贸易

在两国农业贸易方面，两国贸易往来可谓历史悠久，随着"一带一路"倡议的提出，中泰双方经贸合作更加频繁，早在 2013 年中国就超越日本成为泰国第一大贸易伙伴。

尽管中国土地辽阔，但是适合耕种的资源并不多，随着全国各地的逐渐开发利用，国内可用的土地日益缩小。泰国位于热带，自然资源非常丰富，尤其是土地和食品加工方面优势尤为突出，因此在农业的地理位置上中泰两国有较强的互补性。中国大量投资者到泰国投放项目，资金金额较大的项目主要集中在橡胶生产加工、动物养殖、冷冻水产动物、木屑颗粒、水果加工、大米加工、棕榈油加工、冷藏农产品等领域。

表 4 - 39 是 2013—2016 年泰国出口的主要作物和牲畜产品，可以看出，由于泰国是热带地区，其出口的作物与中国相比有较大的差异，其中大米、木薯、橡胶、糖类等农产品是泰国出口的主要作物，除了肉类，主要作物在出口数量和金额上均比较稳定，近些年出口略微减少。

表 4 - 39　2013—2016 年泰国主要农产品出口数量与金额

单位：吨，百万美元

产品	2013 年		2014 年		2015 年		2016 年	
	数量	金额	数量	金额	数量	金额	数量	金额
大米	6 787.70	4 429.58	10 951.02	5 438.80	9 781.62	4 544.02	9 870.08	4 377.87
木薯	5 816.94	1 317.65	6 800.26	1 522.76	7 299.02	1 538.73	6 417.99	1 108.95
橡胶	2 398.56	6 453.39	2 351.79	4 593.88	2 579.31	3 820.39	2 356.97	3 279.08
砂糖	3 295.81	1 472.99	3 529.43	1 442.91	3 611.85	1 158.80	3 072.39	1 019.68
肉、鸡肉、罐头	439.68	2 152.60	428.66	2 073.72	478.80	2 118.34	508.22	2 196.45

数据来源：联合国粮食及农业组织（FAO）。

4.4.2　中国对泰国的农业投资

4.4.2.1　投资领域

自中国对泰国直接投资以来，涉及的行业主要有农业及农产品、矿物和陶瓷、轻工业和纺织业、金属制品和机械、电子电气、化学制品和纸张、技术和创新发展以及服务业。如图 4 - 4 所示，中国提交的投资项目中最多的是金属制品、机械和运输设备，占中国总投资项目数的 24.43%；其次是电子电器产品，占比 22.90%，排名第三位的是服务和公共事业部门，占比 21.37%；第四是化学、塑料和纸张，占比 14.40%；农业及农产品行业为第五，占比 6.11%。

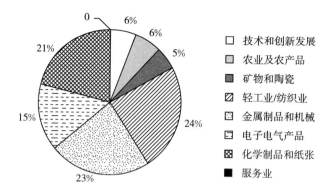

图 4-4　2018 年中国对泰国按行业划分的投资项目数占比
数据来源：泰国投资促进委员会（BOI）。

相比其他国家对泰国投资，中国的投资不是以大型跨国公司为主导，其投资主体以较大型的企业以及中小型企业居多，并且中小型企业直接投资在逐年增加。据统计，2018 年中国对泰国的项目投资申请数为 131 项，占泰国外商投资总项目的 12.60％，占外商总投资的 9.52％。其中有 64 个是小项目（价值低于 5 000 万泰铢），总计 896.79 百万泰铢（图 4-5）。

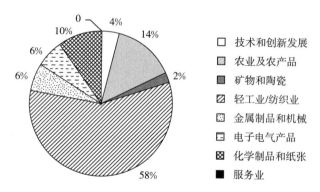

图 4-5　2018 年中国对泰国按行业划分的投资项目价值占比
数据来源：泰国投资促进委员会（BOI）。

由图 4-5 可以发现，农业及农产品、轻工业和纺织业、电子电气产品、化学塑料制品以及服务业在投资总数中的占比明显低于项目价值占总体占比，可见这些行业投资数目多，但投资金额相比其余行业低得多。

4.4.2.2　投资区域分布

在之前的投资环境部分中提到，泰国根据各项经济条件要素将全国划分为三大区域，中国在这三大区域中投资最多的是第二区，即泰国的中部和南部，以纺织类轻工业、橡胶加工、食品加工、天然矿质金属冶炼、银行保险业、餐饮酒店以及地产类等居多。

其次是第一区，泰国的中部，由于这里投资成本较高、优惠政策较少，中国企业先前投资不多，但随着当地旅游业的兴起，中国去泰国游玩的旅客逐年增加，中国在泰国第一区投资旅游业有所渐长。

最后是第三区，泰国的东南西北四边的边远地带，第三区相对其他两区经济落后，第三区主要生产蔬菜水果等农产品，且在地理上与中国南部相近，这为中泰两国贸易投资合作创造了良好的条件，可减少运输成本。目前中国企业已在泰国第三区南部投资了大量天然橡胶类经济作物。

4.4.2.3 投资泰国农业的部分企业名录

近几年来，越来越多的中国企业走出国门，在海外发展农业投资，其中在商务部有登记的向泰国进行农业投资中国企业如表4-40所示。这其中有农业企业也有非农企业，有大型企业也有中小型企业。

在泰国北部的清莱府和帕尧府，一些中国企业投资香蕉种植业，为当地农民、果农带去就业机会，提高了他们的收入。根据泰国海关的统计数据，2014—2017年，连续四年泰国香蕉出口额都在增长。

在种植品类方面，除了天然橡胶之外，在农业方面中国企业在泰国投资仍然较少，部分中国企业投资农业机械、化肥、食品加工等领域。与澜湄其他四国相比，泰国的工农业、服务业发展相对成熟，市场完善程度也较高，各种投入成本相对较高，这也使得中国企业投资泰国农业相对较少。

表4-40　中国在泰国农业投资企业

境外投资企业（机构）	境内投资者名称
暹罗农水产物国际集团有限公司	西双版纳顺源边贸有限公司
沃得农业机械（泰国）有限公司	江苏沃得农业机械有限公司
亚洲农副产品有限公司	绿色联盟农产品发展集团有限公司
泰国索尔农化有限公司	宁波三江益农化学有限公司
顺杰国际农业实业有限公司	汕头市潮阳区顺杰农机种养专业合作社
湖南舜升粮油农业科技发展有限公司	永州市舜升粮油农业科技发展有限公司
泰国农业机械科技有限公司	山东五征集团有限公司
丹肯农化方案股份有限公司	浙江中山化工集团股份有限公司

（续）

境外投资企业（机构）	境内投资者名称
泰国农茂食品有限公司	杭州中果食品有限公司
明大农业贸易中心有限公司乌汶分部	北大荒米业集团国际米业（北京）有限公司
深圳启森渔业（泰国）有限公司	深圳启森渔业有限公司
泰国恒创渔业有限公司	深圳市恒创远洋渔业有限公司
福全果蔬进出口公司	通海金裕果蔬进出口有限公司

数据来源：中国商务部。

4.4.3　中国与泰国的农业合作

中国与泰国分别是亚洲第一和第二大农产品出口国，随着农业投资贸易的增加，加上两地在气候、资源、经济结构上均有较大的类似性，两国在农业领域的合作也在不断深入。

两国农业合作领域如表 4-41 所示，主要有五大块。

表 4-41　中泰农业合作领域及其主要内容汇总

农业合作领域	主要内容
粮食	水稻栽培、水肥管理、病虫害综合防治、种子管理
渔业和养殖	鱼类、家禽家畜类、养殖技术培训、饲料加工、家畜育种
农村能源	农村沼气技术应用、农业生物技术应用
动物疾病防控	禽流感等动物疾病防控、监测
其他农作物	水果、蔬菜、橡胶、木薯、园艺

资料来源：《农技服务》杂志。

一是粮食方面的合作，两国农业方面专家一起探讨杂交水稻，包括如何改进种植技术提高水稻产量，如何进行种植技术的管理，以及在粮食生长过程中防治病虫害等。

二是渔业养殖方面的合作，泰国的渔业非常发达，国家也对其进行大力支持，加工技术先进，而中国临海水产品同样丰富，两国在水产养殖和水产品初加工领域合作各自取长补短，此外两国在家禽家畜、饲料业也有深度合作。

三是农村能源方面的合作，两国一同合作回收利用农村的生活垃圾以及农业废弃料，将这些废弃物用来开发沼气工程，利用风能、水能、生物质能来发电，继而为农业生产服务。

四是动物疾病预防和控制方面的合作，主要以禽流感等常发性动物疾病防控为重点。

五是农作物方面的合作，两国农作物品种合作主要涉及中国的温带蔬菜水果和糖料作物，以及泰国热带水果、木薯和橡胶等大宗农产品。

4.5 中国企业在泰国农业投资案例

4.5.1 广东农垦集团投资泰国案例

4.5.1.1 广东农垦集团简介

广东省农垦集团公司（以下简称"广东农垦"）成立于 1951 年，是中国农业部直属垦区，属于大型国有央企。在经过 68 年的发展，广东农垦已经在广州、深圳、湛江、茂名、阳江、揭阳、汕尾、汕头、北京、香港等地以及国外例如泰国、越南、马来西亚、贝宁等国家拥有总共 260 多家分公司，其总资产上百亿元，是一个集群式的大型企业集团。目前在世界各地垦区工作的大约有 12.70 万人，拥有超过 21 万公顷土地。集团在农业方面涉及的主要领域是橡胶和糖业，这是集团的两大支柱产业，除此以外剑麻、乳业、水果、养殖业等方面也有经营。随着时代发展，在技术方面广东农垦不断跟进，大力引进国外先进农业机械，使用精细化农业技术，已经建成大批国家级科技园区、高产稳产的产业基地和名优产品基地，在不断实现农业产业化经营的道路上前进。

4.5.1.2 广垦集团投资泰国经历

2004 年以来，广东农垦积极响应国家"走出去"战略号召，同时发挥自身优势，抓住机遇，以橡胶产业为支撑点斥资 2 945 万美元收购了泰国南部的一家加工厂，在泰国成立了泰国广垦橡胶（沙墩）有限公司，这是广东农垦集团向海外投资的第一步。次年 2005 年开始正式建成投入生产，这家海外工厂厂房面积达 2.237 万平方米，里面设有三条干胶生产线，每年可以生产 9.6 万吨干胶，这些干胶主要返销国内。之后时隔三年在 2007 年，广垦集团再次在泰国投资，斥资 2 800 万美元成立了广垦橡胶（董里）有限公司，该公司每年能生产浓缩乳胶 8.87 万吨、清胶 7 000 吨，这些橡胶与先前一样大部分返销国内。

在经过十年的发展后，2015 年年底广东农垦集团第三次把视角转向在泰国，欲收购泰国泰华树胶有限公司。此次收购前后总共耗时十个月，经过长期协商,对项目调查估值等多次研究讨论后,最终在 2016 年 8 月,旗下广垦橡胶集团有限公司在曼谷和泰华树胶有限公司以 12 亿元人民币的价格正式签署并购协议,此次跨国收购广东农垦最终得到 60% 的股权。

从 2004 年至今,广东农垦经过数次多个国家海外投资后,现在已然是集"种植—加工—研发—物流—营销"于一体的全球最大全产业链天然橡胶产业集团。

4.5.1.3　广垦集团投资案例解析

1. 2004—2007 年在泰直接投资的动因

第一,土地资源开发需要。在当时广东农垦集团已是中国三大天然橡胶生产基地之一,但年产量不高,每年最高产量为 5 万吨。这主要有以下三大原因:首先,当时全国垦区在积极调整农业经济结构,能够种植的土地资源日益削减;其次,橡胶生产与天气有较大影响,若受到寒潮或台风影响,年产量会有较大波动;最后,当时的中国想要实施橡胶机械化生产难度较大。在此背景下,积极开发生产橡胶的土地是重中之重。

第二,中国橡胶国际话语权低。早在 2001 年,中国就是全球最大的天然橡胶进口国和消费国,主要向东南亚热带国家例如泰国、印度尼西亚、马来西亚进口。尽管我国是橡胶进口消费大国,但在国际市场上却一直少有话语权,当时东南亚主要生产橡胶国一同创立天然橡胶"欧佩克"时,中国被排斥在外,它们希望剥夺我国对国际橡胶生产、价格、市场等规则的参与权。

如此内忧外患,广东农垦只能开拓新的橡胶资源,靠自己做大做强橡胶产业。并且在当时,广东农垦已经形成了集种植、加工、销售、科研等为一体的产业体系,能够合理利用国外资源和内地市场,在更大的空间范围内实现资源的有效配置。

2. 2015 年以来在泰直接投资原因

第一,土地资源开发需要。天然橡胶是广东农垦最重要的产业,根据 2015 年中央农垦改革发展文件,要求集团在中国建成国家天然橡胶基地,并完善产业体系,使得我国的天然橡胶要能有效供给市场。但当时我国的热带地区,包括广东、海南、云南等地,加总起来适合种植橡胶的仅有 100 万公顷左右,并且其中已有不少土地用于其他开发利用,因此土地资源十分有限。

第二,并购合作机遇难得。泰国泰华树胶有限公司是国际公认的大型天然橡胶企业,具有较完善的产业体系和市场营销网络,拥有"泰华"标胶、"三棵树"乳胶等国际知名品牌。若广东农垦与其合作,能够较好地提升中国橡胶国际地位，加强产业内话语权。此外，当时天然橡胶市场不景气，橡胶价格走低，对于泰华企业和广东农垦来说都是机遇，有利于促进橡胶业国际重组。

第三，市场前景看好。我国作为橡胶消费大国，每年需要消费480万吨，但产量只有80万吨，明显供不应求。广东农垦通过收购泰华树胶可以更好地获得天然橡胶资源，也可以通过两个企业合作进一步提升我国天然橡胶的加工技术，以满足我国巨大的需求，乃至实现国内橡胶的产业升级。

3. 广垦集团投资启示

广东农垦一开始对泰直接投资是资源寻求型的投资，之所以能顺顺利利完成一次又一次的海外投资与其正确的海外发展战略有较大联系。农业海外投资绝不是一蹴而就的事，需要脚踏实地长期不懈的艰苦努力，在自身产业优势和市场优势的前提下，拓展国际空间，逐渐形成内外兼顾的产业体系和市场体系。

根据当时广东农垦副总经理吕林汉描述，主要有以下几点来巩固后续发展：第一，定期通过视频会议明确被并购企业的产销，更好地同步海外材料收购和销售；第二，时刻关注两国汇率变化，尽量减小汇率变化风险；第三，标准化商标，广垦收购后在全球注册"广垦橡胶""GKR"中英文商标，统一所有产品的包装和标识；第四，尽快建立全球营销体系，广垦以新加坡为中心向外发散销售网络，包括电子商务、期货套保等方式；第五，在当地建立良好的公众形象，提高环境保护意识，参与公益事业，提高当地员工收入等；第六，需要可靠的德才兼备的人才长期外派海外。以上六点措施对同类收购企业同样有借鉴意义。

4.5.2 中国企业投资泰国农业的动因

1. 开发土地资源

我国可用于生产的大面积土地比较稀缺，对于有些有特殊需求的农作物，例如橡胶，在国内适宜的土地更少。而东南亚国家，尤其是泰国，土地资源丰富，气候适宜。两国在农业上的差异性和互补性都为中国企业到泰国投资提供了空间，例如广东农垦到泰国投资即是如此。

2. 扩大对外贸易

对于加工休闲食品出口的企业而言，其产品只有较短的保质期，若要提高产品新鲜度，确保国外客户在获得产品时仍是新鲜产品，在出口国设立"设计—采购—施工—售后"一体化的工厂是必要措施之一，可以更好地扩大对外贸易。

例如，洽洽食品投资 5 亿元人民币，在泰国洛加纳工业园区成立（泰国）工厂，于 2019 年 7 月正式投产。在确定于泰国建厂之前，恰恰食品就国家地理位置、国际贸易壁垒以及优惠政策等多方面进行了考量，目前已经在泰国完成了葵花籽类产品的生产线建设，后续会引进更先进的技术来促使其贸易、品牌以及分销业务更加完善。

3. 市场拓展

在 2015 年，泰国本土仍没有生产化肥的原材料，但是很多农业生产者对化肥的需求很高，因此泰国大部分化肥来源于进口。据统计，泰国平均每年需要进口 600 万吨化肥，这个巨大的国内缺口吸引了国外大量优质企业。但目前全球经济不景气，竞争日益激烈，化肥利润空间正在不断缩水。

金正大集团作为"泰国大学诗琳通公主农业示范园"唯一的中国企业，拥有国际先进的肥料生产技术，已经在地中海区、欧洲区、美洲区以及东南亚区这四个对环保要求较大的区域有所进军，在"一带一路"倡议的带动下，金正大集团顺利进入泰国市场，并获得了泰国皇家认可。

4. 简化贸易流程

简化贸易流程也是企业开展境外投资农业的一个重要原因。有些企业由于行业的特殊性，例如，若需要将农药出口至海外，一般均在当地国家进行登记，流程较为复杂。

浙江中山化工集团股份有限公司是一家生产化肥、除草剂、其他农药制剂，并进行精细化学品加工的综合型公司。该公司不仅在泰国有子公司，还在加拿大、澳大利亚等多个国家拥有子公司，其定位是发展子公司所在国的农药经销业务，通过取得海外农药登记注册，可以扩大公司品牌的海外知名度，提高公司产品在全球市场上的销售份额。另外，通过将公司的全资子公司香港中山公司作为持股平台，收购境外子公司后，可在所在国自主申请农药登记证。

除以上四点以外，结合中国在其他海外市场的农业投资，发现贸易壁垒、确保原材料能稳定供给、构筑国际性生产流通网络、开发新事业等都将是中国企业"走出去"的原因。由此可见，中国企业对外农业投资的动因是多样的和复杂的。

4.5.3　中国企业投资遇到的困难

近年来越来越多的中国企业想到泰国以并购或绿地投资的方式开展业务，但并非所有企业都能成功开拓市场，实现企业发展战略。以往经验来看，到泰国投资主要存在以下问题。

1. 政治局势不稳定

泰国政治历来一直比较混乱，从 1932 年发生第一次政变后，至 2019 年陆续发生了 18 次政变，这使得泰国政府的政策容易出现不连续性，中国企业投资者的企业生产经营极易受到影响，人们不知道游行示威、道路机场封锁、官方办公室关闭以及其他不可控制的事情何时会发生，很大程度上影响了企业员工和管理者平时生活工作的安全感。

2. 部分中国产品在泰国接受度不高

虽然有较多中国投资者在泰国投资建厂，能使泰国人接触到不少中国生产的产品，但是他们对部分中国品牌的产品，尤其是在化妆品、汽车、汽车零部件等技术密集型产品信心不高，但中国农产品、新鲜水果、草药、香料等初级产品有较好的口碑。中国各大企业发展至今，很多产品的质量都有较大的提升，但是因为以前对中国产品不好的印象在泰国人心里根深蒂固，若要改善，除了进一步提升质量外，也需要一定时间。

3. 语言沟通不便

"知己知彼，百战不殆"是中国古语，企业经营亦是如此。中国企业走出去过程中需要沟通交流才能更好地了解彼此。泰国的官方语言是泰语，这不免对中国有所影响，即使不少泰国人会说中文，一些中国企业在泰国也会聘请汉语专业翻译员，但毕竟汉语不是他们母语，在传达过程中可能会误传，而且翻译员工资普遍比较高，会增加企业成本。此外，泰国将英语作为第二语言，泰国人英文水平高于中文水平，若中泰企业用英文进行交流，双方都通过翻译的方式完成沟通同样存在效率较低的问题。事实上中国企业在泰国通常不用英语沟通。

4.6 投资泰国农业的建议

虽然中泰两国合作在前期已经有了非常好的基础，但目前两国在农业方面可供合作发展的项目仍旧偏少。相关数据显示，我国十几家对泰方进行农业投资的企业投资额度只占对泰国所有行业投资的 3.2%，针对这一现象可采纳以下建议。

4.6.1 对中国企业的建议

1. 积极响应"一带一路"倡议

中国农业企业拥有自己独特的优势，但能真正走出国门与其他国家进行国际合作的仍非常少。而泰国近些年在农业方面不断出台利好政策，希望国外企业去泰国进行投资建厂。因此，中国农业企业应积极利用泰国投资鼓励政策，结合中国"一带一路"倡议去泰国进行海外投资，或是并购或是投资建厂，将泰国作为一个强有力的平台发展好自己的农业产业技术，形成专业的农业生产基地，为更好地在国际上崭露头角做好准备。只有以产品为依托，提高产品的品牌形象，提高自身的生产技术硬实力，才能提升中国企业竞争力。因此我国有实力的农业企业应尽快抓住机遇，对资源进行区域性整合，以企业为主体充分开展相关涉农合作。

2. 充分利用泰国农业资源

中泰两国的农业产业结构各有优势，应取长补短达到共赢。中国企业在泰国可以租赁土地进行建厂生产，也可以建立农业中心和示范农场来促进两国农业的技术交流。此外，中国企业可以利用泰国所处的地理位置，租赁闲置的山地来种植热带果蔬，或是投资资源开采行业。同时对于我国所有的具有比较优势的产业应大量推广，例如小型农用机器、农药、食品加工业等。这些行业可在泰国直接生产销售，既降低成本又能占有一定的市场份额。

3. 提高农产品质量，重视环境保护

泰国在农业环保方面比较重视，中国海外农业投资企业应当关注低碳、生态的环境友好型农业，时刻将绿色环保的理念运用于企业生产的各个环节。在未来，不论是泰国还是其他国家都会越来越重视低碳农业、生态农业以及有机农业，而原有的传统农业会被逐渐淘汰。在具体行动上可采取以下措施：第一，企业可以通过引进或研发的方式来获取保护环境的先进技术，从源头上解决污染的问题；第二，企业可以多参与公益类环保活动，树立良好的企业形象，在环保的同时可以发挥良好的广告效应。一方面可以保障农产品品质，另一方面也可以享有优惠的政策。

4.6.2　对中国政府的建议

1. 把握中泰经济发展大机遇

中国正在积极推进"一带一路"倡议，泰国是沿线国家中重要的支点国家。泰国在 2014 年巴育政府的领导下，先后提出了《泰国交通基础设施战略规划（2015—2022 年）》、2017—2021 年的"泰国东部经济走廊"以及《泰国第十二个国家发展规划》，这些政策都与中国提出的"一带一路"倡议有较高的契合度。中泰农业部门应抓住这一机遇，大力发展同时促进两国农业交流与

合作，共建有技术含量的农业项目，在必要时给予企业相应的优惠政策与资金支持。

2. 加强农业合作交流

为促进两国农业交流，中国政府可不定期举办农业类讲座、学会会议、座谈会等。内容可涉及多个方面，例如在农业经济作物生长过程中会遇到的病虫害侵袭；如何提高水稻、玉米等作物的产量；科学生态养殖水产渔业等。在"一带一路"倡议这个大背景下，通过这些论坛形式促成两国合作交流的项目，培养两国合作交流的企业，打造两国合作交流产业。同时在必要时简化投资融资申请审批流程，为下一步加强中泰合作打下结实的基础。

3. 完善海外农业投资法制

由于泰国在农业中对环境保护方面较为重视，我国在制定《海外投资法》时，应规定我国企业在国外投资时应履行的社会环境保护责任。此外也可以完善海外农业企业投资审核相关制度：第一，可采用环保信用等级制度。对向海外投资企业在海外生产销售的行为是否环保，以及环保的程度，对其进行信用等级评定，根据不同的等级给予或取消贷款、税收、保险等方面不同程度的优惠；第二，若海外农业投资企业对东道国造成严重环境污染，或者因为环境污染受到东道国法律制裁，则应将该企业纳入黑名单，对这些企业取消相关优惠政策和激励措施。

综上，在 21 世纪海上丝绸之路区域合作布局逐步形成的大背景下，中泰两国在巩固原有传统优势产业合作的同时，正在逐渐形成农业传统和新兴战略产业合作共同发展的新局面，相信在中泰双方的努力下，最终定能实现经济共赢。

第5章

···························

□□□□□□□□□□□□

越南农业投资环境与政策

5.1 越南的农业经济发展概况

5.1.1 越南的地理气候

5.1.1.1 地理概况

越南全称为越南社会主义共和国，简称为越南，是亚洲的一个社会主义国家。越南位于中南半岛，全部国土位于北回归线以南地区，北部与中华人民共和国接壤，西部则与老挝以及柬埔寨交接。越南国土狭长，呈 S 形，南北长 1 600 千米，东西最狭窄处为 50 千米。越南的时间比格林尼治时间早 7 小时，比北京时间晚 1 小时。

越南共有 729 座城市，包括胡志明市、河内、海防、岘港和芹苴五大直辖市。越南的城市分为六大类，其中胡志明市和河内为特别城市，除此之外还有 15 个一类城市，16 个二类城市、45 个三类城市、66 个四类城市，其余的皆为五类城市。根据地形、土壤和气候条件，可将越南农业划分为 6 个农业生态区，分别是红河平原（11 个省市）、北部丘陵山区（14 个省市）、中北部及沿海地区（14 个省市）、西原地区（6 个省市）、九龙江平原（13 个省市）。

首都河内，位于红河三角洲平原中部，面积 3 344.7 平方千米，截至 2016 年人口达到 738 万人，是全国的政治、文化中心，也是全国面积最大和人口第二多的城市，已经有千年的历史，交通便利，公路、铁路和航空网与全国各大城市相连。

胡志明市是越南最大的港口城市和经济中心，是由原来的西贡、堤岸和嘉定三座城市组成，位于湄公河三角洲东北，距离出海口 60 千米，面积为 2 090 平方千米。根据越南官方统计，胡志明市大约有 50 万华人。胡志明市终年炎热，温差不大，1 月份最冷，平均气温在 25℃左右，4 月份最热，月平均气温为 29℃。

5.1.1.2 地形特征

越南的地形多样，总体呈现西北高东南低的趋势，其中山地和高原的面积占越南国土面积的 3/4，其中北部和西北地区多为高山和高原，东部沿海为平原，地势低平，河网密布，盛产稻米。其中，越南北部的红河三角洲平原和湄公河三角洲平原为越南的主要粮食产区，其面积分别 1.67 万平方千米和 4 万平方千米，被誉为越南的"两大谷仓"。

5.1.1.3 气候条件

越南位于北回归线以南地区，气候属于热带季风气候，全年高温多雨，湿度较大。越南年平均气温在 24℃左右，年降雨量在 1 500～2 000 毫米，年日照时数为 1 400～3 000 小时。其中，越南又可以划分为两大截然不同气候区。北方地区由于受来自中国的大陆性季风气候影响，春夏秋冬四季分明，最热为 7 月，平均气温在 29℃左右，最冷为 1 月，平均气温在 15℃左右；南方地区则分为雨季和旱季，5 月至 10 月为雨季，11 月至次年 4 月为旱季。越南的沿海地区在每年的 7—11 月经常受来自南海的台风影响，给越南的经济社会发展造成了巨大的损失。

越南各地的气候差异，温度、日照、降雨量以及湿度的差别，都为越南农业的发展创造了极为优越的条件。目前越南多地都实行一年种植三次，一些农业科学家认为，越南目前对于气候条件的利用率不足，依然可以提高对气候的利用率，可以在一些条件合适的地区进行开发，向"一年四熟"的方向发展。

5.1.2 越南的自然资源概况

5.1.2.1 自然资源状况

越南的矿产资源丰富，而且种类繁多。矿产资源主要包括天然气、煤炭、铁、铁、铝、铜、稀土、钛、镍和高岭土等。矿藏资源分为能源类、金属类和非金属类等 50 多种矿产资源。越南已探明的天然气、石油、煤炭可采储量分别达到 3 000 亿立方米、2.5 亿吨和 38 亿吨，分别可以供开采 35 年、20 年和 95 年。除此之外，越南也探明了铁矿 13 亿吨、稀土 2 200 万吨、铝土矿 54 亿吨、钛矿 2 000 万吨、高岭土 2 000 万吨以及铜矿 1 000 万吨。

越南海岸线长达 3 200 千米，海域广阔，海洋生物资源十分丰富，其中鱼类达 2 000 多种，蟹类达 600 多种，其中北部湾就有 900 多种鱼类资源，盛产红鱼、鳖鱼、鲐鱼、鲍鱼，此外还有海龟、玳瑁、珍珠蚌、海参等珍稀海洋资源。

越南的国土面积中有四分之三为山区，山区主要集中分布在越南西北部与老挝、柬埔寨和中国接壤的地带。越南地处热带，森林树种资源十分丰富，已知的树木种类就达到了1 000多种。越南的森林面积达到1 000万公顷，主要的用材树种有柚树、红木、铁木、花梨木、樟木乌梅木等。截至2016年，越南国土的森林覆盖面积达到1 433.7万公顷，占到了越南国土面积的42%。丰富的森林资源使得越南拥有十分丰富的药材资源。越南的热带雨林主要分布在低海拔的地区，最普遍的是高度在600～700米的山脉。按照相应的标准，大致可以分为热带密林、热带稀林和特殊土壤上的森林。

越南的森林覆盖率由于多种原因呈现出下降的趋势。主要原因是：①森林变为耕地；②砍伐森林用做木柴（由于越南许多地区发展滞后，一些能源的普及率不高，这些地区的人们对于柴火的需求量较大）；③砍伐森林用于工业和出口，越南已经成为了亚洲第二大的木制品出口国，仅次于中国；④森林火灾，在旱季时，越南的降雨量少，天气干燥，极易诱发森林火灾，导致大量的森林被焚毁。越南还有近50万公顷的沿海水上森林，明海省拥有的水上森林面积居世界第二位。

5.1.2.2 水资源状况

越南的水资源极为丰富，境内水系密布。越南拥有纵横交错的无数河流（10千米长以上的江河有2 360条），河流流向为西北—东南两个主要方向。越南最大的湄公河和红河形成了广阔肥沃的两大平原。越南河流每年提供3 100亿立方米水。河流系统的水流每年分成汛期和枯期，汛期占全年水量的70%～80%，并经常导致水灾。越南的河流网络对于越南的经济社会发展具有重要的意义，在越南各个江河流域附近都形成了较大的平原，比如九龙江平原、红河平原。

优越的自然条件使得这些平原地区较早地发展水稻种植业，聚集了大量居民，相关产业发展也比较领先，沿岸地区都有一些较为重要的城市。同时，河流网络为越南水路运输提供了良好的条件，沿江沿河地区都修有港口码头。

越南的河流网络对于水电建设也具有重要的意义，越南境内河流密布，水量充足，且河流的落差大，这都是水力发电必备的条件。从理论上来说，越南的水能蕴藏为3 000亿千瓦，年发电量可以达2 600亿千瓦时，但目前越南的技术能力无法支持其对全部水能的开发，越南已经开发的水能发电大约在

600 亿千瓦时。越南的红河水系的水能占全国水能的 37%，其次是同奈河，其水能蕴藏量占全国蕴藏量的 20%，年发电量可以达到 400 亿千瓦时。

5.1.2.3 土地资源状况

根据越南统计局公布的数据，越南的总土地面积为 3 309.51 万公顷，其中农业用地总面积为 2 628.05 万公顷。越南的土壤类型可以分为两大类，即北方的黏沙壤稻作平原地区和南方酸壤热作林果山丘区。越南的气候条件优越，自然条件对于越南农业发展十分有利，在越南的大部分地区都可以进行三季栽培。总体来看，越南的土地面积居世界第 58 位，人均土地 0.6 公顷，居世界 59 位，人均耕地面积则更少，只有 0.12 公顷，在东南亚地区是最低的。但是，越南的土地土层深厚，较松软，土壤含养分程度高，为耕作多种作物以及精耕细作奠定了良好的基础。尤其越南的湄公河三角洲平原和红河三角洲平原是由大量腐殖质堆积而成的冲积平原，土壤十分肥沃，是越南乃至世界著名的粮仓。

5.1.3 越南的农业经济发展概况

5.1.3.1 越南农业发展概况

越南是一个农业国家，农业是越南重要的产业。截至 2016 年，越南的农村人口占总人口的 64.8%，越南的耕地面积大约为 700 万公顷，这些土地承载着越南的 85% 的人口，创造了 70% 的农业产值和 25% 的国内生产总值。近年来，越南的农业生产一直保持良好的增长趋势。2017 年越南在农业领域有 1 955 家新企业成立，较 2014—2016 年增长 20%，2018 年越南农业投资达到 10 多万亿越盾，2019 年越南全国农业企业数量提升到 10 988 家。

根据越南农业农村发展部统计，2019 年上半年，越南农业产值增长 1.68%，林业产值增长 4.53%，渔业产值增长 6.5%；农、林业和渔业产品的出口总值 177.5 亿美元，同比增长 2.1%。其中，主要农产品出口 93.3 亿美元，畜产品出口 3.11 亿美元，海产品出口 40 亿美元，林产品出口 52.7 亿美元，增长 21.2%。越南在农业生产和出口商品的结构有所变化，海鲜（特别是咸淡水虾）、蔬菜、花卉、水果及高价值的工业树木、家具和林产品等出口数量上升。

从越南的耕地面积变化来看，越南的耕地面积总体呈上升趋势，尽管期间有所变动，甚至有所下滑，但近年来越南的耕地面积不断上升，为越南的农业发展提供了很好的支持（图 5-1）。

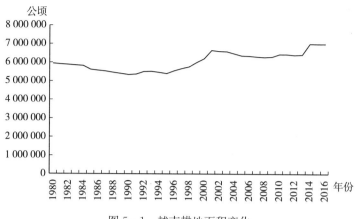

图 5-1　越南耕地面积变化

数据来源：世界银行。

图 5-2 展示了近三十年来，越南农业就业人口占全社会人口数的比重。由于越南社会经济高速发展，大量农业机械的运用，大大提高了越南农业的生产效率，将大量的劳动力解放到第二产业和第三产业中去，因此农业就业人口占全社会人口的比例迅速下降，2018 年已经下降到 40％左右。随着机械化程度和越南经济社会的进一步发展，可以预计在不久的将来，越南的农业就业人口会进一步下降，而农业的生产效率则会进一步提高，越来越多的人选择从事二、三产业的工作。

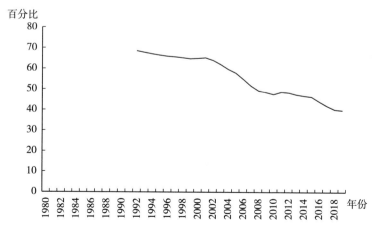

图 5-2　越南农业就业人员比例

数据来源：世界银行。

5.1.3.2 粮食作物

1. 水稻

越南的主要粮食作物有水稻、玉米、木薯和红薯等，其中粮食作物又以大米为主。越南的大米产区主要分为三块，即北部的红河平原、中部沿海地区和九龙江平原。越南北部和中部地区常种植两季水稻，南方种植三季水稻。在第二次世界大战之前，越南曾经是世界上第三大的大米出口国，越南的西贡、缅甸的仰光和泰国的曼谷是世界上三大齐名的米市。1945—1975 年越南大部分时间处于战争状态，因此导致大量农田被荒废，粮食连年歉收，粮食产量急剧下降。越南内战结束后，南北统一，越南对农业进行了改革，越南的粮食生产逐渐恢复。2004 年越南出口大米 405 万吨，出口额达到 9.4 亿美元，成为世界上第二大粮食出口国并保持至今（表 5-1）。

表 5-1　越南水稻种植情况

年份	种植面积（公顷）	单产（吨/公顷）	总产（万吨）	产值（百万美元）
2000	7 666 300	42 432	3 252.95	4 011.84
2001	7 492 700	42 853	3 210.84	3 573.64
2002	7 504 300	45 903	3 444.72	4 014.54
2003	7 452 200	46 387	3 456.88	4 328.46
2004	7 445 300	48 553	3 614.89	5 218.24
2005	7 329 200	48 891	3 583.29	5 971.80
2006	7 324 800	48 943	3 584.95	5 567.64
2007	7 207 400	49 869	3 594.27	7 123.76
2008	7 400 200	52 336	3 872.98	11 097.05
2009	7 437 200	52 372	3 895.02	11 514.96
2010	7 489 400	53 416	4 000.56	11 582.83
2011	7 655 440	55 383	4 239.83	13 389.44
2012	7 761 314	56 353	4 373.76	13 091.04
2013	7 902 813	55 726	4 403.91	12 952.91
2014	7 816 476	57 538	4 497.42	13 708.33
2015	7 828 607	57 597	4 509.06	12 948.88
2016	7 734 722	55 738	4 311.20	12 324.07
2017	7 708 534	55 476	4 276.37	—

数据来源：联合国粮食与农业组织。

2. 玉米

玉米是越南的另一大粮食作物，由表 5-2 可以看出越南玉米产量在近 10 年快速增长，2017 年玉米产量达到 510.98 万吨，考虑到转基因玉米种子的商业化政策、越南政府推动水稻生产转向其他作物的影响以及经济效益的驱使，在未来玉米产量还有可能进一步提升。

表 5-2 越南玉米种植情况

年份	种植面积（公顷）	单产（吨/公顷）	总产（万吨）	产值（百万美元）
2000	730 200	27 471	200.59	255.46
2001	729 500	29 633	216.17	262.00
2002	816 400	30 759	251.12	268.88
2003	912 700	34 363	313.63	386.44
2004	991 100	34 617	343.09	446.68
2005	1 052 600	35 979	378.71	608.70
2006	1 033 100	37 310	385.45	556.45
2007	1 096 100	39 259	430.32	860.37
2008	1 440 200	31 753	457.31	1 149.01
2009	1 089 200	40 137	437.17	1 049.56
2010	1 126 391	40 899	460.68	1 220.94
2011	1 121 255	43 128	483.57	1 456.16
2012	1 156 102	43 019	497.35	1 591.05
2013	1 170 322	44 354	519.09	1 691.66
2014	1 178 648	44 140	520.25	1 786.49
2015	1 164 747	45 394	528.73	1 742.07
2016	1 151 830	45 529	524.41	1 429.46
2017	1 099 274	46 483	510.98	—

数据来源：联合国粮食与农业组织。

3. 木薯

木薯也是粮食作物的一个重要的品种，与种植水稻相比，木薯在种植过程中所需投入的人力较少，且种植易于管理，不需要耗费大量的时间；再加上木薯可以食用也可以用于工业，可以作为一种重要的生物燃料，也可以用于提取淀粉和饲料，因此全球市场对于木薯的需求进一步提升，拉动了木薯的价格上涨。受到种种有利因素的驱使，越南的木薯种植面积和总体产量不断上升，越南的绝大部分木薯出口到中国，占越南木薯产量的90%。2016年越南的木薯总产量达到了1 026万吨，创造的产值高达20.67亿美元。越南应该与相关的农业技术研究部门合作，引进新品种，扩大木薯种植面积，从而获得更高的经济效益（表5-3）。

表5-3　越南木薯种植情况

年份	种植面积（公顷）	单产（吨/公顷）	总产（万吨）	产值（百万美元）
2000	237 600	83 598	198.63	96.85
2001	292 300	120 055	350.92	215.10
2002	337 000	131 691	443.80	215.55
2003	371 900	142 751	530.89	283.08
2004	388 600	149 786	582.07	328.63
2005	425 500	157 843	671.62	468.39
2006	475 200	163 773	778.25	479.77
2007	495 500	165 344	819.28	593.66
2008	554 000	168 049	930.99	1 256.38
2009	507 800	167 989	853.05	777.31
2010	498 000	172 602	859.56	1 020.13
2011	558 173	177 327	989.79	1 235.44
2012	551 771	176 445	973.57	1 212.06
2013	544 107	179 334	975.77	1 294.91
2014	552 760	184 707	1 020.99	1 403.93
2015	567 998	189 085	1 074.00	1 436.95
2016	569 233	191 658	1 090.98	2 066.93
2017	532 501	192 818	1 026.76	—

数据来源：联合国粮食与农业组织。

从表5-4不难看出，越南谷物生产无论是在总体的产量以及单位面积产量上都有了较大的提高，尽管在某些年份产量出现了下滑的现象，这是由于越南防范自然灾害能力较弱，给农业生产造成了巨大的损失。随着产量的提高，越南未来的粮食出口水平也将随着产量的增长而进一步提升。

表 5 - 4 2000—2016 年越南谷物产量

年份	谷物产量（吨）	谷类产量（千克/公顷）
2000	34 537 106	4 112.4
2001	34 271 811	4 167.3
2002	36 960 263	4 440.9
2003	37 706 900	4 506.7
2004	39 581 000	4 690.9
2005	39 621 600	4 726.2
2006	397 075 591	4 749.8
2007	40 247 514	4 846.2
2008	43 304 799	4 897.6
2009	43 323 523	5 080.3
2010	44 613 831	5 177.5
2011	47 235 598	5 381.2
2012	48 712 658	5 462.0
2013	49 231 389	5 425.5
2014	50 178 378	5 577.8
2015	48 359 870	5 601.2
2016	47 877 218	5 441.0

数据来源：世界银行。

越南的粮食出口具有生产成本低，出口价格低的比较优势，同时越南的粮食出口也面临一些挑战，比如越南的粮食种植分散，农业生产技术落后，无法大规模使用农业器械，造成农业生产效率无法大幅度提高。再者越南的农业加工工艺落后，出口的产品品种少，品牌知名度不高，产品附加值低。由于越南近年来经济快速发展，越南的城市化进程不断加快，大量的土地被征用。越南的粮食出口生产想要取得更好的成果，就必须进一步完善相关配套设施建设，确保谷物出口销售的顺利进行。

5.1.3.3 经济作物

越南一年生的经济作物主要是甘蔗、花生、大豆和芝麻，多年生的经济作物有茶叶、咖啡、橡胶、胡椒和腰果。相比于粮食作物，经济作物的经济价值更高，经济作物出口获得的经济利益更高，有利于提高越南农业的收入。近年来，越南经济作物的种植面积以及产量都有所提升，总体呈现上升趋势。

1. 腰果

腰果是一种热带经济作物，这种作物在 20 世纪初进入越南，大约自 1990 年起，开始大规模种植，并且产量和出口的规模也随之不断攀升。越南国内种植腰果的地区主要是南部地区，其中平福省又是种植腰果的大省。21 世纪越南的腰果出口量已经达到了世界第一，成功从印度手里拿到"世界第一腰果出口大国"的称号。同时，越南被称为世界上拥有加工腰果"技术诀窍"最美味的国家。但近年来越南的腰果产量出现了下滑，根据世界粮农组织公布的数据，2017 年越南的腰果产量为 86.31 万吨，相比 2016 年下降了约 23.32%。这主要是因为越南的腰果种植园逐渐老化，国际市场上腰果的价格也在下降，越南许多的种植户开始调整种植方向，种植诸如木薯、橡胶等经济价值更高的作物（图 5-3）。

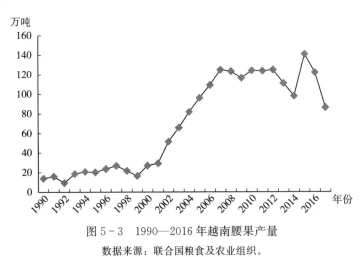

图 5-3　1990—2016 年越南腰果产量

数据来源：联合国粮食及农业组织。

2. 天然橡胶

越南从 1897 年开始种植橡胶，法国殖民时期建立了专业的橡胶研究院，指导越南普及橡胶种植技术，由于种种原因橡胶种植在越南并没有大规模开展，直到越南实行改革开放之后，橡胶种植开始发展迅速，产量也迅速提升。

2016 年越南的橡胶产值达 10.92 亿美元，国内橡胶种植面积达到 62.13 万公顷，尽管越南的橡胶种植面积和总体产量呈上升趋势，但是产值较前几年相比出现了下滑，这主要是由于越南的橡胶加工制造技术落后，出口的多为初级产品，竞争力不足。因此，未来越南想要进一步提高经济效益，就必须转变这种粗放型生产加工模式，提高橡胶产品的附加值（图 5-4、图 5-5）。

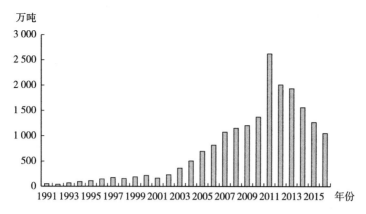

图 5 - 4　1991—2015 年越南天然橡胶产值

数据来源：联合国粮食及农业组织。

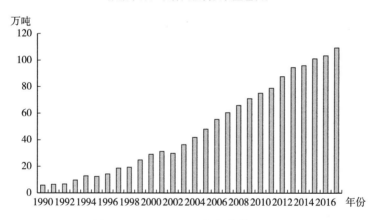

图 5 - 5　1990—2016 年越南橡胶产量

数据来源：联合国粮食及农业组织。

3. 胡椒

胡椒是越南种植的一类十分重要的经济作物，尤其是近十几年来，随着国际市场上胡椒的价格进一步攀升，越来越多的越南农户选择种植胡椒，以此来获得更高的效益。加上政府的相关政策鼓励，越南的胡椒种植业发展十分迅速，种植的面积也在不断扩大。在 2017 年这一数值达到了 9.35 万公顷，相较于 2016 年，胡椒种植的面积有了十分明显的上升（图 5 - 6）。

从越南的胡椒种植的产值变化来看，越南的胡椒种植业在近十年里取得突破性的进展，产值迅速提升，为越南带来了巨大的经济回报。目前越南已经取代印度，成为世界上最大的胡椒生产和出口国。2016 年越南的胡椒产量达到

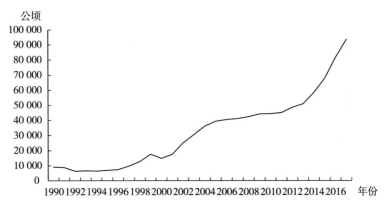

图 5-6 1990—2016 年越南胡椒种植面积

数据来源：联合国粮食及农业组织。

了 21.6 万吨，产值达到了 17.56 亿美元，这两个数字均达到了历史新高。越南的胡椒国内需求较小，因此胡椒大量用于出口，每年出口胡椒超过 10 万吨，远销 70 余个国家（图 5-7）。

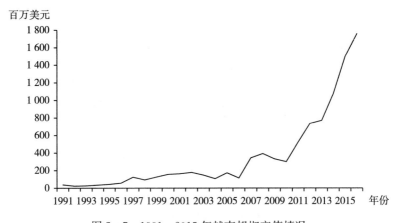

图 5-7 1991—2015 年越南胡椒产值情况

数据来源：联合国粮食及农业组织。

4．茶叶

茶叶是世界上最为普遍的一种饮料，可以加工成红茶和绿茶，是越南的一种十分重要的经济作物。越南共有 35 个省份种植茶叶，主要集中于中北和北部的山区，包括山罗、安沛、高平、老街、河静、清化等九个省。根据图 5-8 的数据显示，2017 年越南的茶叶产量达到 26 万吨。越南的茶叶产业发展较为迅速，其产量和出口量都位居世界主要产茶国的前列，主要出口到中国、巴基斯坦以及俄罗斯等国家。

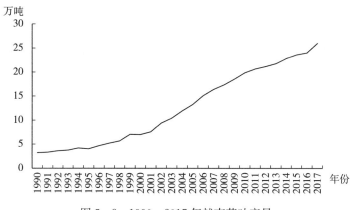

图 5 - 8　1990—2017 年越南茶叶产量

数据来源：联合国粮食及农业组织。

由图 5 - 9 可以看出，越南的茶叶的实际产值总体上呈现下滑趋势，主要原因是越南的茶叶加工技术有着明显的短板和缺陷，加工方式粗放，导致茶叶价格偏低，虽然越南茶叶产量是在不断提升，但收益并没有得到提高，反而出现了下降。2015 年越南的茶叶产值仅有 0.84 亿美元，相较于峰值的 2.89 亿美元出现了大幅度下滑。

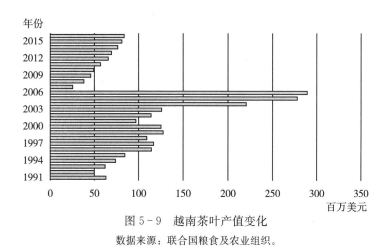

图 5 - 9　越南茶叶产值变化

数据来源：联合国粮食及农业组织。

5．咖啡

咖啡在越南的种植历史十分悠久，从 1857 年开始，越南就引入咖啡进行种植，已经有 150 多年的种植历史。从种植分布的区域来看，越南的咖啡种植业主要分布在林同、得农、同奈等省份。西原是越南集中种植咖啡面积最大的地区，在种植品种方面，越南南方主要种植中粒种的咖啡豆，而北方主要种植小粒种的咖啡豆，比重较小。

进入 21 世纪之后，越南的咖啡种植业迅猛发展。截至 2017 年，越南的咖啡种植面积达到 60.5 万公顷，产量 154 万吨，并且约 93% 的咖啡都用于出口，出口的市场主要为美国和欧盟，越南已经连续几年成为世界上第二大咖啡出口国，仅仅落后于巴西，为越南赚取了大量的外汇（图 5 - 10）。

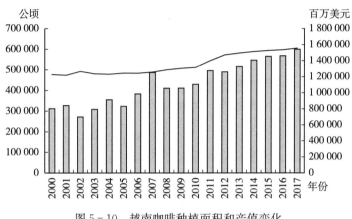

图 5 - 10　越南咖啡种植面积和产值变化

数据来源：联合国粮食及农业组织。

6. 甘蔗

甘蔗是生产糖和味精的重要原料，随着人们收入水平和生活水平的不断提高，人们对于糖的需求也在不断增加。就越南国内糖的生产能力而言，其生产量并不能满足越南国内的需求，因此预计未来很长的一段时间内越南国内的制糖行业前景比较可观。由于甘蔗是生产糖的重要原料，对于糖的需求的快速增长，必然会带动甘蔗种植的发展。

甘蔗有不同的品种，一般情况下一年能够种植两季：在越南北部，种植时间为 9—10 月和 12 月到第二年的 2 月。在南部地区，甘蔗的种植时间为 4—5 月的雨季初期和 10—11 月的雨季末期。

如图 5 - 11，越南的甘蔗种植的产量和产值总体上呈现一个上升的趋势，2016 年越南甘蔗产量超过了 1 500 万吨。九龙江平原地区是越南甘蔗种植面积最大的地区，大约占全国种植面积的 33%，越南种植甘蔗最多的省份为芹苴、隆安、朔庄等省份。种植面积第二大地区是中南部沿海地区。由于种植甘蔗的收益较高,近年来中部各省也在大力发展甘蔗种植,以满足不断增长的出口和国内需求。

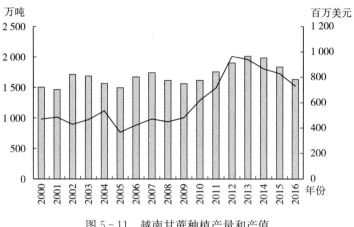

图 5-11　越南甘蔗种植产量和产值

数据来源:联合国粮食及农业组织。

5.1.3.4　主要水果生产

水果属于多年生的经济作物。越南的全部国土属于亚热带和热带地区,由于受到热带季风气候的影响,越南的全年降水量和热量都很充足,非常适合水果的生长,种植水果的自然条件十分优越,因此世界上绝大多数的水果都能够在越南进行种植。目前越南大面积种植的水果主要有香蕉、椰子、荔枝、芒果、菠萝、柚子以及龙眼等。这些水果的出口为越南带来了大量的收入。

表 5-5　越南主要水果生产情况

单位:公顷,吨/公顷,万吨,百万美元

种类		2010 年	2011 年	2012 年	2013 年	2014 年	2015 年	2016 年	2017 年
香蕉	种植面积	103 488	106 452	108 549	112 434	114 437	118 092	120 041	125 456
	单产	156 369	163 682	165 081	168 324	162 329	164 561	161 773	163 033
	总产出	161.82	174.24	179.19	189.25	185.76	194.33	194.19	204.54
	总产值	430.98	478.73	489.02	544.61	595.64	612.62	626.12	—
椰子	种植面积	140 300	127 017	132 006	136 206	139 236	145 634	146 835	148 106
	单产	82 837	94 599	96 435	95 725	98 710	98 818	100 109	101 227
	总产出	116.22	120.16	127.30	130.38	137.44	143.91	147.00	149.92
	总产值	315.24	389.28	397.47	517.21	574.31	568.62	573.42	—

（续）

种类		2010 年	2011 年	2012 年	2013 年	2014 年	2015 年	2016 年	2017 年
西柚	种植面积	36 042	36 620	37 407	37 733	38 813	39 547	42 100	46 791
	单产	111 017	115 863	116 939	116 505	120 225	119 195	118 120	121 466
	总产出	40.01	42.43	43.74	43.96	46.66	47.14	49.73	56.84
	总产值	156.80	183.31	203.01	253.37	318.66	370.65	336.96	——
葡萄	种植面积	800	662	740	752	842	1 142	1 267	1 218
	单产	208 750	222 944	206 836	255 159	283 539	271 743	211 251	215 491
	总产出	1.67	1.48	1.53	1.92	2.39	3.10	2.68	2.63
	总产值	20.05	20.74	20.63	16.66	28.70	30.43	20.22	——
芒果	种植面积	71 200	72 044	73 692	78 156	84 691	87 111	74 499	76 711
	单产	81 503	95 309	105 296	90 315	97 289	102 797	97 358	97 043
	总产出	58.03	68.66	77.59	70.59	82.40	89.55	72.53	74.44
	总产值	290.14	363.61	480.49	463.98	564.86	617.61	402.94	——
橘子	种植面积	61 500	43 701	42 764	43 383	46 214	45 410	50 881	56 738
	单产	118 602	121 583	121 796	122 618	127 565	124 667	125 179	135 415
	总产出	72.94	53.13	52.08	53.20	58.95	56.61	63.69	76.83
	总产值	534.68	419.89	387.52	428.80	536.01	537.14	587.09	——
菠萝	种植面积	35 200	33 610	35 384	34 857	35 724	34 052	34 642	36 658
	单产	146 248	157 890	162 821	167 863	165 563	169 799	160 329	168 569
	总产出	51.48	53.07	57.61	58.51	59.15	57.82	55.54	61.79
	总产值	137.66	160.26	171.26	187.00	204.36	200.02	223.15	——
西瓜	种植面积	31 760	35 172	50 530	54 646	51 971	49 293	50 031	50 956
	单产	165 860	192 975	220 789	212 743	210 887	220 005	220 393	220 027
	总产出	52.68	67.87	111.56	116.26	109.60	108.45	110.27	112.12
	总产值	126.43	178.54	301.66	312.22	307.95	282.04	301.99	——

数据来源：联合国粮食及农业组织。

表 5-5 反映了近十年越南的主要水果的生产情况。从数据反映的情况看，越南主要水果的种植面积、单位产出以及总体产出和产值呈现上升的趋势。这说明近十年来，越南的水果种植业发展较快，为越南的经济增长做出了很大贡献。

水果的经济价值要普遍高于传统的农作物，所以更多的农户选择种植水果来获得更高的经济收入。根据商务部公布的数据显示，2017 年越南的水果和蔬菜出口额达到 34.5 亿美元，相比于 2016 年，增长了 40.6%，越南的水果出口增速已经成为越南农产品出口中增速最快的项目。

根据《越南农业全国发展总体规划》，2016—2020 年越南的水果出口将会达到 40 万～60 万吨。由于越南水果的质量较好，所以在国际市场上，受到买家的欢迎。越南的水果已经在中国、日本、美国这些对进口产品有着高要求的国家占据了一定的市场，并且在积极开拓新的市场。

当然由于受制于技术落后，越南的水果在加工制造以及出口方面也面临着一些问题的困扰。根据《越南农业发展总体规划》显示，越南的水果在采摘、运输、保存过程中的损失率达到 20% 甚至更高，这对于越南的农业发展来说是一种巨大的损失。越南在蔬果加工方面也存在着严重的产能不足的问题，越南国内的水果加工基地数量不足，产能不够，使得许多水果需要运往国外进行加工制造，在这一过程中，将会造成一些不必要的损失。同时，越南水果的加工单一，包装不够精美，导致其在国际市场上的竞争力受到打压。此外，技术问题也是困扰越南农业发展的一个巨大障碍，因为技术落后，在某些标准上无法与现行的国际标准接轨，导致越南在产品质量的把控上还不够严格，对出口产生了不利的影响。

5.1.3.5　畜牧养殖业

越南的畜牧养殖业在越南的农业生产中也占据了十分重要的地位，随着越南经济社会的不断发展，人民生活水平不断提高，人们对于肉类制品的需求也不断上升，可以预见的是越南的相关产业将会步入发展的快车道。在越南养殖品种中，既包括了水牛、黄牛、猪和鸡等常见的品种，同时还有麋鹿、山羊、鸵鸟和蜜蜂等具有特色的品种。

表 5 - 6　越南养殖业产量情况

单位：万头

年份	2000	2005	2010	2015	2016
水牛	289.72	292.22	287.70	252.40	251.94
黄牛	412.79	554.07	126.78	536.72	549.66
羊	54.39	131.41	2 705.60	188.52	—
猪	2 019.38	2 743.50	32.26	2 775.07	2 907.53
家禽	196.10	219.90	300.50	341.90	361.70

数据来源：越南国家统计总局。

从表5-6可以看出，越南的养殖业发展一直保持着良好的势头，不难发现越南的养殖业发展正处在快车道上。各类主要牲畜养殖的数量均创下历史新高。2016年越南的水牛头数为251.94万头，黄牛为549.66万头，生猪达到了2 907.53万头，家禽达到了361.7万只。通过分析产量数据，我们发现在越南的养殖业中，家禽和生猪占到了很大的比重。

图5-12反映的是越南养殖业后续加工情况。2016年越南的猪肉产量达366.46万吨，但是由于越南国内对于相关产品需求增长速度超过了国内供应增长速度，尽管产量迅速增长，依然需要进口部分产品来满足国内需求。目前越南已经成为世界上对于肉类需求增长最快的六个国家之一。越南的生猪也有不少用于出口，主要是以边口贸易的方式出口到中国。

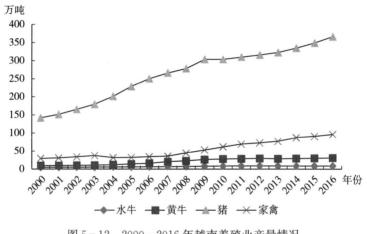

图5-12　2000—2016年越南养殖业产量情况

数据来源：越南国家统计总局。

尽管越南的畜牧业发展有着巨大的机遇，但养殖业也和其他行业一样面临着一些挑战。越南的养殖业技术水平不够高，对于国外的先进技术有着很强的依赖性，许多设备和技术都需要从国外进口，使得养殖的成本大大提高。不过越南加入WTO为其获得国际技术支持提供了便利。根据相关的报告显示，越南的养殖业主要面临着如下困境：①缺少优质疫苗；②养殖过于分散，没有形成规模化；③饲料成本过高，由于越南国内的饲料生产能力不足，依赖进口，导致成本过高；④养殖业的技术落后，制约了养殖业的发展。

5.1.3.6　水产业

越南的水产业也是越南农业中的重要组成部分，由于越南境内河流众多，海岸线漫长，发展水产业的自然条件十分优越。越南水产养殖的品种主要为鱼和虾，九龙江平原地区是越南水产养殖较为集中的区域。经过多年的发展，越南的水产业初具规模，中国、美国、欧盟已经成为越南水产品的出口市场。从表 5-7 看，越南的水产业在近年来有向好的发展趋势，水产养殖的面积和产量逐年提升，2017 年水产养殖面积达 115 万公顷，产量高达 383.57 万吨。在水产养殖快速发展的同时，海洋捕捞产量也在逐年稳步提升，尽管捕捞产量已被水产养殖超过，但考虑到越南漫长的海岸线，海洋捕捞仍然具有很大的增长空间。

表 5-7　越南水产业发展情况

单位：万吨，万公顷

年份	1995	2000	2005	2010	2015	2017
海洋捕捞	119.53	166.09	198.79	241.44	304.99	338.93
水产养殖	38.91	59.00	147.89	272.83	353.22	383.57
养殖面积	—	64.19	95.26	105.26	105.73	115.02

数据来源：越南国家统计总局。

从商务部公布的数据来看，水产业是越南生产效率较低的行业之一，这意味着在未来水产业还具有很大的提升空间。在水产养殖方面，由于缺乏统一规划，养殖区域较为分散，导致一些地区生产无法集约化，而一些地区养殖密度过大，导致了巨大的环境污染；同时，越南的生物技术较为落后，无法为农户提供抗病能力强的品种，养殖过程中由于病害造成的大量死亡。

在海洋捕捞方面，越南虽然起步较早，并取得了一些发展，但是由于种种不利因素，导致其发展速度偏慢。比如，越南缺乏先进的捕捞装备，无法进行远洋捕捞，这大大限制了越南对远洋水产资源的开发。同时老旧的装备耗能比较大，一旦国际油价上涨，将会导致捕捞成本大大提高，从而降低经济效益。

5.1.4　越南的农业发展机遇

虽然越南的农业发展面临着许多不利的因素（例如，加工技术较落后、深加工能力有限、生产规模较小、高价值农产品比重不高），但是越南农业在未来依然将保持积极向上的发展势头。越南种植业比较发达，大米、咖啡、橡胶、胡椒、腰果等农产品出口占比较大，其中越南是世界第二大米出口国、世界第二咖啡出口国。越南的橡胶种植面积超过 80 万公顷，橡胶产业是越南的第二大出口创汇产业，中国是越南橡胶及其制品主要进口国。另外，越南的热带水果较多，越南产的香蕉、菠萝、芒果、荔枝、龙眼、椰子、榴莲、青龙果、杨桃、槟榔、柑橘、柚子等具有较强市场竞争力。2019 年 1 月《跨太平洋伙伴关系全面及进步协定》(CPTPP) 生效，越南作为协定成员之一获得了发展机会，日本等大规模、高附加值市场将为越南农业可持续发展创造机会。

根据越南农业与农村发展部公布的《越南农业全国发展总体规划（至 2020 年及 2030 年前瞻)》，到 2020 年越南将会建成现代化、基础稳固且全面发展的农业，到 2030 年越南将进入全球 15 大农业发达国家行列。由此可以预见，未来越南会提高劳动力、土地以及农业资金的使用效率，减少一些不必要的损失。由于受到劳动力以及市场价格等因素的影响，越南的农业生产结构必然要进行调整，水稻的产量将有所下降，玉米等饲料作物增速也会放缓，部分经济效益更高的作物产量将会增长更快。同时，考虑到越南的经济增长，人们收入水平提高，而越南消费者的食品消费水平与发达国家存在较大差距，消费者对于高附加值产品的需求将会提升，未来越南农产品加工制造业发展态势较好。

2014 年越南政府在农业领域开展 PPP 模式以及决定加入 TPP 协议，这都为越南农业发展带来了更大的机遇，与此同时，也带来巨大挑战，需要越南农业按照更高的标准和要求去发展，进行相应的转型，同时在国内外两个市场上也将面临更加激烈的竞争。2015 年越南与中国农业部签署了农业合作备忘录，推动两国在农业领域进一步加强合作，具体包括良种培育、农作物疾病防控、农业机械生产、农产品加工，这些方面恰恰是越南农业生产中的短板，中越农业合作可以进一步消除农业生产中的短板。

5.2 越南的营商环境和投资促进政策

5.2.1 越南的营商环境

5.2.1.1 越南营商便利度

根据世界银行最新发布的《2019 年营商环境报告》，可以对越南的相关数据做一个对比分析，从而可以清晰地了解到在过去一年越南国内营商环境发生的变化并探索导致变化发生的原因。2019 年越南营商环境便利得分为 68.33，较上一年的 66.77 分有了不小的进步，也高于东盟平均 64.5 分的水准，世界排名是 69 位，在东盟排名第 4 位，排在越南之前的是泰国、新加坡和文莱。

图 5-13 显示了 2019 年越南营商环境各项指标得分，下文将对各项具体指标进行说明并将其与之前的年份进行对比。

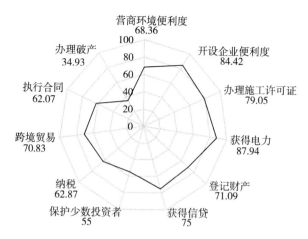

图 5 - 13　2019 年越南营商环境指标评分

数据来源：世界银行营商环境数据库。

5.2.1.2　创设企业便利度

创设企业便利度是由多个小指标进行加权平均得出的数据，主要是通过测算男性和女性开办有限责任公司手续、时间、成本和最低实缴资本得出。2019 年越南这一指标的得分为 84.42，而 2018 年的得分是 82.02，取得了一定进步。在这一指标上，越南的表现也超过了东南亚地区 79.43 的平均水平，世界排名为 104 位，在东盟排名 4 位。

办理施工许可证的便利度是利用完成仓库建造的所有手续、时间和费用，以及施工许可证制度中的质量控制和安全机制等指标计算得出的。2019 年越南这一项指标的得分是 79.05 分，世界排名 21，排名相对靠前。而东盟平均得分为 69.64 分，越南大幅度领先东盟的平均水平，在东盟排名第二，仅仅落后于新加坡（表 5 - 8）。

表 5 - 8　创立企业便利程度

指　　　标	2012 年	2014 年	2016 年	2018 年
企业注册的启动程序（数量）	9	9	9	8
创办企业所需时间（天）	32	34	24	17
开办企业流程的成本（占人均 GNI 百分比）	8.8	5.3	4.6	5.9
注册资产所需时间（天）	57.5	57.5	57.5	53.5

数据来源：世界银行《2019 年世界营商环境报告》。

5.2.1.3 基础设施完善度

1. 电力获得

通过计算连接电网的手续、时间和成本，电力供应的可靠性以及电费的透明度，可得出电力获得指标的数值。2019 年越南这一项的得分为 87.94 分，较 2018 年的 78.06 分有了大幅度的上升，在世界范围内排在第 27 位。这一得分也明显高于东南亚地区 78.19 分的平均水平，在东盟排名第三，高于越南的是泰国和新加坡（表 5-9）。

表 5-9　越南电力供应状况

指　　　标	2013 年	2014 年	2015 年	2016 年	2017 年
通电率（％）	99.8	99.2	100	100	100
通电所需时间（天数）	115	115	49	46	46
通电延误（天数）	—	—	18.5	—	—
电力中断导致的价值损失（占销售额比例，％）	—	—	2.2	—	—
经历断电公司对比例（％）	—	—	26.3	—	—

数据来源：世界银行《2019 年世界营商环境报告》。

2. 信贷资金获得容易程度

信贷资金获得容易程度指标主要是通过计算动产抵押法律和信息系统、信用局覆盖率和信贷机构覆盖率这些指标的基础上得出的。2019 年越南在这一项目的得分为 75 分，和 2018 年持平，世界排名是第 32 位，同年东盟平均得分是 60.56 分，越南在东盟排名居于第四。

3. 物流基础设施

物流对于一国经济发展具有十分重要的作用，良好的物流基础设施建设可以有效降低企业的经营成本，提高总体经济效率。近年来，随着越南政府对于基础设施建设投入不断增多，越南国内的物流便利程度不断提高，各项指标得分总体上呈现出上升态势，为国内外企业提供了更好的经营环境（表 5-10）。

表 5-10　物流绩效指数（1＝低，5＝高）

指　　　标	2012 年	2014 年	2016 年
追踪查询货物的能力	3.16	3.19	2.84
货物在预定时间内到达率	3.64	3.49	3.50
综合分数	3.00	3.15	2.98

（续）

指　　标	2012 年	2014 年	2016 年
物流服务能力和质量	2.68	3.09	2.88
安排价格具有竞争力的货运的难易度	3.14	3.22	3.12
贸易和运输基础设施质量	2.68	3.11	2.70
清关程序的效率	2.65	2.81	2.75

数据来源：世界银行《2019 年世界营商环境报告》。

5.2.1.4　财产保护程度

1. 登记财产

登记财产指标是通过计算办理土地转让的手续、时间和费用、男性和女性在土地管理制度方面的质量、设施可靠性、土地覆盖指数以及信息透明度得出的。2019 年越南的得分是 71.19 分，较前一年的 70.61 分有了小幅增长，也好于东盟 62.98 分的平均水平，在东盟排名第二，仅落后于新加坡。

2. 保护少数投资者

保护少数投资者指标是通过测算披露指数、股东权利指数、股东诉讼便利指数、股东治理指数以及保护少数投资者力度指数的基础上得出的。2019 年越南保护少数投资者指标的得分为 55 分，与前一年保持持平，高于东盟的54.25 分的平均水准，全球排名是第 89 位，在东盟位于中游水平。

5.2.1.5　贸易便利度

1. 国内税负

国内税负指标主要是通过计算公司在遵守税收法规的经营过程中的缴税次数、时间、税款总额和保税后流程以及总税率的基础上得出的。2019 年越南得分是 62.87 分，相比于 2018 年的 61.12 分有了小幅增长，但落后于东盟69.50 分的平均水平，世界排名为 131 位，在东盟内的排名第 8 位，仅高于老挝和柬埔寨，排名相对靠后（表 5 - 11）。

表 5 - 11　越南税负水平

指　　标	2012 年	2014 年	2016 年	2018 年
总税率（占商业利润的百分比）	35.3	40.8	39.4	37.8
利润税（占商业利润的百分比）	12.4	17	14.4	13.2
纳税项（数量）	44	45	31	10

（续）

指　　标	2012 年	2014 年	2016 年	2018 年
其他应缴税种（占商业利润百分比）	0.3	0.2	0.1	0.1
企业与税务官员见面的平均次数	—	1.9	—	1.3
劳动税和缴费（占商业利润的百分比）	22.6	23.7	24.8	24.5
在与税务官会面时被期待送礼的企业（占企业的百分比）	—	25	—	22
筹纳税所需时间（小时）	872	872	540	498

数据来源：世界银行《2019 年世界营商环境报告》。

2. 跨境贸易的关税水平

跨境贸易的关税水平指标是利用进出口优势产品所耗费的时间、费用这一系列的指标集的基础上计算得出的。2019 年越南在这一项的得分是 70.83 分，与前一年的得分相同，与东盟的 70.44 分基本相同，全球范围内排在第 100 位，在东盟内部排在第 4 位，处于中间水平（表 5 - 12）。

表 5 - 12　越南商品出口享受对平均关税水平

指　　标	2013 年	2014 年	2015 年	2016 年	2017 年
所有产品最惠国加权平均税率（%）	5.37	5.42	5.76	5.75	5.88
所有产品加权平均适用税率（%）	3.54	3.43	3.14	2.86	2.69
关税表中达到国际最高关税税率的产品比例（%）	20.71	20.88	19.97	20.87	20.95
工业产品最惠国加权平均税率（%）	5.23	5.14	5.28	5.43	—
工业产品加权平均适用税率（%）	3.35	3.14	2.70	2.56	—
实行从量关税的工业产品比例（%）	0.54	0.58	0.51	0.52	—
工业产品最惠国简单平均税率（%）	8.62	8.70	8.69	8.74	—
工业产品简单平均适用税率（%）	6.50	6.43	6.03	6.14	—
达到国际最高关税税率的工业产品比例（%）	19.60	19.52	18.78	19.74	—

数据来源：世界银行《2019 年世界营商环境报告》。

5.2.1.6　合同执行力

1. 执行合同

执行合同指标是通过计算解决商业纠纷所需的时间和成本以及男性和女性在履行司法程序方面的质量等相关指标集的基础上得出的。2019 年越南得分为 62.07 分，相较于 2018 年的 60.22 分有了小幅度的增长，大幅度领先于东盟 50.88 分的平均水平，世界排名第 62 位，在东盟排名为第 3 位。

2. 办理破产

办理破产指标是在测算商业破产所需的时间、成本、结果和回收率以及破产法律框架的力度的基础上得出的。2019 年越南在办理破产上的得分为 34.93分，与上一年的 35.16 分相比，有了微小的退步，远远落后于东盟平均 48 分的水平，全球范围内排在第 133 位，在东盟排在第 8 位，越南在这一项上表现与其他东南亚国家存在较大差距，仅仅好于缅甸和老挝。

5.2.1.7　越南营商环境总体评价

从总的营商环境便利度以及各个相应指标的得分来看，越南的营商环境正在不断改善，并且在整个东盟的竞争力也在不断提升。根据世界银行提供的相关信息，2018 年越南在税收、开办企业和执行合同这三个方面做了较大的改革，并且取得了不错的成果。

1. 开办企业方面

越南主要是通过线上的方式来报批开办企业所需的流程并且减少了企业注册所需的成本。这一做法，大大缩减了开办企业所需的费用、时间，为企业节省了成本，增加了对企业投资的吸引力。

2. 税收方面

越南推出了一系列的措施。比如越南不再要求提交增值税申报的单据，还允许企业同时缴纳营业执照税和增值税，使得企业缴税变得更加便利。同时，越南还降低企业雇主向劳动基金的支付来减少企业的税收负担。虽然越南采取了一些措施并且取得了一些进步，但总体来看，越南在税收方面依然有很多需要改进之处。

3. 执行劳动合同方面

越南采取了积极的措施提高执行劳动合同的效率，主要的做法是通过将越南各级法院对商业案件的判决公布在网上，使公众可以通过网络来获取相关的结果，使得执行合同更为方便。

4. 基础设施建设方面

越南在其他领域同样也采取了相关措施，从而提高了越南整体的营商便利度。经过长期的发展，越南的总体营商环境已经取得了十分明显的进步，多项指标在东南亚地区名列前茅，尤其是在基础设施建设领域。近年来，越南政府在基础设施建设方面投入了大量资金，逐渐改变了过去基础设施落后的面貌，增加对外资的吸引力。过去越南的电力总是供不应求，目前越南国内的发电量已经能够基本满足生产经营和民众生活的需要。

5. 交通运输方面

预计到 2020 年，越南政府将会投入 1 300 亿美元用于道路交通的建设，完成现有铁路改造达到国家一级标准。越南也将加快国内高速路网的建设，形成完善的高速路网，并将国内重要的经济中心，运输量大的重要交通枢纽连接起来。为满足国内发展的需要，越南预计建设总长度为 6 313 千米的 21 条高速公路。在水路运输方面，越南计划加快建设国际港口，提高海运能力。

随着国内营商环境的不断改善，越南与发达经济体的差距在不断缩小，同时越南国内经济的快速增长将带来人民收入的增长，市场的潜力没有得到充分的释放。在这些种种利好因素的刺激之下，越南将会掀起新一轮的国际投资浪潮，成为各方资本追逐的宠儿。预计在未来，将有更多的跨国公司将目光聚焦在越南，更多的国际企业用合适的方式对越南进行投资，从越南经济发展中获取相应的利益。

5.2.2 外国投资促进政策

5.2.2.1 越南投资促进政策革新

1986 年初越南启动了一系列的革新政策，逐渐打破了过去国内封闭的状态，积极参与到全球化的大潮中。在过去几十年的时间中，越南经济社会发生了巨大的变化，在经济建设方面取得了举世瞩目的成就，越南 GDP 不断增长。2018 年越南的 GDP 总量达到了 2 425 亿美元，增速达到 7.08%，这一增速超过了同年中国的 GDP 增速，同时越南的人均 GDP 达到了 2 500 美元，大约相当于中国大陆 2007 年的水平。越南通过经济体制改革，将越南经济从过去的中央计划经济转变为完全市场经济，从单一国家经济发展成为多部门经济，越南将这一模式称为"社会主义市场经济"。经济的快速发展进一步消除了越南国内的贫困现象，并取得了举世瞩目的成就。

多年以来，越南采用的是由共产党统一领导的方式，相较于东南亚的其他国家，越南国内的政治环境比较稳定。同时越南政府也一直致力于为外国投资者创造一个更为理想的投资环境，在经济社会发展中不断完善相关的法律法规，以此吸引更多的投资者。在越南加入 WTO 之前，越南政府就对国内相关的法律条款进行了修改，尤其是对《投资法》《企业法》《劳动法》《证券法》《土地法》和《知识产权法》这些外国投资者较为关注的法律进行修改。在加人 WTO 之后，越南政府根据对 WTO 的承诺，颁布了一系列的法律法规，完善基本的框架，包括放宽对外国投资者的限制、缩短相关程序的实施时间、加强对知识产权的保护力度以及承认外国人对土地的使用权等。越南政府用实际的行动，为外国投资者创造了一个更加理想的投资环境，使得越南对国外投资者的吸引力不断增强。

越南稳定的政治环境有利于进一步推动和完善社会主义市场经济条件下的多元市场经济，同时越南政府也致力于调整相关的政策法规，打造一个更加自由的营商环境，提升越南在同地区国家中的竞争力。越南政府的努力也得到了回报，近年来越南成为了国外投资者的宠儿，对世界各国的投资者都具有很强的吸引力。《外国直接投资情报》年度报告显示，越南在 2015 年和 2016 年连续两年，位居绿地投资①指数的一流水平，大幅度领先于同类型的新兴经济体国家。

近年来，越南政府逐步调整政策，促进农业投资便利化，鼓励农业产业升级。2018 年越南农业与农村发展部启动行政体制改革，改善投资经营环境，越南农业与农村发展部将对 508 条行政手续进行审查、简化或取消；该部也对 345 个投资经营条件进行审查，将取消或修改部分投资经营条件；并简化专业检查行政手续；降低植物保护和检疫法规定的 24 小时的行政审批手续时间（拟降为陆路、航空 4 小时，海运 10 小时）。

2018 年 5 月越南政府颁布了鼓励投资农业领域的第 57 号政府议定，期望该政策撬动新一轮农业投资。新的鼓励投资农业的政策与原有政策相比，有三个方面的变化：一是新的主要优惠机制将从资金扶持转变为政策扶持；二是优先直接扶持企业进行农业科学研究、采购转让先进技术直接投入生产，扶持企业发展高科技农业园，扶持企业参与"生产—加工—销售"供应链；三是集中推进行政改革，确保政策公开透明，废除"等、靠、要"旧机制，最大限度减少对企业的检查审查。

越南政府的"57 号议定"还规定，属于鼓励投资农业农村类的项目将无需办理投资许可手续，该手续将由目录机关办理并提交省级人民政府审批。该议定规定，上述项目投入生产经营前，地方政府机关不得以任何形式对项目进行清查、检查和审计，除非另有法律规定或有明显违法行为。"57 号议定"要

---

① 绿地投资又称创建投资，是指跨国公司等投资主体在东道国境内，依照东道国的法律设置的部分或全部资产所有权归外国投资者所有的企业。

求地方政府不得在项目有效期内改变土地使用目的，以避免过去许多农业项目刚摆脱亏损期步入收获阶段时，当地政府改变用地目的或收回土地。越南政府的新农业政策促进了投资便利化，有望撬动新一轮农业投资。

5.2.2.2 税收政策

1. 税收政策概况

越南的税收是由越南财政部进行统一管理，越南财政部发布税务法律法规的指导。越南实行属地税法，建立了以所得税和增值税为核心的税收体系。越南的《投资法》规定，对于外国投资企业和越南国内企业采用统一的税收标准，对于不同领域的项目实施不同的税率和不同的减免期限。

越南是一个以间接税为主的国家，现行的税种中的主要税种有：企业所得税、个人所得税、增值税、特别销售税、社会保障税、健康保险、进出口关税、生产特许权使用费、财产税和预提税。

2. 纳税程序

主要税赋纳税时间和手续印花税一般在营业执照颁发的当月底到颁发属地按照相关规定进行填写申报并且缴纳，缴纳的周期为一年，缴纳的时间最多不能超过规定的 30 天；增值税一般应该在每月的月底之前最迟不能超过下个月 10 号，按照越南税务总局的"第 01A/GT-GT 号模板"进行填写；企业所得税应在每年的 1 月 25 日最迟不能超过 2 月 5 号，按照越南税务总局"第 02A/TNDN 号模板"进行填写；而个人所得税是由相关企业到所在辖区的税务机关办理相关的填报手续，并且在次月 20 号之前按越南税务总局"第 05A/BK-TNCN 号模板"进行填报。

3. 主要税种和税率

1) 企业所得税（CIT）。

① 纳税人。企业所得税的纳税人分为居民企业和非居民企业。越南的企业所得税法对常设机构作了固定。外国投资者在越南投资就必须获得相关机构的批准并且取得营业执照，而取得企业所得税纳税人身份是获得批准的相关手续之一。居民纳税人身份与外汇管制以及税收协定相关。

② 征收对象及税率。依照《投资法》《石油法》和《信贷机构法》在越南国内进行经营的外国企业必须严格遵守《企业所得税法》规定的税率，即 20% 的标准税率进行纳税。按照居民企业和非居民企业采用不同的征收方法，对于居民企业，其需要对其来源于全球范围内的经营缴纳所得税，而对于非居民企业则只要对来源于越南境内的经营进行缴纳。

目前，外商投资企业、国内企业、外国企业分支机构以及不受《外国投资法》管辖的外国承包商使用标准的企业所得税，税率为 22％（2014 年 1 月 1 日起）。建设—经营—移交（BOT）企业的标准税率为 10％。从 2014 年 1 月 1 日起，越南的企业所得税从 25％下降到 22％，这一调整对于外资的吸引力将会大大增加；从 2016 年起，税率继续下调，下降至 20％，原来的优惠税率则从 20％下降到了 17％。除此之外，从 2015 年 7 月 1 日起，对从业人员在 200 名以下的，年营业额在 200 亿越南盾之内的企业适用 20％的普通税率，而对于那些从事经济适用房投资的企业的经济适用房销售、出租的收入征收 10％的税率。

国内外石油企业、天然气企业的标准税率为 50％，优惠税率为 32％。对于部分符合政府政策规定的税收政策鼓励的外资企业和越南国内企业，采用优惠税率，优惠税率分别为 10％、15％和 17％。

③ 应缴纳所得税额计算、存货估价。对于存货估价，目前并没有专门的规定。存货的处理就按照相关的会计方法进行处理，遵循《越南会计标准》。

资本收益：资本投入所获得的收益按相关规定缴纳税款。根据资产的属性，某些销售收入应该缴纳增值税。外国投资者转让在越南注册公司的权益所获得的利润，应该按照 25％的税率进行纳税。

折旧的扣除：从 2014 年 1 月 1 日起，税收折旧应该与会计折旧进行区别。在计算企业所得税时，超过规定折旧率的部分不能够扣除所得税。对于各类资产（包括无形资产）规定了最长和最短使用年限。一般采用直线折旧法进行计算，当然，在某些特殊情况下，可以采用双倍余额递减折旧法和生产折旧法进行计算。

2）个人所得税（PIT）。

① 纳税人。个人所得税纳税人是指在越南境内外发生纳税所得的居民，或者在越南境内产生纳税所得额的非居民个人。居民是指那些居住于越南，并且一年在云南停留 183 天及以上，或者自首次到达之日起居留于越南超过 12 个月，或那些享有越南永久居留权的人。无论这些人在何地获得这些应税收入，全世界范围内的纳税人都需要缴纳越南的个人所得税，并且是按累进税率进行纳税。对于非居民纳税人，则是指那些在越南工作和居住不满 183 天的纳税人，按照单一税率进行纳税。

② 征收对象及税率。对于居民纳税人，其应该就来源于全球范围内的收入进行纳税，而对于非居民纳税人则只要对其在越南境内获得的收入进行纳

税，第一年适用的是 25% 的税率，以后各年度适用于外国居民应征税率。对于与越南签订避免双重征税协定的国家，其居民如果属于越南非居民纳税人并且满足一定的条件，则可以免缴纳个人所得税。

表 5-13，表 5-14 反映了越南各类收入具体的所得税的税率，这其中涉及的内容十分复杂，而且越南的税率也有可能随着越南法律的修改和政府政策的变动而进行调整，因此外国企业在进入越南投资之前，应当寻求专业的税务团队进行咨询。

表 5-13　居民常规收入税率

年度应税收入（100 万越南盾）	每月应税收入（100 万越南盾）	企业所得税税率（%）
0～60	0～5	5
60～120	5～10	10
120～216	10～18	15
216～384	18～32	20
384～624	32～52	25
624～960	52～80	30
高于 960	高于 80	35

数据来源：《中国企业赴菲律宾、韩国和越南投资法律研究》。

表 5-14　居民非常规收入税率

应税收入种类	企业所得税税率（%）
利息/股利	5
资本转让	20
证券转让	0.1
房地产转让	2
著作权收益	5
特许经营收益/特许权使用权	5
获奖所得	10
遗产/赠与收入	10

数据来源：《中国企业赴菲律宾、韩国和越南投资法律研究》。

3）增值税（VAT）。对于商品和服务的增值金额征税。按照越南有关法律规定，在越南设立的内资和外资营利性机构都应该按照规定缴纳增值税。自 2014 年 1 月 1 日起，根据商品和服务的种类，增值税税率适用 5% 和 10%

（标准税率）两种税率。5％主要适用于必需品，10％则适用于大多数类型的商品和服务的标准增值税率。对于加工制造业产品出口和劳务出口，则免征增值税，而进口环节增值税优惠政策从2004年起被取消。新修订的增值税法、特别消费税和税收管理法（第106/2 016/QH13号法）于2016年7月1日生效。新法取消了超过12个月或者四季度后仍可申请增值税退税的规定。其次，对于新设投资项目如果未按照规定注资或纳税人未能满足所附条件经营的业务要求，不允许纳税人在项目试运行期间申请增值税退税。

4）印花税。这是对各种性质企业每年必须征收的费用，以企业注册的资金作为依据。注册资金在100亿越南盾（约50万美元）以上征收300万越南盾（约150美元）；50亿～100亿越南盾（约25万～50万美元）征收200万越南盾（约100美元）；20亿～50亿越南盾（约10万～25万美元）征收150万越南盾（约75美元）；20亿越南盾（约10万美元）以下征收100万越南盾（约合50美元）。对于新成立的企业在上半年完成税务登记并获得税号将按照全年征收印花税，下半年获得则按照50％标准进行缴纳。

5）外国承包商税（FCT）预提税。外国承包商税适用于对于外国当事人的某些付款，包括利息、特许使用费、服务费、租赁、保险、证券和在越南境内提供的或与在越南提供的服务相关的货物的征税。

外国承包商税包括浮动比例的企业所得税和增值税成分，也包括外国人的基于报酬所缴纳的个人所得税。

如果主合同或者分包合同包括各种业务活动，则应在合同中规定企业所得税费率对外国承包商或者外国分包商所进行的某项业务活动的适用。若是每家企业的业务活动价值不能分离，则将合同所涉及的最高的企业所得税税率适用于对全部整个合同价值的征税。

6）关税。

① 关税体系。越南现行的关税制度包括四种：普通税率、最惠国税率、东盟自由贸易区税率以及中国—东盟自由贸易区优惠税率。

普通税率比最惠国税率高50％，这一税率主要适用于未与越南建立正常贸易伙伴关系国家的产品进口。原产于中国的商品享受中国—东盟自由贸易区税率。根据中国—东盟自由贸易区的货物贸易协定，从2011年开始越南将对从中国进口的商品每两年削减一次进口关税，从2015年起，除部分特殊产品之外，越南对从中国进口的大约95％的产品征收零关税。除此之外，越南还和一些国家签订了自由贸易协定（FTA），如澳大利亚、新西兰、日本和韩国，越南对从这些国家进口的产品采用优惠税率。

2016 年 9 月 1 日越南实行新的进出口关税法。在此之前，进口税免征适用于委托生产加工合同项下复出口的进口产品。但根据新的法律法规，该类免税政策扩大适用到在一般购销合同项下复出口的进口产品。这一政策取代了购销合同项下 275 天内必须加工成成品复出口的要求。

从自身利益出发，越南也有反倾销税、反补贴税和自卫税。在 2016 年越南出台的最新的《进出口关税法》，规定了反倾销税适用的条件：在越南倾销的货物和倾销幅度必须达到一定条件；倾销货物对越南国内产业造成了实质性危害或者妨碍了越南国内相关产业的发展。

② 关税税率。对于越南各类产品的进出口关税具体数值可以在越南的海关总局进行查询。除了天然橡胶、宝石、海产品、沙石、半成品或成品木材这五类产品之外，其他产品的出口都不需要缴纳关税。出口的关税税率大概在 0～40% 之间（表 5 - 15）。

表 5 - 15　越南部分产品进口关税

商品名称	税率	商品名称	税率
香烟原料	30%	纺织原料	5%～12%
皮革原料	0～10%	成衣	5%～20%
皮革制品	0～28%	鞋	5%～32%
木材原料	0～5%	玻璃	0～40%
面粉	15%	钢材	0～32%
煤炭	0～3%	内燃机	3%～25%
纸张	5%～25%	汽车	70%

数据来源：《澜湄五国农业投资合作机遇与实务指南》。

5.2.2.3　土地政策

越南政府在对待外资的土地使用权上做了以下主要的规定：外资企业或者合作企业在越南境内使用土地、水面和海面必须缴纳租金。外资企业可以以土地和土地使用权作为抵押向有关信贷机构进行贷款，并且对用土地和土地使用权作为抵押的条件和有关手续做了规定。同时也对给予优惠的领域做了相关说明，分别为：生产出口商品领域；使用现代技术、保护生态环境和投资于研究和发展领域；使用密集劳动力、原料加工和有效利用越南自然资源的领域；基础设施建设和重要工业生产领域。

1. 越南《土地法》的主要内容

越南在 1987 年出台了首部《土地法》，1993 年出台了第二部《土地法》，在 1998 年对第二部《土地法》进行了修改和补充，在 2001 年又进行了修改和补充。2003 年颁布了第三部《土地法》。最新的一部《土地法》出台日期是 2013 年 11 月 29 日。越南现行的土地法对土地所有权做了明确的规定，在越南土地所有权属于国家，不承认私人对土地的所有权，但是集体或者个人享有对土地的使用权。土地由国家进行统一管理，并由国家制定土地使用的相关规章制度，明确规定了土地使用者的权利和义务。土地使用期限可以分为长期稳定使用和有限期使用两种情况，对于有限期使用的土地，其使用期分为 5 年、20 年、70 年以及 90 年不等。

土地使用者的基本权利如下：①获得土地使用权的相关证明；②依法享有在自己使用的土地上的劳动成果和投资成果；③享有国家对农业用地采取保护和改造措施而带来的利益；④国家指导帮助改造农用地，增加地力；⑤当自己合法的土地使用权受到侵犯时，国家予以保护；⑥对于侵犯自己合法使用权的行为可进行起诉、控告；⑦在土地出让、转让、出租、再出租、继承、赠送、抵押、担保、投资以及国家收回土地时，享有获得补偿的权利；⑧享有土地分配、租用形式上的选择权。

公民、家庭用户的土地使用权是一项重要的财产权利，可以和其他的财产权利一样进行交换、转让、抵押和继承等转移，同时土地使用权的转移必须经过国家相关主管部门的登记，并且办理相关的手续。土地使用权的转让主要通过交换、买卖、租赁或者抵押的方式进行，且需要按照有关规定缴纳土地使用权转让税。

2. 土地使用权的转让

在越南没有买卖农田的情形，只存在政府将土地的使用权转让给个人或者相关组织，或者是土地使用权在个人和组织之间进行转让。2013 年《土地法》没有就转让农业用地使用权规定强制投标或事前批准程序，但是该法设立了一些转让条件，如果政府将土地租借给个人或者组织需要以下列条件作为依据：①有政府部门批准的年度区级土地使用计划；②投资项目文件或者土地分配和租赁的申请中所显示的土地使用需求。

如果土地使用权是在个人和机构之间进行转让，则需要满足如下条件：①土地使用权的出让方必须拥有土地使用权证书；②转让的土地不存在争议；③转让的土地使用权不存在作为判决执行担保的情形；④土地使用期限仍然有效（即在规定的土地使用期限之内）。

同时，《土地法》也明确规定了在一些情况下农业用地使用权转让的限制，例如 2013 年《土地法》第 191 条规定：①经济组织不得从家庭或者个人手中取得水稻田的使用权，除非有经过批准的土地使用总体规划，土地的使用途径已经发生变化；②不直接从事农产品生产的家庭或者个人，不能够接受水稻田的使用权的转让或者捐赠；③不居住在防护林、保护区和特殊用途林的生态恢复区的家庭或者个人，不能接受上述区域的土地使用权的转让或者捐赠。

从中可以看出，越南对粮食生产用地的使用权的转让有十分严格的规定，也反映出越南政府对于粮食生产安全的重视。

3. 外资企业获得土地的规定

按照越南 2013 年《土地法》规定，外资企业不能购买土地，只能按照相关规定租赁获得土地的使用权，使用期限一般为 50 年，在特殊情况下可以申请延期，但最长的期限不能超过 70 年。

外国在投资过程中需要进行土地租赁时，需要先和所在地的土地管理部门取得联系进行报备，然后办理土地租赁所需的相关手续。土地的租赁和交接根据土地法的相关规定进行办理。投资者在租赁土地时，当地的政府可以协助进行土地的征迁，但在征迁所需的费用则由投资者负责。投资者在获得土地的使用权之后，若是未在规定的时间内实施规定的项目，或者土地的使用内容与之前审批的内容不符合时，国家有权利收回土地使用权，并撤销其投资许可证。

《土地法》还规定，外资企业仅允许从国家获得土地的使用权，当地的土地使用权拥有者禁止向外资企业转让土地的使用权。同时，《土地法》还明确禁止通过支付年租金获得土地使用权的外资企业将土地的使用权转让给他人或者其他实体，以下情况例外；①从政府手中租用土地，并且一次性付清整个租赁期间全部租赁费用的企业；②为实施项目，在征收土地使用费的基础上分配土地的企业。

4. 外资参与农业投资合作的相关规定

越南不允许外国投资者获得农业用地的所有权，只能获得农业用地的使用权。在投资者与企业根据现行土地法有关出租方式，或者以土地入股共同经营达成协议的基础上，越南政府主动为外国投资者规划农产品原料产区，并以各种方式将土地使用权从农民手中转交给投资者。经营期限无统一规定，越南地方政府对辖区内每个具体项目长期土地使用加以确定，进入地方土地使用规划和计划。

为吸引农业投资，越南政府出台了一系列优惠政策：①对于在特别贫困地区、高科技农业区、"大农田"、原料集中产地、农业机械、盐业、水利灌溉、畜牧养殖、食品加工等地方和行业投资的项目，给予税收优惠；②在特别贫困地区投资种植、养殖和畜牧业的企业可以享受税收优惠；③对于使用高科技的农业企业在 15 年内减税 10％。2017 年 4 月越南计划投资部颁布了关于促进高科技农业发展优惠政策的相关政策，对于外国投资的高科技农业企业给予一定的支持，其需要满足的相关条件和标准是：种植类项目营业收入在 5 亿越南盾/（公顷·月）（约 2.2 万美元）以上；水产养殖类项目 10 亿越南盾/（公顷·月）（约 4.4 万美元）以上；占地规模 3 公顷以上；投资项目使用越南农业与农村发展部规定的高新技术。

2018 年 4 月越南政府颁布了鼓励投资农业领域的"第 57 号议定"。议定规定，属于鼓励类投资农业农村的项目将无需办理投资许可手续，该手续将由目录机关办理并提交省级人民政府审批。项目投入生产经营前，地方政府机关不得以任何形式对项目进行清查、检查和审计，除非另有法律规定或有明显违法行为。地方政府不得在项目有效期内改变土地使用目的。优惠类农业投资项目自国家批准土地和水域租用之日起 15 年内免征土地、水域租用费，其后7 年减半征收等。

5. 房地产

2014 年越南通过了新修订的《房地产业务法》和《住宅法》，新法在 2015年 7 月 1 日正式取代之前的《房地产业务法》和《住宅法》，法律修改最大的变化之处体现在对外国人在越南拥有房屋和公寓限制上的放宽，为他们在越南拥有房屋和公寓创造了更加有利的条件。

从整体上看，越南对外国人在越南境内拥有房产主要设置了以下条件：①允许进入越南的外国个人拥有商业项目的房屋或者公寓，其所有权期限最高为 50 年（可以延续）；②外国公司和相关机构（除从事房地产行业的企业外）可以在越南境内拥有商业项目中的房屋和公寓，供企业员工居住，但是其拥有的房屋和公寓不能够超过法律规定的上限；③外国投资者在越南投资的用于租赁的房屋和公寓，在所有权期限内可以拥有该建筑，建筑所有权期限为投资证书和土地使用权证书上载明的期限，一般不超过 50 年（期限可以延续）；④外国公司可以投资用于出售的房屋和公寓，可以自己拥有或者是向越南那些拥有购买资格的合格购买者出售或者租赁。

5.2.2.4 项目审批设立

1. 投资法律法规

越南的投资主要受到《投资法》的管辖，越南政府为了吸引外资，提升越南对于外国资金的吸引力以及满足国际经济一体化的要求，越南政府先后出台了多部投资法律，对外国企业在越南的投资做进一步的规范。2014 年 11 月 26 日越南第十三届国会第八次会议于通过了 2014 年《投资法》，并于 2015 年 7 月 1 日开始正式实施，之前的 59/2 005/QH11 号《投资法》停止实施。除了这部新的《投资法》，在越南的投资还会受到越南政府颁布的其他投资法令的管辖。

2. 投资主管部门

在越南最近颁布的 2014 年《投资法》中规定，政府实施统一的国家投资管理，主管部门是政府的计划投资部，其下设有 31 个司局和研究院，主要负责对全国的"计划和投资"进行管理，为制定全国经济社会发展规划和经济管理政策提供综合参考，负责管理国内外投资、工业区和出口加工区建设、部分项目的招投标、各个经济区、企业、集体经济和合作社的成立和发展，以及部分统计职责。除此之外，各部委及同级机构应该与计划投资部协调起草有关的投资法律或政策，同时监督、评估对投资条件以及投资项目的满意度考察。

3. 投资形式

根据越南《投资法》，外国投资者可选择投资领域、投资形式、融资渠道、投资地点和规模、投资伙伴及投资项目活动期限。外国投资者可登记注册经营一个或多个行业，根据法律规定成立企业，自主决定已登记注册的投资经营活动。越南的《投资法》并没有明确区分直接投资和间接投资，但它为那些希望在越南直接投资设立公司的外国主体提供了两种可以采取的途径：一是直接在当地建立一个 100% 的外资企业，二是与越南本地的投资者合资建立一个企业。若是决定建立一个 100% 的外资企业或者合资企业，下一步需要考虑的是采取何种公司制度对于投资最为有利。根据相关规定，有六种企业形式可以作为选择：私营企业、合伙制企业、一人有限责任公司、具有两个及以上股东的有限责任公司、股份公司、企业集团。

越南也出台了一系列政策鼓励外国企业进入相关的行业进行投资，与农业相关的有：服务农林渔业生产的机械设备制造业，灌溉设备生产，以及家禽、家畜、水产品饲料精制。同时，越南对农业领域的投资方式做了规定。

外国投资者可以利用以下方式对越南农业进行投资：

（1）直接投资。根据适用《投资法》和《企业法》的规定，外国投资者在越南境内进行直接投资方式主要通过设立外商独资公司，或者与当地投资者合资设立企业；出资购买越南企业的股份，或进行企业的兼并、收购。

（2）合作社。经营农业、林业、渔业以及制盐业的合作社以及合作社联盟，享受各种形式的扶持和优惠政策，其中包括：基础设施开发的投资、土地分配和土地租赁、信贷优惠、提供资本和种畜以帮助企业在自然灾害和流行病后重振、产品加工。

合作社和合作社联盟有权加入合营企业，有权通过与国内外组织和个人进行合作、出资、购买其股份等方式实现经营目标。越南的相关法律规定，居住在越南的 18 岁以上的外国人可以成为合作社的成员。

越南对外资企业收购农业企业的规定也较为轻松，越南的法律对企业类型的划分中并没有明确划分农业企业，但是可以依照商业登记或者投资证书中所列的营业类型对企业进行分类。外资企业在收购农业企时，并不需要得到政府有关当局的批准。

4. 投资行业的规定

根据越南经济社会发展阶段的需求以及产业发展的总体规划，越南政府会对部分产业的投资做出限制甚至禁止投资的规定。越南的计划投资部于 2016 年初在国家信息门户网站中发布了适用于越南外国投资者的投资条件清单，并且会不定期地做更新。

5. 禁止投资的项目

（1）危害国防、国家安全以及公共利益的项目；

（2）危害越南历史文化遗迹、道德和风俗的项目；

（3）危害人民身体健康，破坏生态环境和自然资源的项目；

（4）处理从国外输入越南的有毒废弃物、生产有毒化学品或使用国际条约禁用毒素的项目。

6. 限制投资的项目

（1）对国防、国家安全和社会公共秩序有影响的项目；

（2）财政、金融项目；

（3）对公民健康有影响的项目；

（4）文化、通信、报纸等项目；

（5）娱乐项目；

（6）房地产项目；

（7）自然资源的勘探、开采以及生态环境项目；

（8）教育和培训项目；

（9）法律规定的其他项目。

7. 注册企业的程序

（1）申请书。在成立公司之前，创办者必须向省、中央直辖市人民委员会或者相当于公司设立办公点所在地一级行政单位递交成立公司的申请书。

（2）经营登记。公司必须在所在省、中央直辖市经济仲裁组织或者同级别的行政单位进行经营登记。

（3）成立公告。根据相关法律规定，在越南进行投资的外国企业在成立之后，必须在中央或者地方报纸上连续刊登三期成立公告。

5.2.2.5 劳工政策

1. 越南劳动力相关法律

1995 年 1 月 1 日越南《劳动法》正式实施，2012 年的 6 月 20 日越南又颁布了新的《劳动法》，该法于 2013 年 5 月正式生效。它建立了一个有关劳动的法律框架，明确规定了各种各样的雇主和雇员的权利和义务，比如工作时间、劳动协议、工资制度、社会保险、加班、罢工和雇佣合同等内容。新的劳动法规定了雇主和雇员之间必须以书面的形式签订劳动合同，一式两份，各执一份。

《劳动法》使用的范围不仅是越南本地人，也适用于在越南工作的外国人。《劳动法》明确规定了在越南工作的外国人必须严格遵守越南的劳动法律，除非越南签约的国际条约中另有规定，则以越南已经签署的国际条约为主。

2. 雇佣外国员工的相关规定

（1）工作许可。根据越南《劳动法》规定，除了法律明确规定的免除情况之外，在越南工作的外国人无论工作时间长短，都必须取得工作许可证，并且外国人在进入越南工作时还需要获得合法有效的签证和居留证。当然针对在越南工作的外国人，也存在 4 种豁免情况，可以在没有工作许可的情形下，继续留在越南工作：①工作期限在 3 个月以下；②公司董事会成员、总经理、副总经理、经理、副经理；③驻越南代表处代表，分公司领导；④已经取得越南司法部颁发的行业许可的律师。

（2）申请细则。2014 年越南劳动伤兵与社会部颁发《关于外国人在越南就业管理规定实施细则》"第 03/2014/TT－BLDTBXH 号通知"，按要求，雇主（承包商除外）应按"102/2013/ND－CP 号议定"第四条第一款规定，在拟雇用外国人至少 30 天前，向雇主公司所在地劳动伤兵与社会厅提交外籍劳务雇佣需求书面报告，报告内容包括工作岗位、外国用人数、专业水平、工作经验、工资水平、工作期限等。若有变化，雇主应在拟招聘或聘用新人替代前至少 30 天向雇主公司所在地劳动伤兵与社会厅提交外籍劳务雇佣需求调整（书面）报告。劳动伤兵与社会厅应在收到雇主的外籍劳务雇佣需求报告或外籍劳务雇佣需求调整报告后 15 天内将其决定向雇主反馈。外国劳动者的工作许可最长时限为 2 年。该通知从 2014 年 3 月 10 日生效。

3. 雇主雇佣当地劳务的规定

对于雇佣当地劳务，越南的《投资法》和《关于驻越公司越南的外资企业的劳动法》有明确的规定，外资企业可以通过中介机构雇佣当地的劳动力，而且企业可以根据实际生产的需要增减劳动者数量，并且劳动双方需要按照相关规定签订劳动合同。当企业因业务调整原因需要裁减工作满 12 个月以上的员工时，应该组织相关的培训，方便员工在被裁之后寻找新的工作岗位。如不能组织进行相关的业务培训，需要支付不低于两个月薪水的遣散费。

在执行劳动合同的过程中，劳资双方的任何一方想要修改合同内容，都应该提前 3 天告知另一方。企业若需要员工加班，则需要按照规定支付加班工资。企业还需要根据自身的生产效益情况给员工发放奖金。劳资双方若出现纠纷，应该协商解决，若是协商无法解决问题，则提交到法院，由法院解决。

4. 社会保险

根据 2014 年 11 月 20 日越南政府颁布的《第 58/2014/QH13 号社会保险法》规定，外国雇员可以从 2018 年起参加越南社会保险，但是外国劳动者参加保险属于强制或者自愿并未得到明确。2017 年 8 月 16 日越南社会保险部门颁布了"第 1734/BHXH－QLT 号公函"，明确规定了在越南的外国劳动者也必须参加越南的社会保险。根据越南社会保险局"第 595/QD－BHXH 号通知"，自 2017 年 6 月 1 日起执行最新的社会保险缴纳标准，其中社会保险项目，用工单位和雇员缴纳标准分别相当于月基本工资的 17.5％和 8％，医疗保险项目分别是 3％和 1.5％，失业保险项目均为 1％。

根据 2014 年的《社会保险法》，2018 年 1 月 1 日起，在越南工作一个月以上的外国劳动者必须参加社会保险。外国雇员在参加社会保险时，可以享有与越南人同等的福利待遇，比如疾病津贴、生育津贴、基本生活津贴、劳动事故和职业病津贴，外国雇员在离开越南时可以要求一次性申领养老金。根据规定，外国劳动者需按照当月工资标准缴纳 8% 的退休与死亡金，用人单位按月工资标准最高缴纳 18% 的强制社会保险。与越南政府签署避免劳动者双重征收社会保险的国家的劳动者除外。

5. 工资标准

越南政府颁布的一项法令规定，最低工资标准适用于所有雇员，包括企业、合作社、农场、家庭和其他组织通过签订劳动合同所雇佣的员工。现阶段越南国内四个不同的地区存在着四个不同的最低工资标准，最低工资范围在240 万～350 万越南盾。

越南对不同类型的员工采用不同的最低工资标准。对于从事简单工作而未经训练的员工，企业需要支付不低于其所在地区最低工资标准的工资；对于受过培训的员工，其薪资水平必须比所在地区最低工资标准高至少 7%。同时，越南政府从 2017 年开始逐步提高地区最低工资标准。

6. 雇主终止合同

终止合同就是解雇员工，越南的有关法律对企业解雇员工做了严格的限制，企业不得无故解雇员工。根据有关的规定，用人单位在解雇员工时，必须遵守相关的法律规定，否则解雇行为将会受到法庭的质疑。

当用人单位要求单方面解除合同时，应该事先通知劳动者。对于通告的时间也有明确的规定，具体规定如下：对于无限期合同，应该提前 45 天告知；对于时间在 1～3 年的合同，应提前 30 天通知；对于时间在 1 年以内的劳动合同，应该提前 3 天通知。用人单位在辞退劳动者时，用人单位需要按照每年半个月工资和奖金的标准进行补偿。越南的法律对女性员工也做出了特殊的保护，女性员工不得因为结婚、怀孕、产假以及照顾 12 个月以下的婴儿而遭到解雇。

5.3 世界各国对越南的农业投资

5.3.1 世界各国对越南的总投资

经过 30 年的革新开放，越南的社会经济面貌发生了翻天覆地的变化。越南已经由世界上最贫穷的国家之一迈入中等收入国家行列。同时，越南积极参与国际合作，在 1995 年加入东南亚国家联盟，1998 年加入亚太经合组织，2007 年成功加入世界贸易组织，加上越南国内 GDP 的大幅度增长，基础设施的逐步改善和相关投资法律的进一步完善，越南对于外资的吸引力不断增加。

图 5 - 14 展示了 2005—2017 年世界对于越南的投资总额，无论是从注册资金以及实际到位的资金，FDI 的额度呈现持续增长的态势。在 2006—2008年，FDI 的增速异常明显，主要得益于越南新的投资法的实施，使得越南对投资者的吸引力大幅增加。尽管注册资金并不能对越南经济发展起到决定作用，实际价值比不上到位资金，但可以说明越南在国际上竞争力的提高。2017 年越南吸收外资最多的行业是加工制造业，得益于越南低廉的劳动力成本，这一领域吸收了大约 158 亿美元的投资。其次为电器生产配送业，接收的外国投资总额达到了 83 亿美元。

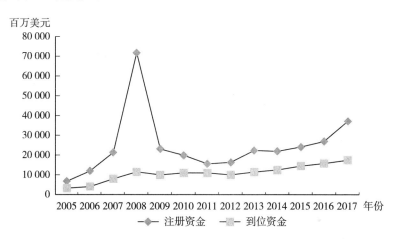

图 5 - 14 世界对越南的直接投资（FDI）总额

数据来源：越南国家统计局。

近年来，越南获得世界的 FDI 的实际到位资金增长也十分明显，增速每年保持在 10％～12％，这些数据充分说明了越南的投资环境在不断改善。预计这种趋势在短期之内不会发生改变，在更多的改革措施的支持之下，未来将会有更多的注册资金进入，同时实际到位资金也将会显著增加（图 5 - 14）。

根据越南计划与投资部外国投资局的统计数据显示，2018 年越南吸引外商直接投资达 354.6 亿美元，相当于 2017 年的 98.8％，实际到位资金达 191亿美元，同比增长 9.1％。越南引进外国直接投资的三十年来，外资企业已成为国家经济的重要部分，对国内生产总值增长的贡献率为 25％，给 800 万～900 万人创造就业机会。此外，当外国银行在越南成功开展经营活动后，许多外国投资商对金融银行领域投资的趋势不断增加。

从投资的区域来看，外国投资者在投资区域上也有所侧重。从相关的数据来看，外国在越南的投资多集中于胡志明市、河内、平阳、同奈、红河三角洲以及巴地—头盾等地。外国投资者在这些区域的投资项目数量众多，资金也比较庞大。截至 2017 年底，外国投资者在红河三角洲地区投资共计 7 896个项目，累计投资金额达 88.44 亿美元，在胡志明市投资项目 7 333 个，金额高达 43.88 亿美元；在河内也有 4 500 个投资项目，金额为 27.63 亿美元；对平阳省的投资金额达到 30.3 亿美元，投资的项目总数为 3 305 个。外国投资者对这些地区的偏爱主要是因为这些地区人口稠密，交通基础设施比较完善。

图 5-15 展示了部分国家在一定时期之内对于越南的 FDI 的数额，从增速来看，日本和韩国在越南的直接投资额不断增长，成为越南的最主要的投资来源国。欧盟和美国在越南的直接投资额在近年来的增速趋于放缓，甚至出现了负增长的情况。但从具体数值来看，美国与欧盟对越南的直接投资并没发生明显改变。当前越南的 FDI 主要来自于部分亚洲国家，欧美国家的比重较低，但在未来，基于越南市场的广阔前景，美国和欧盟对越南的直接投资很有可能呈现出一个上升的趋势。

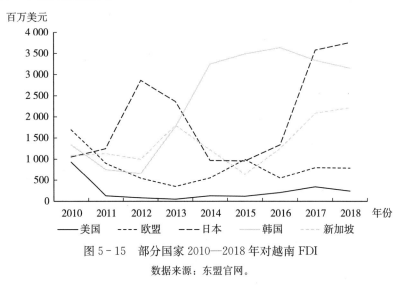

图 5-15 部分国家 2010—2018 年对越南 FDI

数据来源：东盟官网。

目前，欧盟与越南已经签署了双边自由贸易协定（EVFTA），这是欧盟与发展中国家签署的首个此类协议，它将会降低双方贸易中 99％的关税，为双边自由贸易铺平道路。同时，这一协定将对欧盟企业到越南进行投资起到促进作用，因为这一协定的签署将给欧盟企业在越南政府采购中与越南本土企业一样平等的待遇，同时对投资保护制度也有了进一步的明确说明。这一协定已经得到了欧盟理事会的批准，等欧盟内部各成员的议会批准通过就会投入实施。一旦这一协议实施之后，越南将会进一步开放市场准入，便利欧盟企业在越南的投资，同时欧盟也将会以技术手段来援助越南，帮助越南调整相关的投资和贸易制度，以更好地适应双方的需求。

美国一直以来都是越南的最大出口市场，但美国在越南的投资并没有占到很高的位置，随着越南整体营商环境的改善和市场潜力不断增长，美国对于越南的投资在未来将有可能达到一个更高的水准。目前，美国对越南的投资居于第 9 位，但美国认为未来越南将是投资的一片乐土，美国的陶氏化学、可口可乐公司纷纷在越南建厂，表明了美国企业对越南发展前景看好。

为了吸引外国投资者对越南的投资，越南政府一直致力于融入"经济全球化"的浪潮。目前越南已经和 185 个国家和地区建立了外交关系，与 220 个市场建立投资和贸易关系，并且签署了 11 项自由贸易协定和 70 多个避免双重征税的协定。同时，越南政府对于国内的投资法也进行不断完善，降低投资准入壁垒，缩短行政审批时间，形成了比较完善的投资政策法律体系，为外国投资者提供了更加优越的投资环境。

5.3.2　世界各国对越南的农业投资

农业是越南国内重要的产业，农业发展对于越南经济社会的发展起着至关重要的作用，虽然越南的农业发展一直呈现出积极向好的趋势，但也面临着一些问题的制约。首先，越南的农业基础设施建设和生产技术较为落后，越南农业的生产方式总体较为粗放，导致了相关产品的附加值无法得到有效提高；越南的农产品的原料生产能力不足，极大制约了越南农业的发展；越南国内许多农业原料的产能不足，需要大量从国外进口，大大增加了农业生产的成本；越南在农业生产科技薄弱，导致了对病虫害及疫情的控制能力不足，每年都会给越南农业带来重大损失。

由于越南国内相关农业企业受到资金、技术和人才等种种问题的影响，不能有效解决越南农业生产中存在的这些问题。这就需要外国一些实力雄厚的企业来到越南进行投资，提高越南农业生产总体水平，解决农业生产中存在的有关问题。

1996 年 11 月 12 日越南政府就出台了《外国投资法》，鼓励外国的相关企业进入农业领域进行投资，极大地推动了越南农业的发展。2007 年 1 月 11 日越南正式加入了世贸组织，意味着越南经济发展迈入新的阶段，越南的农业发展面临新的挑战和新的机遇。加入 WTO 对于越南的农业发展起到了积极推动作用，越南的农产品出口面临的关税水平将会大大下降，同时越南对于外资的吸引力提升，外资进入农业领域后，将会提高越南农业生产的总体水平，大大改善了越南农产品的质量。在过去的二十年时间里，由于良好的宏观经济环境以及稳定的投资环境，越南农业吸收了越来越多的外资，越南的农业发展也呈现积极向好的态势。据相关的统计数据显示，1997—2017 年越南的农业产值翻了两番，这样的表现远超过了其他亚洲国家。

越南农业领域的外国投资以合资与外商独资形式为主，主要来源于日本、中国和泰国。2015 年日本企业在越南投资了 82 个农林水产项目，占日本同期对越投资额（12.85 亿美元）的 6%，仅次于加工制造业（投资额占 51%）、建筑业（占 28%）。2018 年越日进出口总额达 379 亿美元，其中农产品进出口额约达 30 亿美元（占进出口总额的 7.9%）。

图 5 - 16 显示了世界对越南农业投资的总体情况。从数值来看，世界对越南的农业投资起伏变动极大，而且绝对数额与世界对越南的总体投资相比，所占的比例较小。从越南统计局公布的有关数据来看，2017 年外国对越南农业投资的项目仅为 17 个，投资的总金额为 1.96 亿美元，而当年外国对越南的总投资额为 175 亿美元，外国农业投资仅占 1% 左右，这一比例与世界平均水平相比偏低。但是越南优越的农业自然条件和社会经济条件决定了越南农业发展的巨大潜力，加之越南政府对农业改革的进一步推进深化，预计在未来的一段时期内，外国投资者对越南农业的兴趣将会继续提升，越南的农业领域的外商投资将会继续增长。

图 5 - 17 反映了近年来越南对农业领域的投资。2005—2017 年越南对农业的投资保持稳定增长的趋势，从绝对数值来看，2017 年越南在农业领域投入的资金超过了 40 亿美元，表明了越南国内对于农业生产的重视以及对越南农业发展的前景的看好，但在这些投资金额中，越南国内企业和越南政府的投资占到了绝大多数，外国企业对于越南农业的投资相较于其他行业来看存在着明显的不足。越南的农业产值占国内总产值的 20%，但投资农业的企业数量仅占总企业数量的 1% 左右。越南在农业领域获得的 FDI 不足的主要原因是，越南在农业基础设施相对落后，官员腐败问题较为突出，公共服务质量有待提高，导致对外资的吸引力下降。越南在农业吸收 FDI 方面面临着的最大问题

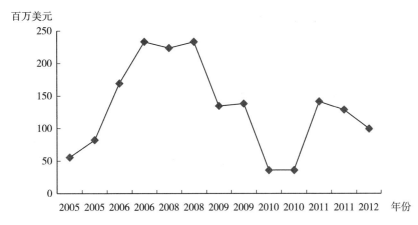

图 5-16　世界对越南的农业投资

数据来源：联合国粮食与农业组织。

是如何给外国投资者以一定的金融支持，因此越南需要继续改善农业投资的营商环境，给予外国投资者更多的优惠，以此来吸引更多的外国投资进入农业领域。同时越南需要保持政策的稳定性，这对于增加私人部门在农业领域的投资是至关重要的，只有保持政策的稳定性，才能吸收更多外资，帮助越南农业实现转型以及获得更高的经济效益，提高农业产出，提高农产品的附加值，增强越南国内的食品安全，增加农业地区的收入水平。这些都需要越南国内所涉及的部门加强合作，打造一个良好的政策环境，以此来增加外资进入农业领域。

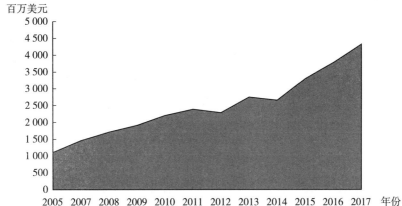

图 5-17　越南农业投资情况

数据来源：越南国家统计局。

5.4 中越农业贸易与投资

5.4.1 中越农产品贸易

　　中国与越南经贸往来密切，尤其是近年来，随着中越政治关系的稳定，两国的经贸关系也进一步发展，中国已经连续 13 年成为了越南第一大贸易伙伴国。随着"一带一路"倡议的推进和中国——东盟自由贸易区建设的加快，中国与越南的经贸关系将会日益密切，两国的农产品贸易也将随之快速发展。

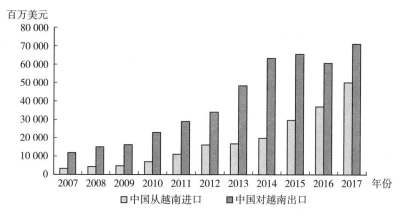

图 5 - 18　中越产品贸易规模

数据来源：中国国家统计局。

　　由图 5 - 18 可以看出，近年来越南对中国的出口和从中国的进口都保持快速稳定的增长，尤其是越南对中国的出口额增速十分明显，每年增速几乎都保持在 15% 以上，中国市场日益成为越南对外贸易发展过程中最重要的市场之一。两国之间的贸易逆差也在迅速缩小，2016 年两国的贸易逆差为 239.32 亿美元，而 2017 年这一数字进一步下降为 212.42 亿美元，同比下降了 11.2%。目前，中国已是越南最大的贸易伙伴国、第一大进口来源地和第三大出口市场，而越南也已经成为中国在全球范围内十大贸易伙伴国之一。2017 年 11 月双方签署了"一带一路"倡议与"两廊一圈"规划发展战略对接协议，并就电子商务、基础设施合作、跨境合作区等领域的合作签署了相关协议，制定五年规划重点项目清单。再者，中国与越南在经济发展方式上，国内政治体制上也颇为相近，两国地理上接壤，文化背景相似，相比于越南其他重要的贸易伙伴国，中国在与越南开展贸易时，交通条件更为便利。综上所述，预计将来中越未来的经贸关系将迈入快车道，两国在彼此经贸关系中将扮演更加重要的角色。

中国对越南出口商品主要类别包括：①机械器具及零件；②电机、电气、音像设备及其零附件；③钢铁制品；④针织或钩编的服装及衣着附件；⑤车辆及其零附件（铁道车辆除外）；⑥矿物燃料、矿物油及其产品等。中国自越南进口商品主要类别包括：①矿物燃料、矿物油及其产品，沥青等；②手机及手机零配件；③食用蔬菜、根及块茎；④橡胶及其制品；⑤机械器具及零件；⑥电机、电气、音像设备及其零附件。

随着中国与越南的经贸关系往来不增强，两国在农产品贸易领域的合作也在不断加深。近几年来，中越两国的农产品贸易总额不断增加，2018 年两国农产品贸易额超过了 80 亿美元，较 2017 年增幅达到了 13.9%。中国与越南之间的农产品贸易很大一部分是通过边境贸易的形式进行，这一比例大约占到两国农产品贸易的总额的 50%。根据相关信息显示，通过凉山口岸，越南向中国输出了大量的农产品，每天大约会有 1 500 辆货车通过凉山口岸进入中国。尽管越南的农产品贸易是越南对外贸易中有贸易顺差的项目，但在中越的农产品贸易中，越南处于逆差的地位，这种逆差有进一步扩大的趋势。中国需要采取相应措施，将这一数字控制在一个合理的水平（图 5 - 19）。

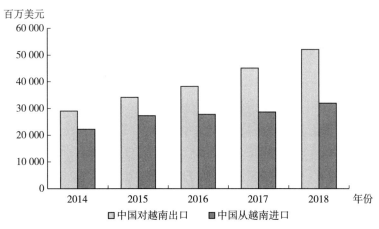

图 5 - 19　2014—2018 年中越农产品贸易规模
数据来源：根据中国海关统计月报整理。

中国与越南在农业领域的互补性强，有些产品互相进出口，满足各自国内市场的需要。由于越南得天独厚的地理和气候条件，越南的热带水果产量丰富，再者中越两国地理上接壤，使得运输较为便利，中国目前已经成为越南在全球范围内的最大的水果进口国，中国从越南进口水果的份额占中越农产品贸易的很大比重。从世界粮农组织公布的数据来看，2017 年中国从越南进口了大约 5.5 亿美元的水果，其中份额较大的是香蕉 1 300 万美元，椰子 4 300 万美元，柑橘 1 000 万美元（图 5 - 20、图 5 - 21）。

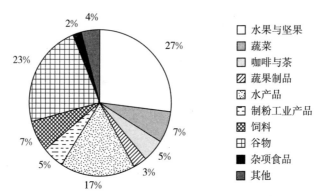

图 5 - 20　2018 年中国进口越南农产品及农业制成品

数据来源：根据中国海关月度报告整理。

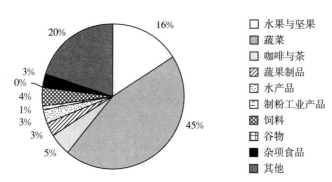

图 5 - 21　2018 年中国出口越南农产品及农业制成品

数据来源：根据中国海关月度报告整理。

　　越南也是中国最重要的粮食进口国之一，2016 年中国从越南进口了大约价值在 2.1 亿美元的大米。中国出口到越南的农产品中，蔬菜占到很大的比重，2018 年中国出口到越南的蔬菜达到了 45%。由于越南国内的工业制造能力不强，在饲料方面存在严重的产能不足，因此很大一部分饲料依赖于从国外进口，2018 年中国出口到越南的饲料的价值约占农产品贸易总额的 20%。

5.4.2　中国对越南的农业投资概况

5.4.2.1　中国对越南的总投资

越南与中国山水相依，文化相通，开展经贸合作具有得天独厚的优势。近些年来，越南由于自身的发展已经成为了国际投资的热土，越来越多的企业在选择投资目的地时，越南成为了首选。中国企业在这场对越南投资的热潮中也不甘落后，越来越多的中资企业到越南投资。

中国对越南的投资最早要追溯到 1991 年，那时候中越关系逐渐正常化，但那时候的投资额很小。直到 2006 年之后，中国对越南的投资额开始迅速增加，并且每年保持了较快的增速。中国对越南的投资除了规模在不断扩大之外，投资的方式也越来越多样化，投资的领域越来越宽广，平均每个项目的投资金额由过去的 150 万美元上升到了 500 万美元。

中国对越南的投资额总体上保持了一个增长的态势，2016 年中国对越南的投资达到了 12 亿美元，尽管在 2017 年中国对越南的投资额出现了回落的现象，但考虑到越南社会发展过程中存在的大量潜在投资机会，未来中国对越南的投资额应该会保持一个继续增长的趋势。根据越南统计局公布的数据显示，到 2017 年底为止，中国累计在越南投资的项目为 1 817 个，累计的投资金额也超过了 120 亿美元（图 5 - 22）。

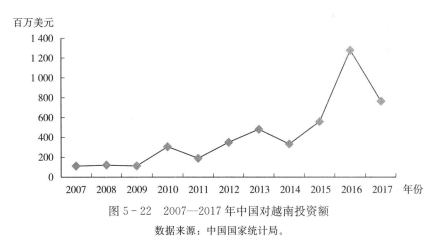

图 5 - 22　2007—2017 年中国对越南投资额

数据来源：中国国家统计局。

在投资的项目数量方面，中国排在对越南投资国家中的第 7 位，在投资的资金方面，中国也排在对越南投资的第 7 位。与韩国、日本以及新加坡对越南的直接投资相比，中国在对越南的直接投资方面存在较大的差距。从中国对东盟国家投资的存量来看，中国对越南投资的存量占中国对东盟总投资存量的比重并不高，中国对越南的直接投资存量落后于泰国、缅甸、老挝、柬埔寨和新加坡。因此，中国对越南的投资远未达到饱和状态，在未来依然有较大的增长空间。

从中国对越南投资的行业分布来看，中国对越南的投资更多集中于交通运输业、电力、制造业以及基础设施建设等方面。尤其是交通设施建设，中国企业在越南拿下了许多的项目，投资的资金也比较高，比如胡志明市城轨 1、2、3 号线，边和—头顿铁路项目，河内—荣市铁路项目等。尽管农业是越南国内的支柱行业，但中国对越南的农业投资并不高，中国对越南农业领域的投资相较于中国对缅甸、老挝以及柬埔寨等国的农业投资绝对值很小。同时，越南国内农村地区的基础设施建设落后，各个地区的地区性法规变动频繁，这些因素都影响了中国对越南的农业投资。考虑到农业对于越南的重要性，越南政府鼓励国外企业对农业进行投资以及越南国内广阔的农业市场，中国企业在未来可以在农业领域加大投入，以获取更好的经济效益。

从中国企业对越南投资的分布地区来看，中国在越南绝大多数省市都有投资，并不仅仅局限在越南国内的几个大城市，这有助于越南一些偏远落后地区也能享受到中国投资带来的好处。在越南的 63 个省市中，中国的投资已经出现在其中的 54 个当中。越南的平顺省是中国投资金额最多的地区，总共有 7 个项目，注册的资金也达到了 20.3 亿美元。其次是西宁省，共有 16 个项目，注册的资金有 16.3 亿美元。排在第三位的是北江省，注册资金超过 9 亿美元。尽管中国在越南的绝大多数的省市都有投资，但也有所侧重，中国对越南的投资更多是分布在人口稠密、交通较为便利的地区。除了上述的三个地区之外，其他吸引中国投资的城市为河内市、胡志明市、平阳省和海防市。

5.4.2.2 中国对越南的农业投资

尽管中国已经是世界上第二大对外直接投资国，但越南在中国对外投资中所占的比重并不高，考虑到越南发展的经济潜力，中国需要重视越南市场，对越南市场分配更多的资源，以此来获得更多越南经济发展所带来的福利。

目前看来，中国企业投资越南农业潜力很大，主要有以下原因：①农产品出口额占越南总出口额的 20%，但越南国内农业总体发展水平滞后，有巨大的发展潜力。②农业是劳动力密集型行业，而越南国内的劳动力成本较低。③越南国内税率低，为鼓励外国企业对越南农业进行投资，越南政府对农业领域的投资给予较大的优惠，生产制造农产品的税率为 15%，而其他行业的税率为 20％。④中国的部分农业技术在世界居于前列，而越南的越南技术发展滞后，中国可以利用自身的技术优势，对越南农业进行投资。

虽然越南已经成为了投资的热土，但中国企业在进入时也面临着一些风险，这些风险因素很有可能导致中国企业在越南投资的失败，造成巨大的经济损失。①跨国经营的风险。尽管中越两国在很多方面存在相似之处，可是两国在思维方式、行为方式上依然有许多的差异，这些将会使企业在经营时面临更复杂的情况。②中越两国的利益冲突。中国和越南都是发展中国家，在一些产业的发展上存在着竞争关系，中国的一些加工制造企业为了享受越南的廉价劳动力和优惠政策，仅仅在越南进行加工和出口，核心的生产环节则是在国内进行，越南国内的民众由于处于价值链的低端，很容易对中资企业产生不满并引发矛盾，影响中资企业在越南的经营。③中国在对越南进行投资时，在产业选择上过于集中，产业结构有待优化。目前中国对越南的第一产业和第三产业投资之和不及对第二产业投资的一半，这说明中国在产业选择上不够合理，中国的投资很多都集中在建筑业、加工制造业上，而越南国内这些行业的投资逐渐趋于饱和，投资的回报率下降，这将大大降低中国在越南投资的收益。

5.4.2.3　投资越南农业的部分企业名录

近年来，广西对越南的农业投资规模在不断扩大，目前"走出去"到越南投资的广西涉农企业已达 16 家，协议投资金额 1.22 亿美元。其中，广西农垦明阳生化集团股份有限公司所投资设立的越南归仁木薯产业项目，是广西在境外最大的农业投资合作项目；广西田阳县三雷老韦物流有限责任公司在越南谅山等省投资建立 20 多公顷的小番茄种植基地，每年产值达 600 万元以上，该公司还将在越南投资建设蔬菜冷库和番茄、毛豆、大葱种植基地。

广西率先在全国范围内创建了农业对外合作"两区"，即在越南、柬埔寨开展境外合作示范区，在越南示范区内建立"农作物研究中心"，引入了广西力拓农业开发有限公司等 2 家企业，试验示范农作物品种达到 48 个，规模化推广种植水稻和玉米 6 500 多公顷，初步形成了集新品种研发、试验示范、种子生产加工、粮食生产加工于一体的现代种业产业园。

2016 年龙州县下冻镇樸矩生态农业专业合作社和越南（BAVINA）贸易进出口有限公司签订了在越南北江省种植名优特水果卡拉丁柑、黄金柠檬等高产值水果 2 万公顷的种植合同，目前已经种植 300 公顷卡拉丁柑。2017 年广西增泰牧业有限公司与越南安都进出口投资股份有限公司在广西凭祥市"边关牧歌"生态示范区共同投资，建设集养殖种植、科研科教、休闲养老、边关民族文化、田园观光体验、跨境农业合作和产业扶贫为一体的跨境现代农业生态示范区。2017 年 5 月越南天禄集团与湖南袁氏科技发展有限责任公司签署合作协议，共同出资 1 000 万美元成立两家合资公司，开发超级杂交水稻种子以及玉米和其他杂粮种子，服务于越南和东南亚市场。

四川省新希望集团在 2019 年与越南清化省政府、平福省政府、平定省政府现场签署总投资额为 11.47 亿元人民币的养猪项目合作协议。项目建成后将每年为越南提供 93 万头的生猪，越南也是新希望在海外开展生猪养殖业务的首个国家（表 5-16）。

表 5-16 中国对越南农业投资的部分企业名录

境外投资企业（机构）	境内投资者名称
龙溪韩农越南有限公司	安徽龙溪外贸麻油制造有限公司
沃得农业机械（越南）有限公司	江苏沃得农业机械有限公司
越南亚太农业发展有限公司	四川西科种业股份有限公司
越南澳华农牧科技有限公司	深圳市澳华集团股份有限公司
农博士股份公司	广西田园生化股份有限公司
中国（广西）—越南农作物优良品种试验站	广西万川种业有限公司
和颐现代农业国际贸易有限责任公司	田阳县三雷老韦物流有限责任公司
河江有田农业科技有限公司	青岛有田农业发展有限公司
河江联盛益康农业科技有限公司	青岛联盛益康食品科技有限公司
三川农业责任有限公司	深圳市源兴果品股份有限公司
金泰农业股份公司	深圳市源兴果品股份有限公司
蓝谷木业有限公司	潍坊蓝谷木业有限公司
越南福明木业有限公司	临沂福安板材厂
越南天安木业有限公司	山东龙腾木业有限公司
越南乐晨木业有限公司	淮南孟平进出口贸易有限公司
汇林木业（越南）有限公司	宿迁汇林木业有限公司
欧森木业有限公司	中山市迪雅家具制造有限公司
康达木业（越南）有限公司	广州市番禺康达木业有限公司
越南尼奥蔬菜水果食品公司	青岛仁和茂盛食品有限公司
越南茂源果蔬进出口有限责任公司	云南茂源果蔬进出口有限公司
越南尼奥蔬菜水果食品公司	青岛仁和茂盛食品有限公司
新希望平福养殖有限公司	四川新希望集团
新希望胡志明有限责任公司	四川新希望集团

数据来源：中华人民共和国商务部。

5.5　中国企业在越南农业投资案例

5.5.1　新希望集团简介

中国企业对越南的投资从 1991 年开始，并且在近年来的投资规模不断扩大，随着中国的劳动力成本、土地成本等上升以及受到贸易战的影响，越来越多的中国企业将目光投向了越南，到越南建厂，利用越南当地的优势来获取更高的经济效益。从中国企业对越南投资的行业来看，中资对越南投资最多的行业是集中于制造业和商业服务业。中国企业投资最少的是农林渔业，投资的项目少，金额也较小。从投资地域的分布来看，中国企业在越南南北方分布比较平均，差别不是很大。从投资的主体来看，在中国对越南投资的企业中，民营企业的表现十分活跃。比如最早进入越南家电市场的 TCL 集团，目前年销售量为 30 万台，占据了 16.7% 的市场份额；同样身为家电制造行业的美的集团也在越南建厂投资，在 2006 年美的投资了 2 500 万美元建立了面积 5 万平方米的海外生产基地——美的越南工业园，每年能够生产 800 万台小家电，除了一部分用于满足越南国内市场需求之外，绝大多数用于出口到东盟市场，享受到了东盟自贸区大幅度减免出关税所带来的好处。

在中国企业对越南农业领域的投资中，知名度最高的企业也最具代表性的企业就是中国的新希望集团。新希望集团是中国农业产业领域的龙头企业，中国最大的饲料生产企业，中国最大的农牧企业之一，拥有中国最大的农牧产业集群，是中国农牧业企业的领军者。集团向社会提供了农业产业链中相关的上下游产品，并以"为耕者谋利、为食者造福"作为公司经营理念，致力于打造世界一流的农牧企业。

新希望集团是由知名企业家刘永好先生在 1982 年创立并且伴随着中国改革开放迅速成长起来的民企先锋，其前身是南方希望集团。

新希望集团在全球 30 多个国家和地区拥有的子公司超过 600 家，员工将近 7 万余人，并且有超过 4 万人从事农业方面的工作，集团的资产规模近 2 000 亿元，年销售收入超过 1 300 亿元，企业在取得快速发展的同时，还带领超过 450 万的农民走上了致富道路。集团主体信用等级被中诚信国际信用评级有限公司（"中诚信"）评定为 AAA 信用等级。集团立足农牧行业不断开拓新领域，先后进入食品快消、农业科技、地产文旅、医疗健康、金融投资等多个产业。目前，新希望集团已成为以现代农业与食品产业为主导，布局银行、证券、金融科技和基金等多种金融业态，并且持续关注投资、运营，具有较强创新能力和成长性的新兴行业的综合性企业集团。

2011 年，新希望完成了重大资产重组，新希望六和股份有限公司成功上市，成为中国最大的农牧上市企业。2012 年，新希望集团在福布斯中文版首次发布的 A 股最大的上市家族企业榜单中居于首位。根据中国企业家协会2018 年发布的中国企业五百强名单显示，新希望集团的营业收入达到了 729 亿元，在五百强中排名 259 位。

"阳光、正向、规范、创新"是新希望集团一直以来的基本价值观念，像家庭、像学校、像军队是新希望集团一直以来希望塑造的企业形象，也是新希望企业文化的三个层次；秉承"与员工共求发展，与客户共享成功，与社会共同进步"是新希望集团的经营之道；把"为耕者谋利、为食者造福"作为集团企业的经营宗旨；新希望以自身开阔的视野，积极走出国门。新希望集团将自身的发展与国家发展的战略相结合，在国家实施乡村振兴战略与"一带一路"倡议的引导下，新希望集团将"人才年轻化、产融一体化、国际化、创新与科技化"作为发展重要引擎，创新合伙人机制，强化科技引领，抢抓市场机遇，更好地实现转型升级发展。

5.5.2 新希望集团在越南投资历程

新希望集团与越南最早结缘于 1999 年，当时新希望集团经过了十几年的发展，已经在国内设立了 100 多家工厂，成为了中国私营企业的领军企业之一。由于当时国内的饲料市场已经发展到了一定的程度，饲料行业也告别了黄金时期，利润率大大下降，将工厂设立在国外，获得更多的外国市场份额成为新希望集团继续发展壮大的必然选择。当时，东南亚经历了严重的金融危机，国内货币大幅度贬值，而人民币依然坚挺，新希望集团的最高决策层当时认为投资东南亚是最好的选择。

通过长期的实地考察发现越南的饲料市场与中国国内市场存在着许多相似之处，对有关产品的需求与国内市场也存在着相似之处，因此，新希望集团将在海外投资的第一站选择在了越南。当时，越南的经济快速发展，为了满足人民的生活水平需要，家禽养殖业也得到了快速发展，越南国内对于饲料的需要十分旺盛。当时，越南国内的家禽是 17 930 万头，生猪 1 888 万头，而越南国内的饲料生产能力严重不足，大约只能满足 45% 的需求。基于这些利好因素，1999 年 4 月，新希望越南胡志明市饲料厂项目在永碌工业区正式启动，当时的总投资为 300 万元人民币，这一工厂于次年的 7 月完工并投入使用。此后，新希望在越南又开设了河内、海防以及六和饲料分公司，主要从事家禽养殖业和水产品养殖业所需饲料的生产和销售。

5.5.3　新希望集团在越南投资策略

新希望在越南的投资并不是一帆风顺，而是历经种种艰险，才在越南的饲料市场逐渐站稳脚跟，开始盈利。当时，在越南市场上一些不良中国商人利用假货滥竽充数，导致越南市场对于中国的品牌认可度不高。同时，新希望还要面临来自美国的嘉吉、法国的鹤牌以及泰国的正大这些国际知名饲料公司的竞争，因此新希望公司刚进入越南时举步维艰。考虑到品牌的重要性，当时新希望的应对之策就是严格控制产品质量，同时不计成本和利润，打造"质优价廉"的中国产品形象。尽管这一策略让新希望集团在越南头三年的经营中，遭受了严重的亏损，但是却在越南市场上树立了良好的品牌形象，到了第三年随着市场占有率的提高，新希望公司在越南市场终于转亏为盈，实现了进入越南市场后的第一次盈利。之后，新希望在越南的发展之路也是越走越顺，到了2005 年，新希望在越南获得了 5 000 万元人民币的利润。

除了采取价格策略之外，新希望还采用了提高服务质量以此来赢得更多客户的满意。在服务上，新希望公司采取的是定期上门为客户提供服务，及时了解客户的需求并帮助客户解决相关问题，将客户的需求作为公司的头等大事。新希望在越南的主要大城市都设有销售办事处和售后服务中心，并且以各种形式收集客户的反馈，对客户的诉求进行整理和分析，根据客户的需要，生产面向客户的产品。在越南，新希望采用的是"保姆式"的深度服务，在客户购苗、畜禽生长、出售、育种每一个环节全程进行跟踪并给予技术或信息支持。新希望集团以高标准的形式全方面给予养殖户支持，在养殖户中赢得了较高的口碑。

新希望越南分公司在越南经营过程中，始终坚持这样的经营理念：注重商誉、诚信经营。注重商誉表现在保证产品与服务质量，切实维护品牌形象。诚信表现在企业对客户、员工和社会高度的责任感，员工对干部服从和支持，干部对员工信任和帮助，全体员工对公司忠诚和奉献。2005 年禽流感爆发，禽类产品的价格大幅度下降，面对这一情况，新希望公司采取了让利计划，降低了养殖户的损失。在这种艰难的情况之下，新希望的做法赢得了养殖户的认同，树立的良好的形象，为之后的经营打下了基础。

实行人力资源本地化也是新希望在越南取得成功的重要策略之一。新希望在越南聘用员工时非常重视以下几点：首先，招录对中国产品有良好认同的当地员工。新希望在越南工厂使用的员工大多数为越南本地人，因此在招聘时更多选择对中国品牌有忠诚度的员工。新希望集团还通过后期的培训，使新员工快速融入企业的文化。其次，就是充分尊重当地的员工。尊重员工的想法、习惯，允许他们在工作中犯错，但要求其有强烈的责任感，平衡好个人利益和企业利益之间的关系，建设一支健康、稳定和支撑公司长期发展的员工队伍。在薪酬上，新希望集团也毫不吝啬，他们的平均收入在当地同行中是最高的。第三，新希望公司还给了当地的员工广阔的施展才华的空间，其越南公司每年都会对员工展开培训，公司的大多数中层管理岗位也由当地人担任。这些措施提高了当地员工的对企业的认同感，提高了他们工作的积极性，与企业一同成长。

新希望公司在越南经营的过程中，并没有只追求经济利益最大化，而是积极承担相应的企业责任，这种长远的眼光为新希望公司的成功打下了良好的基础。新希望公司实时关注越南民生，积极参与慈善活动，向灾区募捐、捐资修路建桥以及向贫困学生提供奖学金。这些行为得到了当地民众和政府的认同。由于新希望在当地的贡献，越南政府也给予了高度的重视，不仅地方领导和省级官员前往视察，越南的前总理也前往视察。这些提升了新希望在越南的品牌形象。

5.5.4 新希望集团在越投资的发展规划

经过 20 年的发展，新希望公司在越南已经形成了南、北两大片区，产品也覆盖了越南中部、南部和西部的所有省份，成为越南饲料板块的知名企业。在 2018 年，两大片区完成饲料销售 70 万吨，营业收入达到 20 亿元人民币。正是基于在越南市场已经取得的成绩以及对越南市场未来前景的看好，新希望集团在越南的投资将会加码，除了传统的饲料行业之外，新希望还将涉足养殖和食品加工业，进一步拓展集团业务。

随着国家提出"一带一路"倡议，新希望集团也是积极响应国家的战略，越南是"一带一路"倡议沿线中重要的国家之一，新希望集团在越南加大投资就是在"一带一路"倡议的带动下，以自身实际的行动来加快中国农业企业走出去的步伐。新希望集团利用自身的资金和技术优势，并利用好越南当地的区位优势，在取得快速成长的同时，也带动了越南当地的发展，加强了"一带一路"沿线国家之间的合作。

2018 年 4 月 25 日第二届"一带一路"国际合作高峰论坛首次举行"一带一路"企业家大会。在签约大会上，新希望集团表现抢眼，其与越南清化省政府、平福省政府以及平定省政府签署了价值为 11.42 亿元人民币的生猪养殖项目。这一项目建成后，每年将会为越南国内提供 93 万头生猪，越南也将成为新希望在海外开展生猪养殖业务的首个国家。这一养殖项目主要是采取政府引导，以"公司＋农户、农场主"的模式进行合作，越南政府为项目提供适宜的经营环境，如土地、金融服务等要素，新希望集团为越南养殖户提供苗种、饲料、兽药，并负责回收成品上市，还将在养殖全程给予农户专业指导。

越南的政府高层也对新希望集团在越南国内开展农业投资表示欢迎，因为农业在越南 GDP 中的比重很高，而外国对于越南农业的 FDI 投资额很小，这不利于越南农业的转型发展。新希望公司是中国国内顶尖的农业公司，拥有国际领先的技术团队，这一优势可以为越南国内的畜牧、水产养殖、饲料和食品加工行业的转型提供保障，让越南国内的相关产业得到发展。同时，新希望对于生猪养殖的大规模投资可以改变越南过去养殖分散的问题，有利于提高养殖规模，提高生猪存活率、体重和饲料的有效转换率，使得农场主获得更高的经济效益。

5.6　投资越南农业的建议

尽管中国对越南的投资不断增长，中越两国在经贸领域的合作也在不断深化，但是中国企业在前往越南投资时，依然面临许多不确定的风险因素。经过近 20 年的努力，越南国内已经基本建立了对外国投资进行保护的法律框架。但越南仍然存在一定的风险，一旦企业在赴越南投资的过程中，没有能够很好应对这些因素，企业将面临巨额的亏损。

5.6.1　处理好与政府、当地民众的关系

中央政府是越南国内最高的行政机关，由国会选举产生，并且对国会负责，受到国会监督。目前，越南政府设有总理 1 名，副总理 5 名，副总理负责分管 22 个业务部委，负责制定国家总体经济发展的方针，以及行业发展的总体规划。中央政府将除了部分涉及国家安全之外的其他经济领域都下放给了地方政府，地方政府根据本地的实际情况进行管理。原则上，地方政府需要向中

央政府负责，下级的业务部门也要向上级的业务部门负责。

由于越南国内的政治体制的原因，政府在越南的经济生活中扮演了十分重要的角色，如若中国赴越南投资的企业与政府部门不能建立良好有效的沟通机制，很有可能导致投资的失败。

中资企业应该通过中国商会或者其他途径与越南相关的政府机构保持沟通，比如要与越南的计划投资部、越南工贸部以及越南工商会建立良好的沟通机制。对于中国企业在越南投资过程中遇到的共性问题，可以由商会向政府部门集中反映；而对于部分企业遭遇的特殊问题，商会可以提供相应的支持，使企业与越南政府保持联系，尽早解决相应的问题。同时，中国企业应该利用好中国政府在越南的有关资源与越南政府以及社会各界人士保持接触，与越南政府建立良好的关系有利于企业及时了解相关的政策的变动和政府未来的发展规划，避免企业因为信息不畅通而导致的投资失败。

中国企业在对越南投资的过程中，必须积极融入当地的社区当中，加强与投资地居民的联系，增加他们对中国企业的信任。过去，由于越南国内媒体的错误性和夸大性宣传导致越南居民对于中国的认识存在偏差，企业在投资过程中必须通过一些手段，来消除这些误解。

中国企业可以通过以下手段来加强与当地居民的联系，增加他们对中国企业的信任：①中资企业应该了解当地的文化并且学习当地的语言，了解文化禁忌和敏感问题，积极融入到当地社会；②实现企业人才的本地化，企业在越南经营中，对当地的员工进行培训，并挑选一批表现优异的员工进入管理岗位，通过他们向当地居民传播中国文化；③积极履行企业的社会责任，关注当地的民生问题。企业应该积极组织或参加慈善活动，比如关心孤寡老人和留守儿童。企业还可以为当地的教育事业贡献一份力量，资助贫困家庭孩子的教育，以此来培养当地居民对于中资企业的情感和信任，也进一步强化了企业负责任的形象。

5.6.2 树立品牌意识，提高产品质量

中国企业对越南投资的项目越来越多，但是知名产品很少，甚至有部分企业认为越南市场整体的层次不高，对于产品质量的需求较低，因此在投资过程中对于产品的质量缺乏严格的控制，导致了越南的消费者对于中国产品的印象并不好。随着越南经济的快速发展，越南人民的购买力在不断增长，越南市场的层次并不是想象中的那么低。越南国内对于一些产品的需求也是十分旺盛

的，由于收入的增长，人们对于电器产品的需求是比较旺盛的。

　　中国企业在越南投资时，必须改变过去的一些过时的想法，在产品质量上下足功夫，只有产品的质量有了保障，才能建立中国企业良好的品牌形象。在当前的市场竞争中，品牌已经成为重要的战略资产和企业核心竞争力，中国企业只有重视品牌的建设和宣传，才能在越南当地长期立足，并且占领市场。企业应该利用多种手段对品牌进行宣传，提高品牌在越南的曝光度。同时，企业也应加大对中国文化的宣传力度，提高越南民众对中国文化的认同感，从而增加对中国产品的青睐度。

5.6.3　购买海外投资风险保险

　　近些年来越南快速经济增长带来了很多的投资机会，但随着经济发展，越南的用工成本和土地成本也是"水涨船高"，越南的劳动力素质也低于国内水平，这为海外企业运营和管理带来了挑战。同时，近期越南政府加大了环保、用工要求，企业的运营成本逐年攀升。这些不利因素都可能提升对越南的投资风险。

　　海外投资保险制度是目前世界上公认的促进和保护国际投资最普遍、最有效的制度。中国企业在向越南投资的过程中，应该对项目的风险进行一个全面细致的评估，并根据实际需要购买海外投资保险，切实保障切身的利益。

　　建议企业在开展对外投资合作过程中使用中国政策性保险机构——中国出口信用保险公司提供的相关产品；也可购买使用中国进出口银行等政策性银行提供的商业担保服务。利用保险的方式，中国企业在赴越南投资遭遇风险时，可以将损失降到最低。

5.6.4　通过中介咨询机构了解信息

　　海外投资面临的一个很大的风险因素就是对海外市场的有关信息不了解。中国企业到越南投资时也会面临这样的问题，比如企业会对越南的风土人情、政策法规以及行业发展状况缺乏了解，在这种情况之下，盲目进入很容易导致失败。因此，企业在前往越南进行投资的时候，可以与国际中介咨询机构加强合作，比如知名的信用评级机构、综合性投资银行、律师事务所和会计师事务所等。

　　一方面，企业可以通过这些中介机构获取在越南进行投资时所需要的相关信息，来规避一部分风险，降低由于信息不对称而造成投资失败的风险；另一方面，企业加强与一些知名中介机构的联系，有助于提高了企业的信用级别。如果企业在越南投资出现纠纷，在仲裁中，仲裁机构比较倾向于信誉良好的企业，从而降低对外投资失败的风险。

5.6.5 积极承担环保责任

我国企业对越南相关产业的投资中，纺织服装、造纸、化工机械等劳动密集型的加工制造业占了很大的比重，这些产业的发展必然会对越南国内的环境造成破坏。丰富的自然资源是越南参与国际分工的一大优势，如果中国企业在越南的投资过程中破坏了自然环境，会导致一些不必要的纠纷，使得越南的居民对中国企业的好感度下降。尽管越南是一个发展中国家，但是越南在环境保护上有着严格的要求。随着经济的发展，越南政府对于环境保护的重视程度日益提高，制订了严格的环境法规要求相关企业遵守。

中国企业在越南投资时，要了解越南国内的环保法规和环保标准，依法保护越南的生态环境。中国企业应该始终秉持"提高资源利用效率，减少排放，保护环境，推动东道国可持续发展"的理念，高度重视环境保护，处理好投资发展与环境保护之间的关系。尤其是资源开发型的投资项目，企业应该在项目建设之前就做好环保规划，在项目建设过程中以及项目建成之后都要推动环保措施的落实，尽可能减小项目对所在地环境的影响。对于一般性的投资项目，企业对生产经营可能产生的废气废水和废弃物，应该进行事先科学评估，在规划设计过程中设计出相应的解决方案。总之，中国企业在赴越南投资的同时，应该主动保护越南国内的生态环境，树立一个负责任的良好企业形象。

5.6.6 加强企业自身风险管控能力建设

由于越南的投资环境复杂多变，中国企业到越南进行投资时，必须建立健全企业内部的风险控制制度，减少投资中遇到的不确定性。首先，企业需要培养一支专业的人才队伍，有针对性地对其进行海外投资方面的培训，培训的内容包括越南相关的政治经济环境、相关的产业政策、当地的市场情况和社会风俗等，以便企业相关人员能够在投资过程中更好应对可能出现的问题。其次，企业需要在内部构建和完善对外投资的风险控制体系，提出具体的风险控制措施。在具体的投资计划的可行性得到验证之后，企业需要对越南国内相关信息进行收集和整理，对企业内部的风险控制措施进行及时有效的调整。

第6章

□□□□□□□□□□□□

柬埔寨农业投资环境与政策

6.1 柬埔寨的农业经济发展概况

6.1.1 柬埔寨的地理气候

柬埔寨王国（The Kingdom of Cambodia），旧称高棉，是位于东南亚的一个文明古国。柬埔寨于公元 1 世纪建国，历经了扶南、真腊、吴哥等时代，公元 9—14 世纪的吴哥王朝国力最为鼎盛，并诞生了闻名世界的吴哥文明。1863年起柬埔寨先后被法国和日本占领，最终于 1953 年 11 月宣布独立。但自 20世纪 70 年代开始，柬埔寨在他国的策动和侵占下经历了长期的战乱。1993 年在联合国的主持下，柬埔寨举行了大选。并于同年 9 月颁布新宪法，改国名为柬埔寨王国，确定了君主立宪制。此后，随着柬埔寨国家权力机关的相继成立和民族和解的进一步推进，柬埔寨进入了和平发展的新时代。

6.1.1.1 区位与国土

柬埔寨位于中南半岛南部，国土总面积在澜湄五国中位列最后一位，为18.1 万平方千米。其疆域分布在北纬 $10°20'\sim14°32'$、东经 $102°18'\sim107°37'$，南北距离最长可达 440 千米、东西距离最宽达到 650 千米。柬埔寨王国东部、东南部和越南接壤；西南部濒临泰国湾，有长达 460 千米的海岸线；西部、北部与泰国毗邻；东北部与老挝相邻，可见柬埔寨是一个连接内陆、濒临海洋的国家，且其位处中国和印度两大文明古国之间，具有较大的地理区位优势。其向北可通过柬泰、柬老边界的众多山口，穿过泰国和老挝到达处于亚洲大陆腹地的中国；向东可以沿着湄公河进入南海，进而通达东北亚诸国乃至位于太平洋对岸的美洲国家；向南可以由柬埔寨最大的海港——西哈努克港出发，经由泰国湾航行至南亚、西亚、非洲甚至欧洲；向西则可以穿越泰国、缅甸，然后进入巴基斯坦和印度等南亚国家。由于这种独特的区位优势，柬埔寨成为了东西方交通的重要枢纽。

随着中南半岛地区和平与稳定局面的形成,发展经济成为湄公河流域各国的基本国策。湄公河流域的综合开发利用和经济合作,引起流域各国、东盟、区域外大国的以及国际组织的高度重视,而"一带一路"倡议则为湄公河流域各国经济发展提供了一个重要的战略平台。

6.1.1.2 地形外貌

柬埔寨从整体上看是一个盆地,其三面环山、中间是平原,平原和高原占国土总面积的 3/4 以上。柬埔寨境内有湄公河和东南亚最大的淡水湖——洞里萨湖,能够为柬埔寨民众提供丰富的淡水资源。柬埔寨的地形主要分为山地、高原和平原,面积分别占柬埔寨国土总面积的 25%、29% 和 46%。依据柬埔寨地势的高低可以将其分为西南、西北、东北、中部以及海岸和岛屿五大地理区域。

西南地区涵盖洞里萨湖与泰国湾之间的区域,大体上包括菩萨省、贡布省、贡布省、磅士卑省和磅清扬省,面积约占国土总面积的 14.4%。边境主要包括豆蔻山脉和象山山脉两大山系,它们坐落在柬埔寨内地与泰国湾之间,能够削弱台风等自然灾害对内陆的影响。

西北地区包括马德望省、奥多棉芷省、卜迭棉芷省和柏威夏省,面积约为 1.8 万平方千米。其中位于柬埔寨北部,由西向东大约 300 多千米的扁担山脉,将柬埔寨与泰国清晰地分隔开来。

东北地区包括上丁省、桔井省、拉塔纳基里省、蒙多基里省和磅湛省的部分区域,总面积占到了国土总面积的 28.7%。这一地区涵盖了多个高原——东部高原、上川龙高原和磅湛高原。这些高原海拔在 100~500 米之间,地势较为平缓。其中,东部的多乐高原是柬埔寨重要的旱地农业区,位于老挝、越南边境的长山山脉。位于南部地区的上川龙高原海拔大约在 400~1 000 米,富含红土型铝土矿等多种矿产资源。

中部地区以洞里萨湖和湄公河为核心,包括金边市、干丹省、茶胶省、波萝勉省、柴桢省的全部地区和磅士卑、磅清扬、桔井、磅湛、菩萨、上丁和马德望等省的部分地区,面积占到国土总面积的 44.2%。中部地区的洞里萨湖盆地和湄公河下游构成了柬埔寨最大的地理单元。洞里萨湖盆地地势平坦,海拔在 110 米以下,不仅湖泊众多、人口密集、土质肥沃、交通便捷,还具有极其丰富的物产资源,成为了柬埔寨著名的鱼米之乡;湄公河及其支流周围地区地势较低,海拔最高只有 32 米,最低仅为 3 米。金边以南的平原地区是湄公河三角洲的重要组成部分，约占整个三角洲总面积的 20%。

此外，柬埔寨西南部濒临泰国湾，海岸曲折，大部分地区陡峭，主要由豆蔻山和象山的余脉以及海湾组成。其中最大的磅逊湾，宽 30 多千米，伸入内陆 60 多千米，湾口排列着一串规模不等的岛屿，构成天然屏障，具备修建港口的良好条件，湾内建有柬埔寨最大的海港——西哈努克港，该港是一个历史悠久的港口，但目前已经被辟作军港。

柬埔寨沿海岛屿众多，主要有 43 个，其中最大的是西北部的戈公岛，面积达 105 平方千米。其他面积较大的岛屿还有隆岛、富都岛、隆三龙岛、湾岛、沙密岛等。

总体来讲，柬埔寨境内有高山、平原，背靠山川、面向大海；内地既有湖泊，也有河流，水网密布、土壤肥沃，具有发展农业的优厚地理条件。

6.1.1.3　气候条件

柬埔寨处于北回归线以南，属热带季风气候，雨量充沛、气温较高、终年如夏，年平均气温在 29~30℃，年内平均温差仅为 6℃。每年的 12 月、1 月气温最低，月平均气温为 24℃；而 4 月气温最高，月平均气温可以达到 35℃，个别地区的最高气温甚至超过 40℃。虽然全国温差不大，但日温差较大，白天最高温度相较于夜晚最低温度，温差在 7~10℃，大于新加坡等热带雨林气候特征明显的国家。日温差大，有利于农作物生长发育，作物生长旺盛，产量高。

受从太平洋和内陆吹来的季风影响，柬埔寨全年可以分为雨季和旱季。柬埔寨全国年均降水量为 2 000 毫米。一般来说，雨季为每年的 5—10 月，月平均降水在 200 毫米以上，其中 9—10 月的降水量最多。整个雨季的降水总量达到了全年降水量的 90% 左右。同时受地形和季风的影响，各个地区的降水量分布很不均衡。因受西南季风的影响，西南部地区降水量要明显多于国内其他地区，特别是西南沿海的豆蔻山、象山临泰国湾一侧，年均降水量甚至高达 4 000 毫米，降水量最高的卜哥山年降水量可达 5 400 毫米以上；东部高原地区年降水量为 2 000 毫米左右；而中部平原地区年降水量约为 1 000~1 500毫米。

每年的 11 月至次年 4 月是柬埔寨的旱季，从亚洲内陆吹来东北季风较为干燥，使得降水稀少，并且由于白天受到阳光直射，气温较高。柬埔寨全年降水量最少的月份是 1 月，1 月马德望省的个别地区降水量仅为 2 毫米。充足的阳光辐射使柬埔寨特别适合水稻种植，也有利于在洞里萨湖周围的季节性水淹区、沼泽地区以及湄公河、洞里萨河沿岸的洪泛区种植浮稻等粮食作物。

6.1.2 柬埔寨的自然资源概况

柬埔寨土地总面积共 1 810.4 万公顷，其中可耕地 380 万公顷，永久性作物地 15.9 万公顷，森林和林地 933 万公顷，其他土地 481.5 万公顷。其中森林和林地仍有相当部分可开垦为耕地。对于柬埔寨耕地的土质，不同地区差异很大，中部地区的洞里萨盆地和湄公河平原以及东南部的其他平原地带，其土壤主要呈酸性，土质较为肥沃，非常适合种植水稻等各种粮食作物以及蔬菜。包括马德望省、菩萨省等地区在内的西部地区土壤主要呈碱性，适合种植棉花、烟草等经济作物。而红壤区主要位于柬埔寨东部和东南部，富含铁、铝氧化物，适合种植橡胶等经济作物。

由于长期战乱的影响，柬埔寨的土地资源利用率相当低。1970 年高峰时期的农业用地面积为 341.9 万公顷，1970 年后农业用地面积锐减，直到 1987 年以前全国耕地面积已不足 300 万公顷。随后由于政府对农业的重视，柬埔寨的农业用地面积开始快速增长，截至 2016 年柬埔寨的农业用地面积达到 545.5 万公顷，农业用地面积占到了土地面积的 30.9%。可见，柬埔寨农业用地面积占土地面积比例仍然较小，农业方面的土地资源利用率相对其他国家较低（图 6-1）。

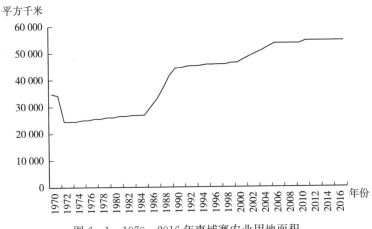

图 6-1 1970—2016 年柬埔寨农业用地面积

数据来源：世界银行《世界发展指标》。

柬埔寨的耕地面积呈现出和农业用地相同的变化趋势（图 6-2），1970 年柬埔寨的耕地面积已扩大为 269.3 万公顷，1970 年后耕地面积锐减。1979 年金边政权成立后，采取了一些措施促进农业发展，耕地面积开始回升。1980—2016 年，柬埔寨的耕地面积从 200 万公顷增至 380 万公顷，约占农业用地的 69.7%。尽管如此，柬埔寨扩大耕种面积的潜力仍旧很大，可耕地中有大部分土地正处于撂荒状态，其中有相当部分的土地曾被耕种多年，但后来由于各种原因而荒废，具有再度开发的价值和潜力。例如，柬埔寨西北部的马德望省、暹粒省以及北部的磅同省，都曾是柬埔寨的粮食主产区，但由于长期处于战争前沿，大片耕地成为遍布地雷的雷场，人畜均无法涉足。

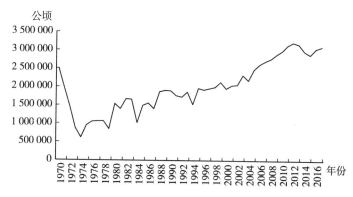

图 6-2　1970—2015 年柬埔寨耕地面积

数据来源：世界银行《世界发展指标》。

柬埔寨的土地资源当前主要存在以下问题：

（1）土地资源的占有不平衡。1989 年柬埔寨国会颁布法令，规定每户家庭可以拥有 5 公顷土地用以耕作，但实际上由于土地被占用以及实际情况的限制等多方面原因，土地的占有很不平衡。人口高密度地区所分得土地总量不如西北部人口稀少地区，如戈公省约有 50% 的人口没有土地，只能以从事渔业、边境贸易和伐木等为生。

（2）土地兼并问题。过去 20 年来，柬埔寨的土地资源逐渐向某些特定人群集中，同时有些人为了生计或其他原因不得不出卖自己的土地，由于人口的迅速增长和土地供应机制的不完善，进一步加剧了这种趋势。土地兼并主要是由部分政府官员及商人所为，当然也存在其他占用农业用地的现象，这一问题使得多年来柬埔寨土地资源逐渐减少的趋势难以逆转。土地兼并的问题严重制约着柬埔寨农业的发展。但近年来柬埔寨政府已开始采取措施缓解这一问题，包括制定了有关土地清册委员会组织和功能的法令以及关于土地登记系统的法令等。

（3）农村土地纠纷较多。由于近20多年的战乱，与土地分配有关的较多产权凭证和登记信息都已经丢失，迄今为止只有约10％的农民拥有土地所有权证，且其中大部分是临时性质的，大部分农民是在没有土地证的土地上进行劳作，由于缺乏土地证的界定和保障，民众间极易发生土地纠纷。同时由于缺乏有关土地使用期限的法律规章，土地的使用期限极不稳定，大大降低了农民对土地进行长期投资的意愿。

6.1.3 柬埔寨的农业经济发展概况

柬埔寨的农业经济在国民经济中占主要地位，农村人口占比较大，2007年以前，农业就业人员占比一直超过50％，但随着经济的发展，二、三产业逐渐兴起，农业就业人员占比开始下滑（图 6-3），2018 年该占比已降至 30.4％。

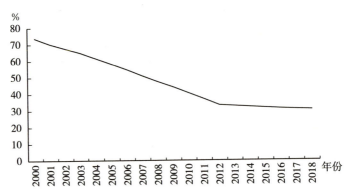

图 6-3　2000—2018 年柬埔寨农业就业人员占就业总数的百分比

数据来源：世界银行《世界发展指标》。

2000 年以前，农业产出几乎占了柬埔寨国民产出的一半，但农业部门对GDP 的贡献在 2000 年之后的几年内有所下降。如图 6-4 所示，2000—2004年，柬埔寨的农业总产值增长速度十分缓慢，且农业对 GDP 的贡献从 33％下滑到了 30％，但之后农业对 GDP 的贡献又开始逐渐加大，2004 年以后农业总产值以较快的速度增长，2016 年农业总产值已经达到 88.4 亿美元，农业总产值占 GDP 的比重于 2012 年达到最大值，为 58.57％，超越了国内生产总值的一半。直至今日，农业依然是推动柬埔寨经济发展最重要的一部分，可见加大对柬埔寨农业的投资十分迫切。

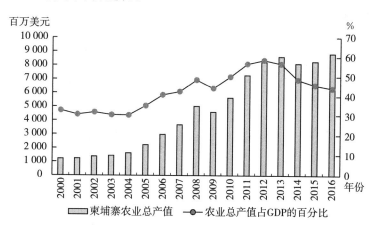

图 6 - 4　2000—2016 年柬埔寨农业总产值

注：此处的农业总产值指种植业和畜牧业的总产值。

数据来源：联合国粮食与农业组织。

从柬埔寨的农业增加值来看，2000—2018 年呈现出稳步增长的特征，2000 年柬埔寨的农业增加值为 13.13 亿美元，2018 年达到 54.1 亿美元，增长了 412%，从长期来看，柬埔寨的农业增加值有加速上涨趋势，柬埔寨政府也将进一步大力扶植农业的发展，农业在国民经济中的地位将会进一步凸显（图 6 - 5）。

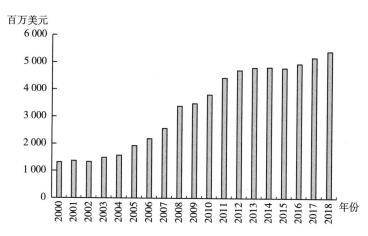

图 6 - 5　2000—2018 年柬埔寨农业增加值

数据来源：世界银行《世界发展指标》。

6.1.3.1　种植业

柬埔寨的种植业资源非常丰富。生产的主要作物有粮食作物如稻谷、薯类、玉米、大豆等，还有经济作物如橡胶、胡椒、芝麻、棉花、烟草、甘蔗、棕糖、芝麻、蓖麻、咖啡等，柬埔寨还种植包括卷心菜、花椰菜、西红柿、四季豆等在内的蔬菜作物，此外，柬埔寨还有丰富的林果品种如香蕉、芒果、石榴、柑橘和椰子等。

1. 主要粮食作物

（1）稻谷。稻谷是柬埔寨的主要农产品之一，是其最主要的出口产品和外汇的主要来源。柬埔寨种植稻谷的种类繁多，主要包括水稻、旱稻、浮稻，它们的种植面积占耕地面积的 80％以上。中部地区的湄公河流域和洞里萨湖沿岸为著名产米区，其中水稻分布在平原地区。

浮稻也称作深水稻，主要种植在洞里萨湖和湄公河沿岸的洪泛区，是柬埔寨农民在与自然抗衡中创造出来的新品种，能够充分适应洪涝。浮稻主要分红稻和白稻两种，在雨季前期种下，随着雨水淹没的土地的水位不断上升，浮稻的稻秆也逐渐向上生长，高度可达 6～7 米。等到第二年 1—3 月洪涝退去，稻谷就已经成熟并可以收割。总体来说浮稻的产量较低，但稻米的质量较高。而旱稻主要种植在暹粒省和洞里萨湖与金边市之间的地区。

21 世纪以来，政府一直把扩大水稻种植面积、提高粮食产量作为发展农业，特别是种植业的重点。水稻种植面积持续增长，而产量除了在 2002 年和 2004 年因严重的旱涝影响下降以外，其余年份均在稳步增长。如表 6 - 1 所示，2000 年柬埔寨的稻谷种植面积为 190.32 万公顷，总产量为 402.61 万吨；到了 2017 年柬埔寨稻谷种植面积达到 295.09 万公顷，总产量达 1 035 万吨，相比 2000 年总产量增长 157.07％。

表 6 - 1　2000—2017 年柬埔寨稻谷种植情况

年份	种植面积（万公顷）	单产（吨/公顷）	总产量（万吨）	产值（百万美元）
2000	190.32	2.12	402.61	387.85
2001	198.03	2.07	409.90	431.22
2002	199.46	1.92	382.25	459.24
2003	224.20	2.10	471.10	495.60
2004	210.91	1.98	417.03	556.56
2005	241.45	2.48	598.62	879.10

（续）

年份	种植面积（万公顷）	单产（吨/公顷）	总产量（万吨）	产值（百万美元）
2006	251.64	2.49	626.41	854.91
2007	256.60	2.62	672.70	1 194.09
2008	261.34	2.75	717.55	1 778.75
2009	267.46	2.84	758.59	1 629.21
2010	277.65	2.97	824.53	2 013.59
2011	296.85	2.96	877.90	2 355.63
2012	300.75	3.09	929.09	2 492.64
2013	296.29	3.17	939.00	2 536.78
2014	285.83	3.26	932.40	2 511.22
2015	279.84	3.34	933.50	2 477.77
2016	290.86	3.42	995.20	2 665.46
2017	295.09	3.51	1 035.00	—

数据来源：联合国粮食与农业组织。

近年来柬埔寨的大米总产量逐渐提高，已经从一个稻米净进口国发展为一个稻米净出口国。但由于 60% 的稻田仍以传统方式耕种，效率低下，且水稻主产区经常受洪涝灾害影响，表土养分流失严重，土质贫瘠，且得不到有机肥料和化肥的补充，2017 年每公顷土地的产量只有 3.51 吨，比越南和泰国 5.4 吨左右的单产低得多。

（2）薯类。柬埔寨的地理气候条件非常适合薯类的生长，由于对土壤条件和栽培的要求不高，加之市场对淀粉需求的大幅增加，越来越多的柬埔寨农民种植薯类。如今，薯类已经超越稻谷，成为第一大粮食作物。

柬埔寨主要以栽培木薯为主，木薯又分为甜种和苦种，甜种木薯除了可以新鲜食用以外，还可以加工成淀粉后制成各种食品。如表 6 - 2 所示，柬埔寨木薯在 2000 年的种植面积为 1.54 万公顷，单产 9.61 吨/公顷，总产量 14.78 万吨，总产值 24.20 百万美元；而到了 2017 年，木薯的种植面积已经扩展到了 39.21 公顷，单产上升到 26.98 吨/公顷，总产量达到 1 057.78 万吨，相比 2000 年，总产量翻了 70 余倍，其产量超越稻谷成为第一产量粮食作物。由于柬埔寨薯类种植业发展迅速，泰国、越南、马来西亚和中国等投资者纷纷来柬埔寨投资种植薯类和开设工厂，以抢占薯类市场。

表 6 - 2 2000—2017 年柬埔寨木薯种植情况

年份	种植面积（万公顷）	单产（吨/公顷）	总产量（万吨）	产值（百万美元）
2000	1.54	9.61	14.78	24.20
2001	1.36	10.47	14.23	25.72
2002	1.93	6.33	12.20	23.95
2003	2.50	13.21	33.06	54.09
2004	2.25	16.09	36.21	90.24
2005	3.00	17.87	53.56	141.09
2006	9.63	22.65	218.20	510.34
2007	10.80	20.51	221.50	459.44
2008	17.99	20.43	367.62	655.60
2009	16.03	21.81	349.73	334.58
2010	20.23	21.00	424.74	605.92
2011	36.95	21.74	803.38	1 593.51
2012	33.71	22.59	761.37	1 319.61
2013	30.96	24.39	755.01	1 376.44
2014	32.58	25.55	832.46	1 493.66
2015	35.75	25.43	909.06	1 613.68
2016	37.52	26.20	983.07	1 788.46
2017	39.21	26.98	1 057.78	—

数据来源：联合国粮食与农业组织。

（3）玉米。柬埔寨广大地区都适合种植玉米，但主要分布在东部高原和金边附近，多种植于马德望省和磅湛省，马德望省的玉米产量占到了全国产量的70%。玉米是柬埔寨第三大粮食作物，近年来其出口额占到了出口总物资的第三位。柬埔寨的玉米主要分红、白两个品种，红玉米的种植面积较大，主要用作饲料并出口到他国，因品质好而在国际饲料市场上享有极好的声誉；白玉米质地甜脆鲜嫩，口感极佳，但因种植面积小且单产较低，总产量较红玉米低，主要是小型种植并供当地人食用。

如表 6 - 3 所示，21 世纪以来，玉米种植发展也十分迅速，2000 年，柬埔寨玉米种植面积为 5.74 万公顷，单产 2.73 吨/公顷，总产量为 15.70 万吨，总产值 25.54 百万美元；而到了 2017 年，种植面积已经增加至 15.94 万公顷，单产增加到 4.7 吨/公顷，总产量达到 75 万吨，是 2000 年产量的 4.77 倍。

表 6 - 3　2000—2017 年柬埔寨玉米种植面积、单产、总产量、总产值

年份	种植面积（万公顷）	单产（吨/公顷）	总产量（万吨）	产值（百万美元）
2000	5.74	2.73	15.70	25.54
2001	6.72	2.76	18.56	22.75
2002	7.16	2.08	14.89	11.04
2003	8.40	3.75	31.46	30.40
2004	7.73	3.32	25.67	31.95
2005	7.05	3.52	24.78	33.54
2006	10.53	3.58	37.69	56.04
2007	14.20	3.68	52.30	125.07
2008	16.31	3.75	61.19	159.07
2009	22.13	4.18	92.40	185.73
2010	21.40	3.61	77.33	203.62
2011	17.43	4.11	71.70	218.01
2012	21.54	4.41	95.09	298.50
2013	20.78	4.46	92.70	293.02
2014	12.00	4.58	55.00	173.32
2015	8.86	4.52	40.00	124.23
2016	14.38	4.61	66.30	111.51
2017	15.94	4.70	75.00	—

数据来源：联合国粮食与农业组织。

（4）大豆。柬埔寨种植的大豆大部分直接出口到泰国，磅湛省曾是柬埔寨种植大豆最多的省份，而马德望省由于地理优势，大豆的种植已超过磅湛省。大豆总产值当前位居粮食作物中的第二位，对于农业经济的贡献巨大。

如表 6 - 4 所示，2000 年柬埔寨大豆的种植面积仅为 3.33 万公顷，单产 0.85 吨/公顷，总产量 2.81 万吨，总产值 199.22 百万美元；而 2017 年，大豆的种植面积已经扩展到 10.40 公顷，单产扩大到 1.62 吨/公顷，总产量扩大到 16.8 万吨。

表 6 - 4　2000—2017 年柬埔寨大豆种植情况

年份	种植面积（万公顷）	单产（吨/公顷）	总产量（万吨）	产值（百万美元）
2000	3.33	0.85	2.81	199.22
2001	2.87	0.86	2.47	202.69

（续）

年份	种植面积（万公顷）	单产（吨/公顷）	总产量（万吨）	产值（百万美元）
2002	2.89	1.34	3.88	250.32
2003	5.20	1.21	6.32	206.46
2004	8.42	1.31	11.03	163.45
2005	11.59	1.55	17.91	154.78
2006	6.44	1.53	9.83	198.58
2007	7.60	1.54	11.70	454.22
2008	7.44	1.46	10.84	763.03
2009	9.64	1.42	13.73	909.62
2010	10.32	1.52	15.66	1 046.98
2011	7.06	1.62	11.46	1 069.83
2012	7.10	1.69	12.02	2 116.39
2013	10.00	1.57	15.70	2 397.48
2014	10.20	1.59	16.20	1 966.70
2015	10.20	1.59	16.20	2 111.85
2016	10.20	1.59	16.20	2 278.06
2017	10.40	1.62	16.80	—

数据来源：联合国粮食与农业组织。

2. 橡胶

橡胶在柬埔寨的出口物资中占据重要地位。橡胶大都种植在柬埔寨东部、东南部的红土区域，包括磅湛省、磅同省、桔井省和腊塔纳基里省等地，其中磅湛省的橡胶产量占全国橡胶总产量的 90%，是柬埔寨的橡胶主产区。当前国际市场中橡胶种植的开发潜力较大，且生产方法较为先进，通过提早割胶的时间、提高在胶树上割胶的高度、合理密度种植或注射生长激素都能够提高橡胶树的质量和产量。柬埔寨的橡胶产品大部分以原料的方式出口到欧洲、亚洲各国。但从 21 世纪以来，柬埔寨橡胶种植遇到了很大的瓶颈，由表 6-5 可以看出，2000—2007 年间橡胶种植面积从 3.41 万公顷减少到 1.80 公顷，单产从 1.24 吨/公顷降至 1 吨/公顷，总产量从 4.24 万吨下降到 1.79 万吨，总产值从 900 万美元削减至 495 万美元。这主要是由于政府对胶原管理不力，胶农乱砍胶树所致，虽然后来政府对胶园进行了私有化改造，情况暂时有所改善，但随后依旧恶化。到了 2017 年，柬埔寨的橡胶种植面积仅为 1.54 万公顷，单产 1.03 吨/公顷，总产量降为 1.58 万吨。

表 6-5　2000—2017 年柬埔寨橡胶种植情况

年份	种植面积（万公顷）	单产（吨/公顷）	总产量（万吨）	产值（百万美元）
2000	3.41	1.24	4.24	9.00
2001	3.36	1.15	3.87	8.09
2002	2.99	1.10	3.27	6.85
2003	2.95	1.10	3.25	6.77
2004	2.38	1.10	2.61	5.70
2005	2.21	0.92	2.03	4.65
2006	2.06	1.04	2.14	5.23
2007	1.80	1.00	1.79	4.95
2008	3.37	0.94	3.17	10.95
2009	3.41	1.10	3.74	12.33
2010	3.85	1.10	4.23	14.27
2011	2.40	1.05	2.52	9.97
2012	2.16	1.04	2.25	9.08
2013	1.97	1.04	2.05	8.28
2014	1.82	1.04	1.89	7.58
2015	1.71	1.03	1.76	6.95
2016	1.61	1.03	1.67	6.67
2017	1.54	1.03	1.58	—

数据来源：联合国粮食与农业组织。

3. 胡椒

柬埔寨曾是最著名的胡椒出口国，胡椒也是其出口的重要产品之一。胡椒主要种植于贡布省、白马省、茶胶省等沿海湿润多雨的地区，其中以贡布省和白马省出产的贡布胡椒最为出名，这种胡椒种植在河边的红土地上，使用柬埔寨祖辈长期流传下来的种子，在种植过程中不施化肥，因此贡布胡椒比其他地方的胡椒更具有辛辣味和香味。由于口味独特，这种辣椒甚至还得到了欧盟的认可和支持。当前柬埔寨的胡椒种植发展态势良好，随着柬埔寨"胡椒发展政策"的推进，2018 年柬埔寨的胡椒种植已扩大至全国 19 个省份，面积约为6 674公顷。2000—2017 年胡椒的总产量变化较小，总产值也始终维持在一个较低的水平。2000 年柬埔寨胡椒的总产量为 0.22 万吨，而 2017 年则为 0.25

万吨，胡椒总产值在 2005 年达到最低值，仅为 330 万美元，在 2016 年达到最高值，为 915 万美元（图 6-6）。

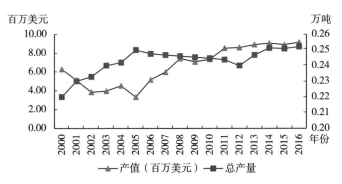

图 6-6 2000—2016 年柬埔寨胡椒总产量、总产值

数据来源：联合国粮食与农业组织。

4. 芝麻

芝麻在柬埔寨的经济作物中也占据重要地位，其中主要以黑芝麻的种植为主，种植的黑芝麻主要用于本国食品加工和出口到其他国家。柬埔寨的芝麻种植近年来发展缓慢，由表 6-6 可以看出，2000 年芝麻的总产量为 0.99 万吨，总产值为 539 万美元，2005 年芝麻的总产量、总产值达到顶峰，分别为 9.02 万吨、6 883 万美元，然而到了 2016 年，其总产量仅为 2.9 万吨，总产值则降至 3 996 万美元，这与橡胶种植的发展非常类似。

表 6-6 2000—2016 年柬埔寨芝麻生产情况

年份	总产量（万吨）	产值（百万美元）
2000	0.99	5.39
2001	0.90	4.76
2002	1.02	6.31
2003	2.20	10.69
2004	5.50	45.19
2005	9.02	68.83
2006	3.49	31.09
2007	3.19	27.57
2008	2.73	40.31
2009	3.45	47.06

（续）

年份	总产量（万吨）	产值（百万美元）
2010	2.99	43.59
2011	3.35	48.79
2012	2.68	36.48
2013	2.60	35.69
2014	2.90	39.68
2015	2.80	37.76
2016	2.90	39.96

数据来源：联合国粮食与农业组织。

5. 蔬菜

柬埔寨的气候和土壤条件很适合各种蔬菜的栽种，常见的蔬菜有卷心菜、花椰菜、芥蓝、茄子、西红柿、灯笼椒、洋葱、油麦菜、长豇豆、四季豆、黄瓜、冬瓜、南瓜等，蔬菜生产的省份主要是磅湛、磅清扬和甘单三个省。

如表6-7所示，由于柬埔寨大力推动农业多样性，而且蔬菜的价格远高于大米的市场价值，因此很多农民从只种植水稻转向了种植蔬菜，2000—2012年柬埔寨的蔬菜种植面积由7.41万公顷扩展到9.6万公顷，由于栽种技术落后，单产变化基本没有太大变化，产量因种植面积的扩大由47.52万吨上升到62.80万吨，产值则由12 526万美元上涨至41 319万美元，但之后由于种植面积的缩小，产量、产值开始下滑，到了2016年，柬埔寨的蔬菜总产量只有53.97万吨，而产值为36 048万美元。当前柬埔寨的蔬菜国内供应量完全无法满足国内需求，因此每年需要从邻国进口大量蔬菜来弥补缺口。

表6-7 2000—2017年柬埔寨蔬菜种植面积、单产、总产量、总产值

年份	种植面积（万公顷）	单产（吨/公顷）	产量（万吨）	产值（百万美元）
2000	7.41	6.42	47.52	125.26
2001	7.60	6.22	47.30	122.96
2002	7.45	6.37	47.50	123.64
2003	7.58	6.37	48.27	125.09
2004	7.62	6.36	48.51	158.11
2005	7.70	6.25	48.13	194.97
2006	7.57	6.35	48.10	199.28

（续）

年份	种植面积（万公顷）	单产（吨/公顷）	产量（万吨）	产值（百万美元）
2007	7.80	6.24	48.70	216.12
2008	7.91	6.36	50.37	279.77
2009	8.23	6.38	52.51	278.39
2010	8.52	6.39	54.42	299.97
2011	8.82	6.40	56.47	362.26
2012	9.60	6.54	62.80	413.19
2013	9.45	6.42	60.64	400.99
2014	8.32	6.43	53.48	354.31
2015	8.32	6.46	53.72	351.01
2016	8.35	6.47	53.97	360.48
2017	8.38	6.47	54.22	—

数据来源：联合国粮食与农业组织。

6. 果木

柬埔寨适合多种热带果树的生长，但是水果种植并未形成规模，基本上是自产自用。柬埔寨主要栽种的水果有香蕉、椰子、芒果、柑橘、菠萝等，还有如油棕果、葡萄柚、柠檬、龙眼、石榴等其他水果，种类丰富，柬埔寨虽然盛产热带水果，但是缺乏相应的储藏和调配技术，导致大批水果烂在树上、地里，产量和产值也受到了很大的影响。

如表 6-8 所示，香蕉始终在柬埔寨的水果种植中占主导地位，椰子、芒果、柑橘等产量十分接近，从总体趋势来看，香蕉的生产受到一定的压迫，产量从 2010 年开始不断下滑，到了 2017 年，其产量下降到 13.77 万吨，而如芒果、柑橘、菠萝等产量都在稳步上升，2017 年的产量分别为 6.87 万吨、6.48 万吨、2.42 万吨。

表 6-8 2008—2017 年柬埔寨主要水果产量

单位：万吨

年份	香蕉	椰子	芒果、山竹、番石榴	柑橘	菠萝
2008	15.10	7.09	5.30	6.40	2.05
2009	15.30	6.14	5.50	6.50	2.20
2010	15.78	6.55	5.71	6.52	2.25

（续）

年份	香蕉	椰子	芒果、山竹、番石榴	柑橘	菠萝
2011	14.21	6.56	5.94	6.46	2.25
2012	13.96	6.69	5.99	6.44	2.27
2013	13.85	7.06	6.16	6.45	2.31
2014	13.78	6.21	6.34	6.46	2.34
2015	13.75	6.55	6.52	6.47	2.38
2016	13.75	7.00	6.69	6.48	2.42
2017	13.77	6.96	6.87	6.48	2.45

数据来源：联合国粮食与农业组织。

由图 6-7 可以看出，柑橘在水果类作物中的总产值始终处于最高水平，2008 年其总产值为 4 995 万美元，但是到了 2016 年，其总产值已经上升到了 14 424 万美元，这与柑橘在柬埔寨当地的价格偏高有很大的联系。相比之下，香蕉产量虽高，但由于价格低廉，其总产值并不处于优势地位，2016 年柬埔寨的香蕉总产值为 6 130 万美元。其他几种水果产值变化幅度较为平缓。

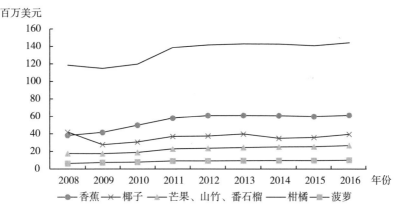

图 6-7　2008—2016 年柬埔寨主要水果总产值

数据来源：世界银行《世界发展指标》。

6.1.3.2　畜牧业

柬埔寨的畜牧养殖业虽然起步较晚，但已成为该国继种植业后的第二大产业。由图 6-8 可以看出，1979 年柬埔寨的畜牧业生产指数达到低谷，仅为 13.38，随后开始回升，在柬埔寨政府的扶持下，无论是工业化养殖还是家庭养殖均有了快速的发展，2006 年柬埔寨的畜牧业生产指数已经高达 104.06。

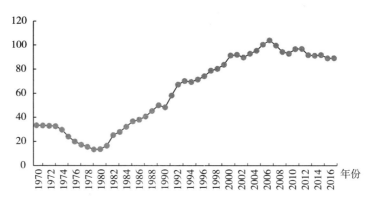

图 6 - 8　1970—2016 年柬埔寨畜牧业生产指数

注：2004 年＝100。

数据来源：世界银行《世界发展指标》。

柬埔寨气候条件适合畜牧业的发展，具有发展畜禽养殖的良好自然条件，这一领域的开发必然会为柬埔寨的农业发展做出突出贡献。同时柬埔寨政府也在进一步推进畜牧业系统化、智能化发展，柬埔寨的畜牧业生产指数还有很大的增长空间。

柬埔寨的畜牧业主要以养殖牛、猪为主，家禽、羊、马的养殖则相对较少。柬埔寨每年出口几万头牲畜到其他国家，是东南亚少有的牲畜出口国之一，同时柬埔寨的人均牲畜数在所有东南亚国家中占第一位。但由于柬埔寨的畜牧业起步较晚，目前还没有大规模的牲畜饲养业，因此畜牧业具有长远的发展前景。

从 2013—2017 年柬埔寨主要生产的家禽和家畜数量（表 6 - 9）可以看出，自 2013 年以来，柬埔寨主要养殖牲畜的数量大多呈下降趋势，这从一方面佐证了在柬埔寨农业发展过程中，畜牧业被摆在了一个相对种植业较为不利的位置，需要进一步的开发。

表 6 - 9　2013—2017 年柬埔寨主要生产家禽和家禽数量

单位：万只

年份	水牛	黄牛	鸡	鸭	猪	奶牛
2013	5.74	50.41	1 750.00	628.50	205.64	13.80
2014	5.43	47.09	1 742.10	632.40	223.10	14.00
2015	5.16	46.76	1 674.00	630.40	221.00	12.20

（续）

年份	水牛	黄牛	鸡	鸭	猪	奶牛
2016	5.02	47.33	1 726.70	632.90	220.85	12.25
2017	4.74	48.86	1 829.50	666.90	196.72	12.49

数据来源：联合国粮食与农业组织。

6.1.3.3　林业

柬埔寨具有丰富的森林资源，森林覆盖率达到 57.1%，主要包括常绿林、半常绿林、落叶林和其他林等，生产的木材种类多达 200 多种，其中包括贵重的热带林木，如铁木、紫檀、柚木、黑檀等。同时森林中还盛产许多医用药材和林副产品，如豆蔻、马钱子、桂皮、沉香、藤黄、胖大海、檀香和树脂、藤、樟脑、漆、桐油等，是一个天然的资源宝库。

但由于多年来的乱砍滥伐，柬埔寨的森林体系受到严重破坏，森林面积下降到 933 万公顷，森林覆盖率下降到 40% 以下。政府为了保护环境和实现经济的可持续发展，开始严格执行森林开采禁令，同时木材的出口也受到严格制约。同时政府推出了一系列可持续的森林管理政策，如林业特许经营模式、森林和生物多样性保护、野生生物管理与生态旅游、社区林业管理等，通过这一系列的森林管理措施，能够对柬埔寨的林业资源起到一定的保护作用。

6.1.3.4　渔业

柬埔寨水资源丰富，不仅包含湄公河和东南亚最大的淡水湖——洞里萨湖，还有长达 460 千米的海岸线。作为柬埔寨农业的重要组成部分，渔业也是促进柬埔寨经济增长的重要领域。据柬埔寨农林渔业统计数据，渔业在整体农业中的比重达 25%，占 GDP 比重为 10%～12%。柬埔寨也成为继挪威和日本之后，鱼肉消费量最多的国家之一。鉴于此，柬埔寨政府制定了《2010—2019 年水产业发展战略》，以大力扶持渔业养殖业发展，同时鼓励外资企业投资柬埔寨渔业。

柬埔寨的渔业可以分为淡水渔业和海洋渔业，柬埔寨是东南亚地区淡水渔业资源、淡水捕捞和淡水养殖业比较发达的国家。洞里萨湖流域的淡水渔业在整个渔业中的占比较大，柬埔寨农林渔业部总局局长英杰山在 2017 年 25 日指出，2017 年柬埔寨淡水鱼产量为 53 万吨，比 2016 年的 51 万吨增加了 2 万吨。海洋渔业在柬埔寨的渔业中比重较小，主要集中在泰国湾。泰国湾是一个高生产率渔场，渔业资源可以分为中上层鱼类和底层鱼类。中上层鱼类主要是沙丁鱼、鲐鱼、参鱼、鲲鱼等经济鱼类，其中沙丁鱼产量最高；底层鱼类主要是金线鱼种、石首鱼种、大眼鲷科、唐吉鳗科等。可见柬埔寨的海洋渔业资源十分丰富，具有较大的开发空间。

6.2 柬埔寨的营商环境及投资促进政策

6.2.1 柬埔寨的营商环境

根据世界银行 2019 年发布的报告，2019 年柬埔寨的营商便利度排名在第138 位，泰国、越南、老挝和缅甸分别处于第 27、69、154、171 位，说明柬埔寨的营商环境相对于其他国家较为落后。澜湄五国 2016—2019 年的营商便利度得分如表 6-10 所示，2016—2019 年间柬埔寨的营商便利度在澜湄五国中一直处于第三位，营商环境较为落后。柬埔寨的营商便利度得分近几年呈现不断上涨的趋势，2016 年其营商便利度得分为 53.87，而 2019 年上升到54.8，但是相对于泰国、越南等其他国家，柬埔寨的营商便利度得分上升速度非常缓慢，这说明了柬埔寨的营商环境的优化不是很明显，亟待进一步优化。

表 6-10　2016—2019 年世界各国的营商便利度得分

年份	柬埔寨	泰国	越南	老挝	缅甸
2016	53.87	70.85	62.36	49.37	43.36
2017	54.16	71.7	65.08	50.22	43.91
2018	54.39	77.39	66.77	51.15	44.21
2019	54.80	78.45	68.36	51.26	44.72

数据来源：世界银行《2019 年世界营商环境报告》。

6.2.1.1 创办企业便利程度

开办企业的程序和时间是营商环境的重要评价指标，此处将主要通过在柬埔寨开业所需的程序数、时间、成本和最低实收资本来进行分析，并最终得到开业得分指数来对开业难易程度进行评价。对于开业所需的程序数，主要是指五名同性别的企业家从创办到经营当地有限责任公司时所需的全部程序数，而开业所需时间指的是完成这些程序所需要的总时间。

由表 6-11 可见，2004—2008 年，在柬埔寨开业所需的程序和时间都在变短，但从 2009 年开始至 2015 年，程序和时间大致呈增加趋势。特别是2009 年，开业所需的时间直接由 86 日增长至 102 日。这主要是由于全球经济危机对于柬埔寨经济的负面影响。对于要新进入的每一个企业，柬埔寨政府必须进行慎重的抉择，导致了开业所需时间大幅增长。但是最近 4 年，在柬埔寨开业所需的程序数和时间又开始逐渐减少，这是在柬埔寨经济稳健后吸引投资的一个重要举措。

表 6-11　在柬埔寨开业所需程序和时间数

年份	所需程序数（个）	所需时间（天）
2004	11	95
2005	11	95
2006	10	87
2007	10	86
2008	10	86
2009	11	102
2010	11	102
2011	11	102
2012	11	102
2013	11	102
2014	12	101
2015	12	101
2016	8	87
2017	9	99
2018	9	99
2019	9	99

数据来源：世界银行《2019 年世界营商环境报告》。

开业成本（人均收入的百分比）主要是指由五个企业家完成从合并到经营企业的程序所需的总成本占这个团体人均收入的百分比；而实收最低资本（人均收入的百分比）指的是企业家在注册公司前或在注册后 3 个月内需要存入银行或第三方账户以支持公司运营的最低金额占人均收入的百分比。

由表 6-12 可以看出，开业成本及实收最低资本要求自 2004 年以来大致呈下降趋势，这一方面是由于柬埔寨人均收入水平的提高，另一方面得益于政府对新办企业和并购企业的支持，大大降低了开业成本，为外国投资者在柬埔寨新设企业营造了较好的营商环境。

表 6 - 12   在柬埔寨开业成本及最低实收资本

年份	开业成本（%）	实收最低资本（%）
2019	47.4	76.2
2018	51.3	82.5
2017	55.7	89.9
2016	59.6	96.4
2015	120.4	104.3
2014	129.8	110.1
2013	77.7	114.1
2012	109.0	125.4
2011	127.5	148.0
2010	137.4	146.3
2009	150.6	175.6
2008	190.3	203.1
2007	236.5	265.0
2006	276.1	80.7
2005	480.1	78.8
2004	534.8	438.9

数据来源：世界银行《2019 年世界营商环境报告》。

通过将以上几个方面的开业指标各自按照一定比例加权，得到了柬埔寨开业总得分的指数。2004—2019 年在柬埔寨开业的总得分呈上升趋势，该得分

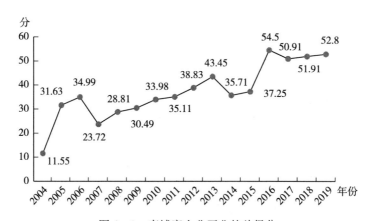

图 6 - 9   柬埔寨企业开业的总得分

数据来源：世界银行《2019 年世界营商环境报告》。

在 2004 年仅为 11.55，而在 2019 年增长到了 52.8 分，增幅达到 357%，可见从 2004 年至今，在开业方面柬埔寨的营商环境得到了极大的改善。这意味着在柬埔寨开业受到的经济、政策的影响将越来越小，能够吸引更多的国内外投资者在柬埔寨开业，丰富柬埔寨的产业，促进产业内竞争，推动柬埔寨经济发展（图 6 - 9）。

6.2.1.2　基础设施状况

1. 电力供应

根据柬埔寨工业矿产能源部提供的数据，2017 年柬埔寨全国的电力供应量达到 81.5 亿千瓦时，同比增长 16.1%。其中国内发电量为 65 亿千瓦时，同比增长 20.7%，占到了当年全国电力供应的 79.8%。由于国内发电量绝对数值较低，柬埔寨每年还需要从其他国家进口部分电力，2017 年柬埔寨从泰国、越南、老挝进口电力 16.5 亿千瓦时，占全国电力供应的 20.2%。即使如此，大部分农村地区和部分城市，电力供应的质量依然不稳定，且电力供应的价格很高，每千瓦时约为 0.15~0.2 美元。

对电力的分析主要从获得电力所需的程序数、时间、成本来衡量（表 6 - 13），其中，获得电力所需的程序数是指将电力连接到仓库的程序数。2010—2019 年获得电力的程序始终维持为 4 个，程序数并无太大的简化空间，主要包括申请链接、接受现场和内部布线检查、采购材料、获得实际链接工资并支付保证金的环节。接电时间在 2014 年有了明显的下降，此后一直维持在 179 天，接电时间在每个程序之间有极大的简化空间。

接电成本指的是将电力链接到仓库所涉及的所有费用和成本占经济体人均收入的百分比。从 2010 年以来，柬埔寨企业的接电成本大幅下降，2010 年该接电成本为 3 854.2%，而 2019 年该成本下降到了 1 837.1%，这主要得益于柬埔寨政府在基础设施建设上的努力。

表 6 - 13　在柬埔寨新设企业的接电程序数、时间和成本

年份	接电所需程序数（个）	接电时间（天）	接电成本（%）
2019	4	179	1 837.4
2018	4	179	1 993.2
2017	4	179	2 172.3
2016	4	179	2 336.1
2015	4	179	2 495.4

（续）

年份	接电所需程序数（个）	接电时间（天）	接电成本（%）
2014	4	179	2 636.1
2013	4	194	2 802.0
2012	4	194	3 062.5
2011	4	194	3 581.5
2010	4	194	3 854.2

数据来源：世界银行《2019 年世界营商环境报告》。

2. 公路运输

柬埔寨最主要的运输方式就是公路。在客运运输中，公路运输占到了65%；在货物运输中，公路运输达到了 69%。截至 2017 年底，柬埔寨路网总长度达到了 5.626 1 万千米，其中国道、省级公路总长达 1.63 万千米，农村公路总长 4.35 万千米。当前柬埔寨的运输业发展较为落后，缺乏相应的技术和资金，还没有高速公路。柬埔寨在南北部各有一条铁路，且都属于单线米轨，总长 655 千米。以金边市和梳风市为始发站或终点站的北线米轨于 1931 年竣工，长达 385 千米，占到了国内铁路总长的 58.8%；以金边市和西哈努克港为始发站或终点站的南线于 1960 年建成，全长 270 千米。

经历了持续几十年的战乱破坏，期间又缺乏固定的维护，柬埔寨的铁路早已瘫痪，但出于经济发展的考虑，2009 年柬埔寨政府开始复建的工作，将国内铁路 30 年的特许经营权给予了王家铁路公司，以求尽快恢复铁路的运营。2010 年柬埔寨政府还利用自身财政资金、亚洲开发银行较低利息的贷款和澳大利亚政府提供的无偿援助开始修复现有的两条铁路，2016 年 4 月南线已经恢复客运。可见柬埔寨的铁路设施正处在漫长的恢复期中。

3. 空中运输

柬埔寨空运分为客运和货运，其主要以客运为主，货运较为落后。柬埔寨总共有三个国际机场，分别位于金边市、暹粒省和西哈努克省。最初柬埔寨的航空公司众多，但大部分已宣告破产，目前的空运业务主要由吴哥航空、百善航空、澜湄航空等大型航空公司承运。近年来由于柬埔寨航空政策的不断开放，开通前往柬埔寨航线的国际航空公司数量迅速增长。金边机场目前具有8 条国外航线，分别通往马来西亚、泰国、韩国、越南、中国（包括香港、台湾）、新加坡，柬埔寨的空运发展迅速，据统计，2017 年柬埔寨机场客运量达到800万人次，2018年柬埔寨机场的客运吞吐量已超过千万人次。

2016年6月柬埔寨国会通过了《中国东盟航空运输协议》，其中批准了第五航权，旨在吸引更多国际航空公司在柬埔寨机场途中经停、上下旅客和装卸货物，从而吸引更多游客来柬埔寨旅游。该协议对柬埔寨民航事业的发展具有重要意义，使得柬埔寨同世界更好地实现互联互通。

由于"一带一路"倡议的推进，2017年中国直飞柬埔寨的航班快速增长，截至目前，共有15家航空公司开通了中国直飞柬埔寨的航班，每周执飞270个班次，其中11家为中国的航空公司，进一步拓展了中国的国际航空业务。

4. 水路运输

柬埔寨水运主要分为河运和海运。西哈努克港是柬埔寨最大的海港，也是柬埔寨唯一的深水海港，可以分为突堤码头和新港地。其中突堤东西边各有2个泊位，分别允许吃水7.5米和9.5米的船只停靠；突堤以东的港池东壁用作驳船码头；突堤前沿水深10～12米；而突堤以北的新港地只允许吃水6.5米的船只停靠。该码头主要进口汽车、药品、肉类和日用品等商品，出口大米、薯类、橡胶等农产品和服装等。该港的海运线路众多，通过不同的航线可分别抵达美国、欧盟、中国、日本、印度尼西亚、马来西亚、新加坡、韩国、泰国、越南等地。据柬埔寨运输部统计，2017年西哈努克港营业收入5 214万美元，增长168%；货物运输量达430.6万吨，增长66%，运载接近46万个标准集装箱。日本政府已同意向柬埔寨提供2亿美元贷款，用来新建深水码头。

2015年6月1日，青岛港与柬埔寨王国西哈努克港签署港口合作协议。双方将以友好港关系开展合作，促进双边的贸易与航线发展，进一步扩大港口建设开发、港口运营、港口管理及其他领域的合作。

柬埔寨内陆主要包含湄公河、巴萨河和洞里萨河三大水系，总长度可达1 750千米。全国共有7个主要河运港口，分别是金边港、桔井码头、磅湛码头、上汀码头、磅清扬码头、奈良码头和重涅码头，柬埔寨的内陆河运较为发达。

5. 通信设施

柬埔寨的电信市场竞争激烈，市场上前3大移动网络供应商分别为Smart Axiata、Metfone和Cellcard。其中前两个分别由马来西亚和越南投资，最后一个由柬埔寨本地投资。新进入的Seate（中资背景）正在加大投资并争取更多用户。柬埔寨电信服务价格实惠，流量和电话套餐费用均低于全球平均水平。由于民众习惯通过移动设备而不是电脑上网，因此柬埔寨流行"移动优先"。2017年上半年，移动电话用户数达到18 086万，普及率约115%。随着湄公河流域区域电讯发展计划框架的构建及外来投资的推动，柬埔寨的光缆发展计划将得到进一步推进，当前国内已建设 42 800 千米骨干光缆，柬埔寨通信行业的发展十分迅速。

柬埔寨于 1997 年才引入互联网，发展较晚。互联网的接入主要由邮电通信部下设的 CamNet 公司负责。柬埔寨主要城市的带宽足够支持电子商务活动，许多活跃的互联网服务供应商正在增加全国宽带容量。目前，柬埔寨市场有 10 多个较为活跃的互联网服务供应商。

总的来说，当前柬埔寨的基础设施建设依然较为落后，但是近年来柬埔寨政府把交通基础设施建设作为优先发展领域，其中公路、桥梁是重中之重。根据柬埔寨电力发展规划，计划在全国范围内建设三大主力电网来降低供电成本，实现"2020 年将电力覆盖到全公司，2030 年使全国 70％的家庭有电用"的目标，所以从长远来看，柬埔寨的营商环境将会得到极大的改善。

6.2.2 外国投资促进政策

柬埔寨政府为了吸引外资，对创新及高科技产业、基础设施及能源行业、促进就业的产业、农工业及加工业、出口导向型产业、各省及农村发展、环境保护、旅游业及在依法设立的特别开发区 9 个领域进行鼓励投资，其中旅游业和农业是重点领域。

柬埔寨农业资源丰富，自然条件优越，农业发展潜力巨大，农产品加工业前景广阔。但是由于缺少资金及农业技术设备，农业现代化程度很低，产量也很低。此外，由于水利等基础设施的缺乏和化工产业的落后，柬埔寨的农业易受干旱、洪涝和虫灾等自然灾害的影响，因此，政府为了鼓励农业及其他领域的投资，采取了众多的投资政策，设立相应的投资法。以下将主要从税收政策、土地政策、项目审批三个方面来阐述柬埔寨的投资政策。

6.2.2.1 税收政策

柬埔寨是以收取间接税为主，全国范围内实行统一的税收制度，并采取严格的属地税制。1997 年 5 月颁布的《柬埔寨王国税法》以及 2003 年 2 月国会通过的《柬埔寨王国税法修正法》为柬埔寨的税收制度奠定了法律基础。

1. 税务体制

柬埔寨现行的税收体系主要包括以下税种：个人所得税、公司所得税、增值税、利润税、工资税、预扣税、最低税、进口税、出口税、特定商品和服务税等。

（1）公司所得税。居民公司和永久性常设机构是柬埔寨公司所得税的主体纳税人。居民公司是指按照本国法律法规在柬埔寨境内设立或在外国设立但其实际管理机构或经营场所位于柬埔寨境内的公司。永久性常设机构是指外国公司以非居民形式在柬埔寨境内从事经营活动的企业。同时，税法对于从事对外投资的公司纳税人还有一些额外的规定。公司所得税的征税对象是营业收入扣除各项成本、费用后的净额所得。税法规定，一般类型的公司和永久性常设机构的税率为 20%，但处于政府鼓励投资领域的企业，柬埔寨政府往往给予税收优惠，通常情况下税率仅为 9%；对于石油、天然气和从事特定矿产资源采掘的公司，税率往往高达 30%，这可能是出自保护本国资源的目的。保险企业的税率较为特殊，按年度保费收入总额的 5% 缴纳公司所得税。

对企业应纳税所得额和应纳税总额的计算需要注意以下几点：

1）计提折旧。有形资产折旧：对于厂房、办公楼或其他附属建筑物使用直线折旧法计提折旧，折旧率为 5%；对汽车与办公用具设备等采用余额递减折旧法计提折旧，折旧率为 25%；对计算机、通讯设备、软件与数据处理设备等采用余额递减折旧法计提折旧，折旧率为 50%；对于其他有形资产使用余额递减折旧法计提折旧，折旧率为 20%；对于合格的投资项目，折旧的方式较为特殊，可对有形资产实行再折旧，即购买资产的第一年可以按照该资产的成本加提 40% 计算折旧。

无形资产折旧：无形资产的折旧可以按照规定使用年限以直线折旧法进行摊销。而对自然资源则有特别的规定。

2）年度亏损结转。对于国内企业和外国企业在柬埔寨境内设立的从事生产经营的机构，发生年度亏损时，可以用次年所得弥补，次年所得不足以弥补的，可继续延至下一年，但最长期限不得超过 5 年。

3）其他扣除。利息扣除应当不超过当年的利息收入总额，大于利息收入的部分可以结转到下一年度扣除。

（2）个人所得税。个人所得税的纳税人主要包括居民个人和非居民个人。判断一个人是否是柬埔寨居民的标准很简单，如果其一年内居住在柬埔寨的时间超过一半以上就可以被视作该国的居民。柬埔寨的个人所得税的征税对象主要是个人工资收入以及薪金。对于柬埔寨的居民个人，需要对其来自柬埔寨境内外的工资收入征收个人所得税，而对于非居民个人，仅需对其来自柬埔寨境内的工资收入征税。对于现金工资和附加福利工资，分别适用不同的税率，其中现金工资主要包括工资、奖金等，现金工资的税率按收入级别划分；福利工资主要包括住房补贴、教育补助、医疗补助等，福利工资的税率为其市场价值的20％。

对于部分特定人群的工资可免征个人所得税，如外交机构和得到认可的国际组织机构雇员的工资等，同时柬埔寨的国会议员也无须对工资、薪金缴纳个人所得税。但对于非居民个人来自柬埔寨境内的工资收入，所得税税率统一为20％。柬埔寨具体的居民工资、薪金所得税税率如表6-14。

表6-14　柬埔寨居民工资、薪金所得税税率

种类	级别	月应缴纳所得税	税率（％）
现金工资	1	不超过50万瑞尔的部分	0
	2	50万～125万瑞尔的部分	5
	3	125万～850万瑞尔的部分	10
	4	850万～1 250万瑞尔的部分	15
	5	1 250万瑞尔以上的部分	20
福利工资	福利工资部分的税款由雇主缴纳，税率为福利工资市场价值的20％		

数据来源：柬埔寨国家税务局。

（3）增值税。柬埔寨于1998年1月起征收应税供应品增值税，用以弥补国家预算。增值税的征收对象是在柬埔寨境内出售货物或者劳务，按应税供应品应税价格的10％征收增值税；但对于出口至柬埔寨王国境外的货物或在柬埔寨王国境外提供的服务，应按0税率征收增值税；税务部门可根据若干文件，核实实际发生的货物出口，这些文件具体包括海关出口证明、进口国的进口文件、已执行的信用证及国内银行收到付款的证明。根据《柬埔寨王国税法修正法》规定，应税供应品一般包括以下5类：应纳税人在柬埔寨境内提供的商品或服务；应纳税人划拨自用的货物；应纳税人以低于成本价格赠与或提供的货物以及服务；进口至柬埔寨王国关境的货物。

（4）最低税。最低税是一种独立税种，于年末利润清算时进行缴纳，包含了增值税以外的所有税赋，采用实际税制的纳税人必须缴纳最低税。税法规定除合格投资项目外，非公司所得税和增值税的纳税主体均需交纳最低税。柬埔寨的最低税税额为营业额的1％。需要注意的是如果利润税达到年度营业额1％以上的，纳税人无须缴纳最低税。

（5）预扣税。根据《柬埔寨王国税法修正法》第25条的规定，居民纳税人以现金或实物方式支付居民的，应按以下适用于未预扣税前支付金额的税率

预扣，并缴纳税款（表 6 - 15）。

表 6 - 15　柬埔寨预扣税税率

征税对象	税率
自然人通过提供管理、咨询及类似服务取得的收入；无形资产专利费、矿产权益、非国内银行或存款机构纳税人向另一居民纳税人支付的利息	15%
动产或不动产租赁收入	10%
国内银行或存款机构向开立定期存款账户的居民纳税人支付的利息	6%
国内银行或存款机构向开立活期存款账户的居民纳税人支付的利息	4%

数据来源：《柬埔寨王国税法修正法》。

（6）关税税率。一般从柬埔寨出口的货物不需要缴纳关税，但税法规定的天然橡胶、木材、宝石、海产品等除外。除了投资法或其他特殊法规规定享有的投资优惠外，所有货物在进入柬埔寨时都要缴纳进口税。进口税率主要由四档税率组成 7%、15%、35%、50%。部分进口产品税率见表 6 - 16。

表 6 - 16　柬埔寨部分进口产品税率

货物类别	关税
童装、运动装、窗帘、床罩、伞、水果、茶叶、玩具、塑料类、纸类、钢铁、水泥、玻璃、铝材	7%
鱼类、家电类、摩托车、发电机、五金制品	15%
布类、服装、酒类、饮料、罐头、肉类	35%
烟卷、游戏机、钻石	50%
古董、艺术品、化肥、农具、文具、药品	0

数据来源：《柬埔寨外商直接投资法律制度研究》。

（7）其他税赋。除了以上列出的税种，还有对特定产品和服务征收的税、土地闲置税、房屋租赁税等，表 6 - 17 列出几种其他税种及税率。

表 6 - 17　柬埔寨其他税种及税率

税　种	税率
国内及国际电信	20%
国内及国际航空机票	3%
饮料、烈酒、烟草	10%

（续）

税　　种	税率
啤酒	20％
土地闲置税	2％
房屋土地租赁税	10％

数据来源：柬埔寨国家税务局。

2. 投资优惠政策

对于那些属于柬埔寨政府鼓励投资领域并受到柬埔寨发展理事会批准的项目，可以享受投资税收优惠和人才优惠政策。特别是农业，柬埔寨为了吸引外商直接投资，对种植面积在1 000公顷以上的稻谷、500公顷以上的经济作物、50公顷以上的蔬菜种植项目；对畜牧业存栏在1 000头以上、饲养100头以上的乳牛项目、饲养家禽10 000只以上的项目；以及占地5公顷以上的淡水养殖、占地10公顷以上的海水养殖项目均给予了很大的政策支持和优惠待遇。具体的投资优惠包括以下6个方面：

（1）对公司适用9％的所得税税率，但自然资源包括木材、石油、矿产、黄金及宝石的勘探和开采除外，其税率由其他法律规定。

（2）根据项目性质及法令明确的柬埔寨王国政府优先发展级别，以项目初次赢利年度开始计算，免征公司税时间最长可达8年，对于经济特区内的公司，免税时长甚至可达9年。并允许将亏损向后结转5年。如利润用于境内再投资，免征该部分利润的全部公司税。

（3）对于红利或投资收益，汇出到他国或在境内分配均不予征税。

（4）进口建筑材料、生产工具、设备、半成品、原材料或零配件等，如果用于投资以下项目，可100％免征其关税和税赋：80％以上产品用于出口的出口导向型项目；在柬埔寨发展理事会指定优先发展的在特别开发区内的投资项目；旅游业；劳动密集型产业、加工业及农业；基础设施及能源业。需要注意的是，对于后三项，100％免征关税及赋税的优惠仅在投资项目企业厂房或附属建筑施工阶段以及项目生产运营的第一年有效。并且当企业擅自转变免税货物的用途时，没有用作项目的一部分产品必须补缴关税、其他各类赋税和相关的罚金。

（5）若产品用于出口，100％免征关税。

（6）放宽外籍人士的入境条件，放松对以下身份的外国人进入柬埔寨王国的限制：管理人员和专家，技术工人，技术人员，符合柬埔寨移民法、劳动法相关规定、且经柬埔寨发展理事会批准的上述人员的亲属。

6.2.2.2　土地政策

柬埔寨是一个典型的农业社会，土地及土地资源是广大农民赖以生存的基本要素，土地也是从事农业生产、工业制造不可或缺的重要生产资料，是国外投资者十分重视和关注的投资要素之一。

柬埔寨关于土地所有权的相关内容主要在《宪法》《土地法》《投资法》《征收私人财产法》以及《外国人房屋产权法》等法律中有所规定。1993 年的《柬埔寨宪法》是柬埔寨其他法律的母法，该法在第三章关于柬埔寨公民的权利和义务第 44 条明确规定了只有柬埔寨居民才能拥有土地所有权，虽然合资企业可以拥有土地，但柬埔寨方合计持股比例必须达到 51%，而外资方持股比例不得超过 49%，这可以为外资获取土地使用权提供一个可行的途径，但受到的约束众多。

因此，根据柬埔寨相关法律规定，一般情况下，柬埔寨的外国人及外国公司不得拥有柬埔寨的土地，即无法获得土地的所有权，但可以依法获得土地的租赁权、抵押权等。

1. 土地租赁权

外国人虽然无法直接购买柬埔寨的土地，但是可以通过长期租赁管理和使用土地。《土地法》中对不动产的租赁做出了如下规定：不动产所有者可将不动产租赁给他人。租赁合同约定不动产所有者临时将不动产财产交予他人，并在规定期限内收取相应的租金。不动产的租赁分不定期租赁和定期租赁两种模式。不定期租赁的期限不稳定，可能随时发生违约，定期租赁包括租赁时间在 15 年以上的长期租赁和附加续租权力的短期租赁，定期租赁的违约成本较高。

《投资法》第六章土地所有权及其使用中第 16 条规定：①国内外投资者可以通过一定途径取得柬埔寨土地的使用权，主要包括定期租赁，期限最长可达 70 年，租赁期限届满还具有延长期限的选择权。虽然能很好地解决外国人使用柬埔寨土地的问题，但该种租赁方式可能会带来与地上不动产和私人财产归属权有关的众多问题，需要柬埔寨政府制定完善的法律法规进行解决。

"关于实施柬埔寨王国投资法的决定"第六章"不动产"的第 17 条"土地的使用"中规定：

（1）柬埔寨实体。除了所有权之外，柬埔寨投资者还可以以其他现有的土地使用形式，例如租让、租赁、贷款、转让、赠与等而受益。

（2）外国实体。允许投资者使用土地，包括最高 70 年的长期租赁，应要求可以延期，可以包括法律所允许使用的土地上的动产和不动产。

（3）土地的租赁。允许外国国民和外国实体在柬埔寨王国境内租赁土地，条件是他们的租赁协议经有关当局公证，并具体地说明条款和条件、约定租金的公平市场价值以及租赁期限。与国家达成土地租赁协议的国民或法律实体有权转租给第三方，无论是自然人还是法人，条件是事先获得有关政府部门的同意，并在原始租赁协议签订之日起三年之后。这三年期限不适用于特殊情况。

2. 土地抵押权

按照《土地法》规定，柬埔寨本国居民有权将自有土地进行抵押。但对于国外投资者，由于可以通过定期和非定期两种方式来对柬埔寨土地进行管理和使用，法律规定外籍人士在使用特许经营权土地或租用土地的期限内，在符合法律法规的情况下，有权管理、抵押或转让在投资项目使用地上的所有动产和不动产。但对于那些还没有开始从事经营活动的特许权土地，投资者无权将其作为抵押品或进行转让。

3. 土地特许制度

以土地的租赁权和抵押权为基础，柬埔寨政府为了吸引外资对农业领域的投入，自 20 世纪 90 年代初开始向外国私人公司提供特许地。

柬埔寨《土地法》规定，土地特许包括社会特许地和经济特许地两种类型。社会特许地主要服务于社会，由国家将国有土地拨给贫困无地的家庭用于居住和务农。经济特许地主要服务于国家经济发展，由国家将国有土地租赁给国内公司或者国外公司，从事大规模的农业种植和农业产业化开发，是外资农业投资重要的渠道。获得经济特许权的公司称为特许权所有人，在规定期限内拥有土地的使用权。

在 2005 年底颁布的《经济土地特许权法令》，允许外来投资者通过长期租赁的方式使用经济特许地，用于农业投资。柬埔寨政府通常将疏林地、次生林地等经济价值和环保价值较低、国家和当地民众较难从中获益的土地划定为经济特许地。柬埔寨政府批准的经济特许地的面积通常在 1 万公顷之内，租期 70～99 年，期满后还可以申请继续租赁。政府希望通过外资的投入和开发，使经济特许地所在地区持续发展经济作物种植、农副产品加工、养殖业等农业项目，通过经济特许地开发进行的木材资源加工项目进一步增加了国家的税收，同时创造了大量的就业机会，改善当地民众生活，使社会环境、经济环境和自然环境得到可持续发展。

柬埔寨《土地法》第五章土地许可中规定：在许可期内被许可者具有开发和使用许可地的权利，若其权利受到侵害，被许可者有权请求相关政府机构维护他的合法权利。被许可者可以按许可的目标进行农业开发，并拥有对所有相应产出的所有权。在许可期内，被许可者不能擅自变更土地目标用途或在许可期末对许可地进行毁坏性的开发，破坏自然结构和生态环境。被许可土地发生转让时，主管机构必须为接手的被许可人建立新的合同以确定其权利和义务。但如果被许可人死亡，且该被许可人的继承人有接手的意图，则继承人在剩余许可期内依然享受法律规定的所有权利。土地许可制授予的标的土地都是归国家所有的土地。对于某些特殊用途的许可地，如工业化耕作，被许可人无特殊理由则必须在收到许可证后的 12 个月内进行开发，否则政府将收回赋予被许可人的许可地。

根据柬埔寨《经济土地特许权法令》规定，经济特许地的授予应该满足以下 5 个要求：①标的土地归属国家所有土地，并已由土地管理部门进行登记；②必须将该土地的使用目的递交市级及以上的土地管理局审核，经批准后方可作为特许地；③对于特许地用作特定目标的项目，必须充分评估其对自然环境和社会经济造成的影响；④对于特许地附近居民需要对其进行重新安置，不能以强制性的措施胁迫其转移；⑤特许地的赋予还必须充分考虑利益相关者（如当地居民或土地当局）的诉求。

外国投资者申请柬埔寨经济特许地必须遵循以下 6 个步骤：

1）由在柬埔寨商业部合法注册的投资企业向柬埔寨农林渔业部提交相关材料，申请获得经济特许地。农林渔业部审查通过后，将投资公司的申报材料呈报首相。首相批准后，经由首相府向柬埔寨政府各部委转发首相的批准令。

2）农林渔业部在接到首相的批准令后，即根据国家经济特许土地资源的分布状况为投资公司划出特许土地，同时在国家经济特许地开发地图上标示出土地的坐标位置，注明投资公司的名称。

3）农林渔业部对经济特许地的标示确认后，投资公司就要委托专业的获得国家环保部认可的独立环境评估机构对特许地的开发作环境评估报告。这份报告对特许土地的最终批准及批准的面积具有至关重要的意义。

4）投资公司制作详尽的投资报告和总体投资规划，呈报柬埔寨投资委员会审批。投资委员会批准通过后，投资公司才能获得投资优惠待遇，如机器设备相关原材料的免税、各项税收优惠、投资移民等。

5）上述文件备齐后，农林渔业部会组织有关部门再次对开发计划进行评审，评审通过后由农林渔业部牵头组织农林渔业部下辖的森林管理局以及柬埔寨投资委员会、环保部、特许地所在的省市县乡村政府代表成立一个混合委员会，前往经济特许地实地定桩确认。最后确认土地面积时，政府会将不可以砍伐的密林区、主要沟壑 150 米防止水土流失区以及沼泽地区划出，另外还会预留适量的土地供当地居民生产和生活。

6）投资公司正式进驻特许地区域，进行开发工作。而在种植经济作物之前，还要对经济特许地进行初步开发，主要步骤包括向农林渔业部属下的森林管理局报备所有将要进场的设备、修筑进入林场的道路等。

但在 2012 年 5 月 7 日，柬埔寨政府颁布了《提高经济特许地管理效率》，宣布不再批准新的经济特许地。为提高经济特许地的管理效率，该法令要求相关部门认真执行有关企业经济特许地的规定，确保不会对当地居民的生活环境产生恶劣影响；对于已经获取经济特许地的企业，政府将继续对其进行监督，如果其未按法律和合同规定进行开发，或者违背合同，利用特许地经营权转售空闲土地、肆意开拓其他土地，从而对民众的土地造成侵犯，那么政府有权注销其经济特许地。2012 年 9 月底，洪森首相宣布将从投资开发的第六年起对经济特许地征收租金，每公顷 5 美元，并逐年增加 1%，并再次表示不会再新批经济特许地，直至其政治生涯结束。2014 年，柬埔寨政府开始对现有经济特许地开发情况进行清查，对于不按计划进行开发的公司，政府直接收回其经济特许地。

4. 特别经济区政策

2005 年，柬埔寨政府颁布了《关于特别经济区设立和管理的 148 号次法令》，自此柬埔寨开始实行特别经济区体制。作为柬埔寨发展理事会的下属机构之一，特别经济区委员会负责与柬埔寨特别经济区监督、管理和运营相关的所有工作。特别经济区委员会下设特别经济区管委会，该机构在特别经济区常驻，主要负责处理特别经济区现场的相关问题并提供一站式服务。

《关于特别经济区设立和管理的 148 号次法令》还规定特别经济区委员会应对全部特别经济区一视同仁，并提供相应的优惠政策；《柬埔寨投资法修正法》规定，位于非特别经济区的其他合格投资项目所享有的优惠税收政策和待遇，同样适用于特别经济区的合格投资项目，同时特别经济区还可享受其他方面优惠。在特别经济区内，经济区开发商和区内投资企业可享受的投资优惠政策不同，具体见表 6-18。

表 6-18　特别经济区不同主体享受的优惠政策

受益人	优惠政策
经济区开发商	1. 公司所得税免税期最长可达 9 年。 2. 对用于经济区内基础设施建设的生产工具、设备、建材或零配件的进口免征进口税和其他赋税。 3. 经济区开发商可根据《土地法》取得国家土地特许权，在边境地区或独立区域设立特别经济区，并将土地租赁给投资企业。
区内投资企业	1. 对于出口到国外市场的产品，免征增值税。对于进口产品，应根据数量缴纳相应增值税。 2. 享受和区外其他合格投资项目相同的关税和税收优惠。
全体	1. 特别经济区开发商、区内投资人有权将税后投资收益和工资转至境外银行，并不再额外征税。 2. 外国人的平等待遇政策、不设定产品价格的上下限、取消产权的国有化。

数据来源：柬埔寨发展理事会。

柬埔寨政府正式批准的经济特区达到 44 个，特别经济区的位置较为分散，在金边市、国公省、西哈努克省、卜迭棉芷省、茶胶省、柴帧省、干拉省、贡布省、磅湛省均有分部。其中的西哈努克港经济特区（SSEZ）是由江苏太湖柬埔寨国际经济合作区投资有限公司与柬埔寨国际投资开发集团有限公司共同开发建设的，该经济区是一个国家级经贸合作区，标志着"一带一路"倡议的顺利进展，得到了中柬两国领导人的高度肯定。

虽然柬埔寨的经济特区总数很多，但实际运作的只有 14 个。据统计，截至 2017 年，这 14 个经济特区总投资约为 20 亿美元，创造了约 8 万个工作岗位。2016 年柬埔寨全国经济特区贸易总额达 28.3 亿美元，同比增长 1.2%。在柬埔寨经济特区投资，可享受众多的优惠政策，吸引了大量的外国投资者，包括来自日本、中国、新加坡和马来西亚等多个国家，涉及的行业繁多，包括农产品种植和加工、电子服装等。

由于长年的战乱以及政府官员的贪污腐败，柬埔寨的土地体系处于崩溃的边缘，与土地所有权有关的权属证明文件和相应的土地登记信息早已遗失，土地所有权的模糊造成大量的土地纠纷。因此，对于国外投资者来说，应注意核实土地的所有权是否明确归属于合同签订方，避免可能发生的土地纠纷。

6.2.2.3　投资审批政策

1. 投资领域的限制

由于外国投资对于柬埔寨的经济发展具有重要的推动作用，政府正在一步步减少对外国投资的限制，放宽外资进入的渠道。1994 年《柬埔寨王国投资法》规定不得仅因投资者来自外国而对其有任何歧视性的待遇。尽管如此，该法对投资于某些行业领域的外国投资依然设有一定的限制，须取得主管机构的预先核准。具体包括：卷烟生产、酒类生产、宝石开采及加工、电影制作、典当业、广播和电视、出版和印刷、药品进出口和与土地所有权有关的活动。

此外，根据《111 号次级法令—有关投资法修正案的实施》[①]，柬埔寨禁止外国投资者和本国投资者在以下行业领域进行投资：①精神药物和麻醉药品的生产、加工；②世界卫生组织（WHO）禁止或国际协定禁止的有毒化学物质、农业杀虫剂和其他化学品的生产与加工；③《森林法》禁止的部分可能对生态系统造成严重损害的林业开发业务；④使用进口废物进行电力生产与加工；⑤投资法禁止的其他产业投资。

2. 投资方式的限定

外国投资者在柬埔寨进行投资的方式主要有四种，分别为外国直接投资、合资企业、合格投资项目合并、收购合格投资项目。

（1）外国直接投资。投资者在柬埔寨进行直接投资活动受国籍的限制较小。外国投资人可以在柬埔寨商务部以个人、合伙等企业组织形式登记公司并取得营业许可证，除限制或禁止外国人在某些特殊行业领域进行投资外，投资者可以自由实施其他投资项目。但对于处在柬埔寨政府鼓励投资领域的投资项目，可以向柬埔寨发展理事会提交注册申请，获得柬埔寨发展理事会认可并取得理事会颁发的项目注册证书后，该投资项目方可称为"合格投资项目"，最终可享受相应的投资优惠。

（2）合资企业。合格投资项目可以以合资企业的形式设立。合资企业既可由柬埔寨实体和外籍实体单独设立，也可由两者共同设立。柬埔寨的政府机构也可作为合资方参与设立企业。一般情况下合资企业股东的国籍及持股比例不受限制，但那些拥有土地所有权的合资企业除外，因为只有外籍实体的自然人或法人合计持股比例不超过 49％时才允许合资企业持有柬埔寨的土地。

（3）合格投资项目合并。由两个或两个以上投资人，或由投资人与其他自然人或法人合并组成的新实体，若合并实体拟实施投资人合格投资项目，则该合并新实体应先向柬埔寨投资委员会注册申请为投资人，并经委员会同意将原

---

① Sub‑Decree 111 on the Implementation of the Law on the Amendment to the Law on Investment.

合格投资项目的注册证书转让给新的实体方可享受合格投资项目注册证书规定的所有投资优惠及保障。

（4）收购合格投资项目。与合格投资项目合并类似，若投资人或其他自然人、法人拟收购合格投资项目的所有权，应先向投资委员会上交收购项目的书面申请，经委员会批准将原合格投资项目的注册证书转让给新的实体，收购人方可享受合格投资项目注册证书规定的投资优惠及保障。

若收购人为注册自然人或法人，则需先向委员会注册申请为投资人。当投资人进行股权转让并使得公司实际控制权发生变更的，受让方若想享受合格投资项目的优惠，必须由原投资人向投资委员会提出转让申请，并提供受让人名称和地址。

除了以上4种投资方式，还有诸如 BOT、BLT 等公共设施项目，涉及的项目包括水电站、输变电网等。

3. 投资审批程序

柬埔寨投资法规定，外商在柬埔寨进行投资须先向柬埔寨发展理事会提交投资申请，柬埔寨发展理事会（CDC）是柬埔寨政府唯一负责柬埔寨投资和重建发展综合事务的机构，实行"一站式"的审批服务，下设柬埔寨重建和发展委员会以及柬埔寨投资委员会，分别处理私人投资（包含外资）和公共投资（包括政府发展项目等）的相关业务。只有当投资申请经发展理事会批准后投资者才能实施投资活动。

但投资项目若符合下列6个条件，则需提交给内阁办公厅审批：①投资项目的总额超过5 000万美元；②项目符合长期开发战略；③项目涉及矿产等自然资源的开发、采掘等；④项目的运行会对环境产生恶劣影响；⑤项目归属国家基础设施建设，如 BOT 等项目；⑥项目涉及政治敏感问题。

根据柬埔寨投资法，投资审批程序主要可以分为以下两步：

（1）投资申请。根据柬埔寨投资法，外商投资柬埔寨都应经过柬埔寨发展理事会的事先批准。所有想在柬埔寨投资的外商必须向柬埔寨发展理事会呈交符合投资法及其他法律法规的投资计划书。对于已有的投资企业，如果要申请投资优惠，也必须向发展理事会提出投资奖励或优惠申请。提交的申请应当由申请人或者申请人根据经过公证的《授权委托书》授权的代理人签字并提交给发展理事会审议和考察。在提交申请的时候，应当出具一份经过认证的《授权委托书》。

投资申请需满足以下一些要求：①申请书必须符合柬埔寨发展理事会的规

定，并且必须有一位投资者的全权代表在申请书上签字，将有效的申请书和授权书一起递交给柬埔寨发展理事会；②具备一份叙述投资者在柬埔寨投资的文件，内容包括申请投资者的简历、投资计划、投资要旨和符合柬埔寨发展理事会提出的有关投资计划的各种要求；③具备阐述有关成立这个投资企业的文件，如备忘录和企业章程，并且必须符合柬埔寨王国的现行法律；④包含一份关于经济和技术方面的详细报告，其中包括投资企业生产技术和简要报告；⑤根据柬埔寨发展理事会的要求，提供其他的各种信息；⑥提交投资者各种情况的详细报告，包括技术能力、市场能力、人力资源与管理能力、财务能力。同时，随同投资申请书一起交的还有申请费。

（2）审核。柬埔寨发展理事会对提交的投资申请书进行审核，主要着眼于几个方面：投资企业产品的销售市场；对投资企业产品竞争能力、价格和所需技术的评估；生产技术包括使用本国与外国原料的数量；进入和输出成分；借用柬埔寨籍职工和外籍职工的成分；对投资计划进行财务与技术分析，包括生产成本和零售价格；本国货币与外币收入和兑换外币的能力；研究对环境的影响，包括处理垃圾的详细计划；培训人力资源等。

发展理事会在收到投资计划书的 3 个工作日内对投资项目进行回应，若投资计划符合投资法所规定的内容，并且拟投资活动不在法律禁止的项目领域内，则理事会会为申请者颁发有条件的注册证书，否则会向投资者发送拒绝通知信。若柬埔寨发展理事会在三个工作日内没有将同意初步注册或拒绝通知信发给申请人，则法律规定自动为该项目批准条件注册证书。有条件的项目注册证书详细说明了合格投资项目运行所需的同意文件、财务预算、批准证、执照、许可证和其他有关文件，并注明发放上述文件的相关政府部门。

对于获得有条件注册证书的外国投资者，柬埔寨发展理事在审批项目的过程中可能会要求投资者提供更多相关的资料。根据柬埔寨投资法，发展理事会有权要求任何拟投资企业的投资者在 15 个工作日内提供更多的资料，这些资料应当在发展理事会提出要求后的 15 个工作日内提交。政府相关单位必须在发放有条件注册证书后的 28 个工作日内把有条件注册证书所指定的文件和最终注册证书发放给投资者。对于不同意的，通知信需要明确指出拒绝投资项目计划的理由和其他相关信息。对于完成所有流程手续的申请书，若投资企业更换名字、地址中的一个或两者都进行更改，必须在更改发生后 15 个工作日内向柬埔寨发展理事会报告，如不做报告，柬埔寨发展理事会有权停止审批申请书。

柬埔寨在投资项目审批方面的法律法规已经逐步成熟，但在与投资相关的投资政策法规方面依然不够完善。例如，柬埔寨对于商标注册、使用及技术转让等关于知识产权的问题尚无明确的法律法规，极易产生商业纠纷问题。而在劳动、税收、移民等方面的法规往往是一些原则性的规定，由于缺乏细节性的描述，其他企业可能会钻法律的空子，从而增加本企业的经营风险。由于法律制度不够完善，柬埔寨缺少经济审判庭，投资和企业经营的纠纷往往难以得到有效解决。同时，由于缺乏相应的法律法规约束，柬埔寨的社会信用体系脆弱，存在较多的投资陷阱，企业如若遇到商业纠纷，维权通常比较困难。

6.3　世界各国对柬埔寨的农业投资

6.3.1　世界各国对柬埔寨的总投资

柬埔寨在 20 世纪 90 年代早期转变为自由市场经济体制后，采取了许多措施来吸引外国直接投资，如 1995 年颁布的《投资法》、2003 年的《柬埔寨王国投资法修正法案》、2005 年的《经济土地特许权法令》、投资审批程序的优化以及多种适用于外商投资的配套法律的出台等，不仅提供了税收优惠及行政激励，还对国外投资者提供了保护，因此从 20 世纪 90 年代末期开始，世界各国对柬埔寨的直接投资开始呈现加速上涨的势头。

从联合国粮农组织提供的数据可以看到，1992—2017 年世界各国对柬埔寨的直接投资总额呈上升趋势（图 6 - 10）。总投资的转折点主要发生在 2004

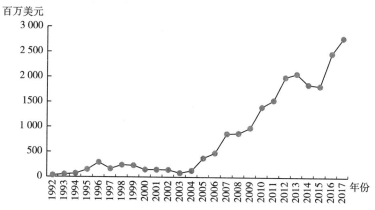

图 6 - 10　1992—2017 年世界各国对柬埔寨的直接投资总额

数据来源：联合国粮食与农业组织（FAO）。

年，其主要原因是柬埔寨吸引外商直接投资的举措，使得来自中国、泰国、朝鲜的投资大幅增长，此后投资额持续增长到 2013 年，在 2008—2009 年由于全球经济危机对柬埔寨经济的冲击，世界各国对柬埔寨的投资总额增速放缓，经过几年的调整，2015 年后外商直接投资又开始迅速增长，截至 2017 年，世界各国对柬埔寨的直接投资总额达到 278 437 万美元。但是相比越南、泰国和缅甸，这一数值依旧较小，说明了柬埔寨的投资环境依旧存在一定的问题，投资受到的潜在限制较多，但长期来看柬埔寨的投资潜力较大。

6.3.2 世界各国对柬埔寨的农业投资

近年来，在农业方面，柬埔寨国内企业和外国投资都有明显的增加，主要有以下几个方面的原因：

首先，从全球来看，尤其是中国、印度等国家对天然橡胶需求急剧扩大，这是因为油价的暴涨导致合成橡胶的价格猛增；全球生物质燃料的发展，对棕榈油、玉米等普通作物的需求大幅增加；全球食品进口国对大米等粮食需求的增长。基于以上几个方面的原因，世界各国自然而然将目光转向柬埔寨、泰国、越南等极具农业投资价值的国家。

柬埔寨政府一系列促进农业投资的政策也吸引了大量外商直接投资，如2005 年底颁布的《经济土地特许权法令》，规定外国投资者可以定期租赁的方式获得经济特许地的使用权，用于农业和工业化的农业开发，包括种植食品作物和工业作物、饲养动物或水产品、建设用于加工本国农业原材料的工厂和设施等。这一政策使得柬埔寨的农业投资从 2005 年开始飞跃式增长。

从联合国粮农组织的数据可以看出（图 6-11），2005 年以前柬埔寨的农业投资处于较低的水平，2005 年以后世界各国对柬埔寨的农业投资迅速增长，但之后的几年投资额有较大幅度的波动。2011 年世界各国对柬埔寨的农业投资总额达到 18 810 万美元的最高值，而世界各国对柬埔寨的农业投资总额在FDI 中的占比在 2006 年达到最高峰，为 27.03％。这主要是由于外商能够通过取得经济特许地的使用权进行农业投资，使得其对柬埔寨的农业投资总额大幅增大所致。

由此可见，柬埔寨的农业投资大部分流向了经济特许地的获取，长期来看，这在一定程度上会推动柬埔寨的农业发展。2012 年开始，由于柬埔寨政府暂停审批新的经济特许地，在这一方面的投资迅速下滑，而流向其他部门的外商直接投资又以较快的速度增长，导致世界各国对柬埔寨的农业投资占比迅速下降到 4.16%。

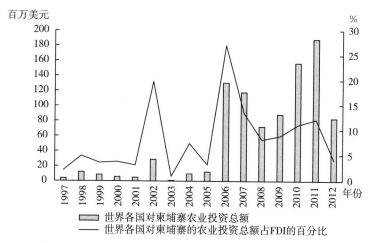

图 6-11　1997—2012 年世界各国对柬埔寨的农业投资情况

数据来源：联合国粮食及农业组织。

6.4　中柬农业贸易与投资

6.4.1　中国与柬埔寨之间的农产品贸易

农业是国民经济的基础产业，在经济全球化的背景下，区域经济一体化繁荣发展，农业国际化成为大势所趋，在"一带一路"倡议实施中国与国之间农业领域的交流与合作始终是中国与其他国家开展合作的重要方面。

2002 年 11 月，中国与东盟十国签署了《中国—东盟全面经济合作框架协议》。自此中国与东盟之间的农产品贸易量和贸易额均获得了较快的增长，中国与柬埔寨之间的农产品贸易虽然增速较快，但发展并不均衡。从中国与柬埔寨各自的特点来看，双方在农业生产上有各自的优势，在农产品贸易上既有竞争性又有互补性。中国从柬埔寨进口的农产品贸易额远大于中国对柬埔寨的农产品出口额，柬埔寨对中国的农产品贸易始终维持顺差。

从 SITC 分类标准看中国与柬埔寨之间的农产品贸易额（表 6-19），中国与柬埔寨在不同类别农产品上的贸易差额存在一些区别。在动物产品、食品、饮料、酒及醋、烟草及制品方面，中国对柬埔寨的出口额大于柬埔寨对中国的出口额；在植物产品、橡胶及其制品方面，柬埔寨对中国的出口额远大于中国对柬埔寨的出口额，从此可以看出双方各自具有比较优势的农产品。

表 6-19   2018 年中国与柬埔寨之间的农产品贸易金额（大类）

单位：美元

农产品种类（大类）	中国对柬埔寨出口额	柬埔寨对中国出口额
第 1 类 活动物；动物产品	6 247 980	922 898
第 2 类 植物产品	12 525 577	160 374 622
第 3 类 动、植物油、脂、蜡；精制食用油脂	48 461	0
第 4 类 食品；饮料、酒及醋；烟草及制品	37 971 207	33 223 313
第 5 类 橡胶及其制品	11 590 844	34 012 772

注：此定义的农产品为 SITC 分类标准下前 1~4 大类的产品加上橡胶及其制品小类；在 SITC 标准下按照章节来细分农产品参见表 6-20。

数据来源：联合国贸易和发展会议（UNCOMTRADE）。

2018 年中国对东盟在第 7 类、第 8 类、第 10 类、第 11 类、第 12 类、第 17 类、第 18 类和第 40 类这 8 类农产品贸易处于逆差，其逆差总额占据两国农产品贸易总额的 50% 以上。其中，谷物逆差最大，达到了 122 879 228 美元，占到差额总和的 76.73%，这说明柬埔寨在谷物类作物的生产上具有很大的优势；其次分别为糖及糖类，逆差 24 228 790 美元，占比 15.13%；橡胶及其制品，逆差 22 421 928 美元，占比 14%；香料及制品，逆差 7 301 141 美元，占比 4.56%，剩下的农产品逆差占比极小。从柬埔寨向中国出口的农产品种类及金额印证了柬埔寨是一个主要以粮食作物和经济作物出口的国家。

2018 年中国对柬埔寨在第 23 类、第 22 类、第 16 类等 17 类农产品上处于顺差，这说明了中国相对柬埔寨的大多数农产品都具有竞争力。其中，食品工业的残渣及废料，配制的饲料顺差额为 7 674 295 美元，占比 20.26%。饮料、酒及醋顺差 5 312 256 美元，占比 14.02%；肉、鱼及其他水生无脊椎动物的制品顺差 4 720 300 美元，占比 12.46%。之前农林渔业部部长文萨坤表示，柬埔寨在 2018 年需要 23 万吨肉类，而且为了满足民众需求，需要从国外进口 5 万吨肉类，这是导致肉类顺差额占比较大的原因之一；并且柬埔寨每年对肉类的需求量都会增长，而国内肉类产出量短期内不会提高，从长期来看，中国对柬埔寨肉类产品的顺差有可能进一步加大（表 6-20）。

表 6 - 20　2018 年中国与柬埔寨之间的农产品贸易金额（按章节）

单位：美元

SITC 编号	中国对柬埔寨出口	柬埔寨对中国出口	贸易差额
01 活动物	24 000	361	23 639
02 肉及食用杂碎	1 339 423	0	1 339 423
03 鱼及其他水生无脊椎动物	2 278 872	922 537	1 356 335
04 乳；蛋；蜂蜜；其他食用动物产品	75 545	0	75 545
05 其他动物产品	2 530 140	0	2 530 140
06 活植物；茎、根；插花、簇叶	930 929	0	930 929
07 食用蔬菜、根及块茎	3 746 270	11 047 411	−7 301 141
08 食用水果及坚果；甜瓜等水果的果皮	302 171	1 284 233	−982 062
09 咖啡、茶、马黛茶及调味香料	1 069 808	1 865	1 067 943
10 谷物	0	122 879 228	−122 879 228
11 制粉工业产品；麦芽；淀粉等	6 178 722	25 151 635	−18 972 913
12 油籽；籽仁；工业或药用植物；饲料	6 177	10 250	−4 073
13 虫胶；树胶、树脂及其他植物液、汁	55 900	0	55 900
14 编结用植物材料；其他植物产品	235 600	0	235 600
15 植物油、脂、蜡；精制食用油脂	48 461	0	48 461
16 肉、鱼及其他水生无脊椎动物的制品	4 720 300	0	4 720 300
17 糖及糖食	660 656	24 889 446	−24 228 790
18 可可及可可制品	0	1 238 158	−1 238 158
19 谷物粉、淀粉等或乳制品；糕饼	1 765 130	94 289	1 670 841
20 蔬菜、水果等或植物其他部分的制品	5 110 928	1 635 309	3 475 619
21 杂项食品	3 808 187	1 698	3 806 489
22 饮料、酒及醋	5 374 495	62 239	5 312 256
23 食品工业的残渣及废料；配制的饲料	10 179 480	2 505 185	7 674 295
24 烟草、烟草及烟草代用品的制品	6 352 031	2 796 989	3 555 042
40 橡胶及其制品	11 590 844	34 012 772	−22 421 928
总计	68 384 069	228 533 605	−160 149 536

数据来源：联合国贸易和发展会议（UNCOMTRADE）。

　　虽然中国与柬埔寨之间的农产品贸易种类繁多，但是相比泰国、越南等东盟国家而言，无论是中国对东盟各国的农产品出口额或是中国从东盟各国进口的农产品总额，柬埔寨的占比都极小。

中国从东盟进口农产品主要集中在泰国、越南和印度尼西亚等国，由日本产业经济研究所数据库提供的数据可以看出，2017年中国从泰国、越南、印度尼西亚进口的农产品贸易额分别为38.8亿美元、26.1亿美元和13.5亿美元，占到了中国从七个主要东盟国家进口农产品总额的40.3%、27.2%和14.0%（图6-12），而中国从柬埔寨进口的农产品总额为1.1亿美元，占比仅为1.1%，可以看出当前中柬农产品贸易总额相比其他国家微小。这是由于柬埔寨人口以及土地面积相对他国较少，从而导致农业产出较少。

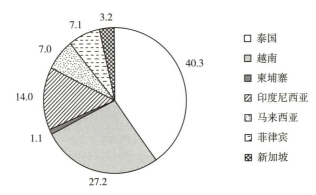

图6-12　2017年中国从主要东盟国家进口的农产品占比（%）

数据来源：日本产业经济研究所数据库。

2016年中国对泰国、印度尼西亚、马来西亚的农产品出口额分别为16.9亿美元、16.5亿美元和15.2亿美元，分别占中国向主要东盟七国出口总额的22.3%、21.8%和20.1%，而2016年中国向柬埔寨的农产品出口仅为0.23亿美元，占比0.3%（图6-13）。

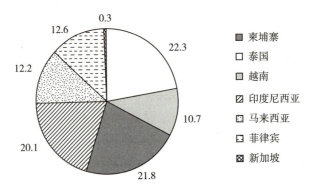

图6-13　2016年中国向主要东盟国家出口的农产品占比（%）

数据来源：日本产业经济研究所数据库。

6.4.2 中国对柬埔寨的农业投资

2017 年，中国对"一带一路"沿线国家中的 57 个国家，近 3 000 家企业进行了投资，投资涵盖国民经济的 17 个主要部门。其中，中国对柬埔寨的直接投资存量为 54.49 亿美元（图 6 - 14），在中国对澜湄五国的直接投资中位居第三，与第二位的缅甸仅仅差了 0.76 亿美元，与第一位的老挝相差 12.06 亿美元。而在中国对东盟的直接投资存量中，农林牧渔业达到 31.38 亿美元，主要分布在新加坡、柬埔寨、老挝、马来西亚等国。

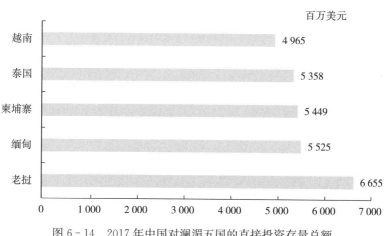

图 6 - 14 2017 年中国对澜湄五国的直接投资存量总额

数据来源：中国对外直接投资统计公报。

2017 年中国农业对外投资流量 20.5 亿美元，出现明显下滑。但从"一带一路"倡议提出以来，2013—2017 年中国农业累计对外投资流量达到 120.9 亿美元，占存量规模的 69.8%。截至 2017 年底，中国农业对外投资存量达 173.3 亿美元，在境外设立企业 851 家，投资范围覆盖六大洲（除南极洲）的 100 个国家（地区），其中亚洲仍然是中国农业对外投资的重点领域。可见，最近 5 年以来的农业对外投资发展较快。

2009 年以来中柬双方就在农、林、渔领域开展了大量的合作，签署了 60 多份合作备忘录及 7 份合作协议，中国政府还帮助柬埔寨建立了食品实验室并对相关专业人员进行培训。2017 年柬埔寨农林渔业部与中国农业部签署了合作谅解备忘录（MOU），中国将进一步为柬埔寨农业的全面发展提供支持。

柬埔寨作为东南亚最具前景的农业投资地，正吸引越来越多的中国农业投资公司进入。2010 年新希望集团入驻柬埔寨，在柬埔寨投资设立四川新希望农业（柬埔寨）有限公司，该公司目前在柬埔寨主要进行饲料的生产活动，项目前两期的总投资达到 1 200 万美元；2018 年贵州贵澳实业有限公司拟投资柬埔寨的香蕉及热带水果产业。2018 年中国对柬埔寨的农业投资企业数量达到了 47 家，在中国对澜湄五国的农业投资企业数目中占第一位，其中种植业和畜牧业投资企业为 42 家，在农业企业中占 89.4%。说明了种植业及畜牧业是柬埔寨重点扶植的领域以及中国投资者长期看好的产业，具有很大的投资潜力。而林业为 4 家，渔业为 1 家，相比种植业和畜牧业数目较少。中国在柬埔寨设立的农业投资企业具体名录见表 6 - 21。

表 6 - 21　中国对柬埔寨的农业投资企业

境外投资企业（机构）	境内投资者名称
芒果头农业投资管理（柬埔寨）有限公司	海南芒果头农业科技开发有限公司
绿洲农业发展（柬埔寨）有限公司	海南顶益绿洲生态农业有限公司
龙盛华柬农业发展有限公司	广西华柬农业有限公司
亚楚国际农业科技有限公司	山东亚楚国际贸易有限公司
柬埔寨卓韵农业发展有限公司	山东卓韵农业发展有限公司
山东发展（柬埔寨）农业有限公司	厦门九洲致远农业有限公司
亚农投（柬埔寨）有限公司	亚农投（平潭）有限公司
柬埔寨厦门现代农业产业园区有限公司	厦门市新高绵农业有限公司
柬埔寨闽柬农业产业园区有限公司	福建闽柬实业有限公司
大慧（柬埔寨）有机农业有限公司	福建国慧有限公司
柬埔寨冠军农化有限公司	西安高山流水实业有限公司
柬埔寨高棉上丁爱心农业有限公司	浙江贡河农业开发有限公司
益鸿农业开发（柬埔寨）有限公司	重庆益鸿农林开发有限公司
恒农（柬埔寨）国际有限公司	湛江市华大贸易有限公司
润丰农科（柬埔寨）有限公司	山东潍坊润丰化工股份有限公司
雅安农业投资（柬埔寨）有限公司	潜江永安药业股份有限公司
中农发国际（柬埔寨）有限公司	中农发集团国际农业合作开发有限公司
四川新希望农业（柬埔寨）有限公司	新希望六和股份有限公司
鑫丰源农业科技发展有限公司	天津奥力孚国际贸易有限公司
万东农业机械集团公司	张家界中昌进出口贸易有限公司
莲福来（柬埔寨）现代农业有限公司	周口莲福来肥业科技有限公司
首农农业科技发展（柬埔寨）有限公司	佳之杰（天津）国际贸易有限公司

（续）

境外投资企业（机构）	境内投资者名称
京博农业服务柬埔寨公司	京博农化科技股份有限公司
丰悦农场	广州市白云区丰悦农场
柬埔寨恒睿现代农业有限公司	山东鲁睿商贸集团有限公司
京博农业服务柬埔寨公司	京博农化科技股份有限公司
丰悦农场	广州市白云区丰悦农场
柬埔寨恒睿现代农业有限公司	山东鲁睿商贸集团有限公司
蜀兴（柬埔寨）农业科技有限公司	四川蜀兴种业有限责任公司
连运（柬埔寨）生态农业发展有限公司	广西恒宝丰农业发展有限公司
连运（柬埔寨）生态农业发展有限公司	广西恒宝丰农业发展有限公司
巴莱农业发展有限责任公司	广西恒宝丰农业发展有限公司
宝丰国际农业发展有限公司	广西恒宝丰农业发展有限公司
高棉现代农业绿色饲料发展基地	广西北海鼎益国际贸易有限公司
柬埔寨纯境农业开发有限公司	安徽纯境农业开发有限公司
柬埔寨漳州现代农业产业园区有限公司	漳州市柏森农业发展有限公司
联发益和柬埔寨农业科技有限公司	江苏联发益和进出口有限公司
柬埔寨天睿农业经济合作区有限公司	烟台天睿投资有限公司
八闽农业科技发展有限公司	田东县八闽农业综合开发有限公司
银鹏兴农业运输有限公司	十堰银鹏兴电子科技有限公司
柬埔寨卜哥山农业发展有限公司	淄博齐天利塑业有限公司
亚洲天冠农业集团有限公司	河南天冠企业集团有限公司
骑士湖（柬埔寨）木业有限公司	嘉善骑士湖投资管理有限公司
华阳木业（柬埔寨）有限公司	安徽博亚竹木制品有限公司
柬埔寨荣耀木业有限公司	徐州隆源木业有限公司
鲁班木业（柬埔寨）有限公司	临沂长荣木业有限公司
进玉堂（柬埔寨）渔业有限公司	深圳市进玉堂渔业集团有限公司

数据来源：中华人民共和国商务部。

　　长期来看，中国对柬埔寨的农业投资还会进一步加大。2018 年 6 月 27 日柬埔寨农林渔业部部长文萨坤出席在中国香港举行的首届"一带一路"农食品产业及贸易高峰论坛，呼吁大型中国企业加大对柬埔寨各个行业领域的投资，特别是规模较大的农业项目投资如大型农业种植园、农食品加工厂等，进一步开拓发展柬埔寨的农产品市场，促进中柬之间的农业贸易协作。值得一提，柬埔寨和中国已定下 2020 年完成 60 亿美元贸易交易额的目标，中柬双边的农产品贸易的扩大将为这一目标做出巨大贡献。

中国经过 60 多年的农业改革实践，企业目前已经具备"走出去"的技术优势，不论是种植业、牧业、渔业均有较丰富的经验，可将该经验移植到柬埔寨，利用中国的技术和人力资源与柬进行农业合作开发。近年来，柬埔寨大米的产量和出口量每年都在急剧增加，而这些都要归功于中国企业的投资，并且投资还有进一步加大的趋势。

根据柬埔寨农林渔业部部长文萨坤在 2018 年 5 月 7 日出席农林渔业部召开的粳稻投资项目宣传研讨会透露，中国企业有意在柬埔寨投资种植粳稻，以加工成大米出口到中国市场。中国加大鼓励企业"走出去"战略的力度，企业开展海外农业合作的热情很高，但是面对柬埔寨这样落后的农业国家，开展农业合作还有很多实际的困难，需要国家在政策和资金上对投资农业的企业给予优惠和扶持。并且农业项目投资周期长，收益慢，农业领域投资必须慎重考虑。在当前双方政府有关主管部门对存在的问题给予足够关注的前提下，积极推动在农业领域的合作，建立起长期有效的运行机制，一定能够吸引更多中国企业向柬埔寨投资。

6.5　中国企业在柬埔寨农业投资案例

6.5.1　浙江贡河农业有限公司简介

浙江贡河农业有限公司成立于 2006 年，注册资本 2 亿元。公司总部位于浙江省杭州市西湖区西溪谷国际商务中心。公司主要经营业务包括农业育种育苗、水果种植与加工、绿色蔬菜种植、环境保护以及境外农业产业示范区建设等。

浙江贡河农业有限公司是一家具有国际视野的跨国企业，公司长期致力于绿色生态农业项目的投资开发，服务农产品消费升级需求，旨在为广大消费者提供满意放心的农产品。

6.5.2　投资项目潜在优势

为响应国家"一带一路"倡议，让优势农业走出去，公司全力投资发展柬埔寨经济特许地项目。2018 年 4 月 18 日浙江贡河农业有限公司就投资柬埔寨经济特许地项目获得了浙江省商务厅的批复，公司全资收购了柬埔寨高棉上丁爱心农业有限公司和绿海农业有限公司以实施该农业特许地项目。

贡河农业经济特许地位于柬埔寨上丁省，总面积达到 9 772 公顷，邻近柬埔寨国道 7 号公路和西贡河，距离首都金边约 430 千米，距离老挝边境约 12 千米，距离越南边境 230 千米，距离"中国南大门"——广西凭祥友谊关 1 700 千米，可见此地水路运输十分便利，通过便利的交通设施，能够轻易将生产的高档水果、热带水果等运输到柬埔寨国内各地以及柬埔寨境外，充分保证经济效益。

当前该经济特许地有一部分依然为未开发地，即为原始森林，木材蓄积量达 50 万立方米，公司可利用柬埔寨政府授予的特许地木材砍伐出口许可来处理大量的原生木材并以此获利，伐售木材的净利润按照每立方米 1 000 元计算，该项目的木材收益就达到了 5 亿元。且特许地土壤肥沃，地面平整，湄公河支流——西贡河环绕经济特许地，水源充足，地表以下 5 米就有地下水，能够充分保障作物、牲畜的水分供应，该地年平均气温 27～32℃，分雨季和旱季，无台风、洪涝影响，气候条件十分有利于农作物生长。

除了以上经济特许地自身条件的优势，该项目还具有较大的园区规模生产优势，通过循环产业链种养模式和产供销一体化的经营方式，确保产品品质的同时可享受规模经济带来的优势。在成本方面，经济特许地土地后续使用成本较低，每年只需要 5 美元/公顷，且人工成本较低，每人每月 170 美元，远低于国内成本，从经济效益来看该项目的发展潜力巨大。

该项目计划今后用 7 年的时间在该经济特许地上建立起一座以绿色生态农产品种植为基础，集生产、销售、加工为一体，并配合先进的物流仓储、旅游及产业金融服务的综合农业产业园区，成为世界最大单一品种高档水果产业园及国家级境外农业产业园区。公司计划在该经济特许地生产单一品种高档水果 5 000 公顷，其他热带水果蔬菜 4 700 公顷，并设立木材、水果等加工厂。该项目的具体规划见表 6 - 22。

表 6 - 22　贡河经济特许地项目规划

年份	项目发展规划
2019	完善已种植单一品种高档水果管理，扩大单一品种高档水果的种植规模
2020	扩大单一品种高档水果种植，种植体量达到世界第一
2021	完善园区建设并招商引进入驻园区企业，达到中国国家级境外农业产业园区的要求

（续）

年份	项目发展规划
2022	完成养殖场及配套设施建设
2023	完成全部种植目标并进行上市
2025	打造集农业、旅游景区及生态观光旅游区为一体的园区建设及开发房地产项目

数据来源：浙江贡河农业有限公司网站。

6.5.3 企业投资动因

贡河农业经济特许地项目的开展主要存在以下几个方面的原因：

一是国内农产品发展面临困境。当前国内农产品面临着供应不稳定，季节性供给失衡；土壤恶化，消费者信任缺失；无力进入国际市场竞争；生产成本高、行业风险大等问题，为了解决这种供给失衡并降低成本、寻找优势土壤，中国境内农业企业开始将目光聚焦到柬埔寨。

二是柬埔寨农业发展前景广阔。当前各国对于优质农产品的需求空间巨大，对包括单一品种的高档水果和热带水果的需求持续扩大。且后续柬埔寨旅游地产、商业住宅地产的开发可达到千亿级别，利用该经济特许地进行农业生产的前景较为明朗。

三是中国政府对农业企业"走出去"的政策扶植。在当前"一带一路"倡议下，中国与其他国家国之间加强农业合作，促进农业"走出去"已成为重要的政策方针。商务部和农业部为鼓励中国企业到境外农业投资特别赋予了境外产业区专项补助，而浙江省及本地政府也给予了企业相关的补贴，部分国家级的项目补贴甚至可达亿元。

四是柬埔寨政府提供的农业投资优惠政策。越早进入柬埔寨市场，项目的发展得到柬埔寨政府重视的可能性就越大。该项目较早取得经济特许地，除了享受柬埔寨税收优惠的政策以外，还享受到如经济特许地木材砍伐出口的政策许可。

6.5.4 投资历程

该项目的首期投资为 2.3 亿美元，自项目启动以来，该经济特许地已经建立起了专门的单一品种水果种植园区，目前该园区内生态芒果种植面积超1 100 公顷，总植株数量超过 50 万株，并试种了其他热带水果 20 多个品种，试种蔬菜等农作物 60 多个品种。园区基础设施逐步完善，修建园区道路 40 多千米，水沟水渠 40 多千米，建成园区内综合办公楼、高脚木楼房等，水电、通讯网络等配套到位，基础设施累计投入超过 1 000 万美元，并且园区上下游配套产业链加工厂已经开始规划兴建。

项目技术团队利用柬埔寨优良的气候条件、原生林地开垦出来的肥沃土壤以及科学的管理种植方式使得芒果树能一年产出两季，能为全球市场每年提供充分的生态芒果。在芒果品种的选择上，公司将原产于澳洲的澳芒引入柬埔寨，通过国际农业专家组和贡河农业专家团队反复试验联合攻坚，克服气候、土壤以及其他环节因素的影响，让澳芒在园区成功开花结果，产出一样品质的贡河澳芒。现在已经完全掌握芒果种植栽培中的技术难题，千顷芒果丰产在即。

6.5.5　投资项目影响

该项目的开发不仅对柬埔寨的经济带来了良好的影响，也树立了良好的企业形象。经济特许地园区内的开发引起了柬埔寨当地政府的关注。园区项目的持续开发大大带动了当地经济的发展，公司对柬埔寨的农业投资为当地民众提供了大量熟练工、半熟练工、非熟练工的就业机会，解决了近 300 名当地农民的就业问题，并为他们购买了医疗及工伤保险等，基础设置的建设也为当地农民带来了较多的便利。

但该项目也为柬埔寨当地人民带来了一些问题。由于经济特许地的性质，当地农民不能像从前一样自由漫步于农场和森林，甚至掠夺了当地民众的一部分收入来源，这在当地民众之间产生了较大的分歧。在原生土地的开发过程中必然涉及森林清理，这就剥夺了当地人民从收集非木材森林产品如松香、藤条、竹子和打猎中获得的部分收益。

2018 年 10 月在由浙江省商务厅、浙江省财务厅联合组织的省级境外经贸合作区评审考核中，由浙江贡河农业投资建设的中柬国际农业合作示范园区成功入选，正式成为浙江省省级境外经贸合作园区，标志着本园区项目建设已列入浙江省对外经济合作发展重要战略部署的一部分。在未来将会得到浙江省商务厅、财务厅的大力支持，同时也得到更严格的管控。这为浙江贡河农业开发有限公司起到了极好的宣传作用，也将为其带来了更多的政策支持，因此相对其他境外农业开发项目，该项目后继的开发经营将更具优势。

6.6　投资柬埔寨农业的建议

6.6.1　柬埔寨农业投资潜力

农业是柬埔寨的重要经济支柱，柬埔寨政府一直将农业作为经济发展的重点。柬埔寨政府制定的第四期"四角战略"中，提出"增强农业多样性，提高农业生产力，缩小城乡收入差距"的发展目标，并把农业发展战略重点放在提升生产能力、农业现代化和工农业改造。政府正制定相关政策降低农业成本，促进与周边国家的竞争，提升本国农业的国际竞争力。

柬埔寨的自然条件优越，农业资源丰富，但由于缺乏合理规划，技术落后，基础设施落后，很多资源未得到有效开发。2017年仅木薯的年产量就达到1 400万吨，获得进20亿美元的收入，2019年5月柬埔寨的香蕉首次实现对中国出口，达100吨，本批香蕉由包含绿洲农业在内的5家柬埔寨注册果园生产，均取得中国海关总署的批准。此外柬埔寨政府也在大力推动芒果、椰子等水果走向国际市场。预计在未来，更多柬埔寨农产品将得到中国政府的注册认证并最终进入中国市场。在柬埔寨桔井、上丁等省，以种植香蕉、椰子、胡椒、橡胶、木薯等农作物为主的中柬热带生态农业合作示范区正在建设，并将吸引更多的国内农业公司加入。

6.6.2　投资可能面临的风险

总体来看，当前中国企业在对柬埔寨农业进行投资的过程中主要存在以下几个方面的制约：

1. 企业投融资能力不足

受制于自有资金实力和融资能力的不足，诸多想要走出去的企业面临发展困境。农业的产业链较长、环节较多，各个环节均需要投入资金，且易受自然环境影响。较多产品易受市场需求、价格波动等因素影响，风险高，投资回报期长且回报率较低。

由于在境外缺少信用担保以及柬埔寨信用体系的不足，增大了企业向当地银行等金融机构申请贷款的难度，这将迫使企业面临更大的国际市场投资风险。

中国的企业在境内寻求投资融方面也面临着两大困境：第一，银行和各类投资基金对企业的投融资门槛要求很高，要求企业具有确定的现金流、完备的基础配套设施和较好的市场前景，并为企业施加较多的投资限制，最终使得企业想贷却贷不到；第二，当前市场化运作金融项目的预期内部收益率较高，较高的资金使用成本使得企业不敢贷。而对于民营企业，由于信息不对称和投资目的地的经济条件限制，这两种困境还会进一步加剧。浙江贡河农业有限公司的经济特许地建设后期的招商引资也是公司扩张面临的难题之一。

2. 企业高层次人才匮乏

人才是企业跨国经营可持续发展的软实力，但目前我国农业走出去企业面临着高层次人才匮乏的问题。一方面，高端管理人才严重不足，熟练掌握柬语、具备国际经营管理技能、风险防控和文化整合等综合能力的高素质人才短缺；另一方面，柬埔寨的高级农业技术专家和业务骨干较为短缺，这是因为柬埔寨的生活条件较为艰苦，农业专家和技术人员难以长期驻守，这就导致想要在柬埔寨生产新型作物的难度进一步加大。贡河芒果就是一个很好的例子，只有高级农业技术专家和业务骨干的全力合作研究，才能为中国企业在柬埔寨的农业投资打开可行的大门。

3. 国内政策支持体系有待改进

当前国内企业对外农业投资方兴未艾，迎来了难得的战略机遇期。在政府高度的重视和支持下，国内支持服务体系初步形成，一系列利好政策和公共服务将陆续出台，为企业带来支持和保障。但我国企业在对柬埔寨的农业投资中面临诸多困难和挑战：首先，相比其他行业，农业海外投资体系不够完善，与发达国家相比有较大的差距；其次，对外农业投资体系建设是一项长期并且艰巨的任务，需要不断进行完善和创新，提升公共服务水平，健全政府间合作保障机制和优惠政策，满足中国农业"走出去"企业日益多元化的投资需求。

4. 国外投资环境与土地制度不完善

首先，在对柬埔寨进行农业投资的过程中，投资地的基础设置状况、营商环境便利度、投资手续的复杂程度、投资税收优惠等都成为制约国外投资的重要因素；其次，土地制度的不完善会对外商投资尤其是农业方面的投资产生影响，经济特许地的出现在当地居民与投资公司之间引发矛盾，这就需要柬埔寨政府进一步完善国内投资环境以及土地制度来解决这种争端；最后，柬埔寨市场的经营秩序较为混乱，政府机构办事效率低下，频繁的示威、罢工等直接影响企业的正常运营，柬埔寨的投资软环境亟待整改。

6.6.3　政策建议

1. 改进政府政策的建议

针对以上的制约，此处将从中国政府、柬埔寨政府和中国对外农业投资企业三方面来提出相应的政策及投资建议。对于中国政府，为了实现农业走出去的战略方针，提出以下三个方面的政策建议：

一是进一步完善对外农业投资的政策体系。政府必须加大政策支持力度，在财政、金融、税收、保险、检验疫苗、对外援助政策等方面寻求突破来培育扶植大型涉农企业，提高农业企业的国际竞争力，促进中国企业的对外农业投资。具体包括强化财政支持、补齐企业发展短板；创新金融支持、提供适用金融产品；加强保险支持、降低投资的风险；突出农业产业园的带动作用等。

二是建设海外农业投资的公共信息服务平台。及时发布有关柬埔寨的投资政策、投资环境、市场需求、合作项目等信息，为企业提供全方位的信息支持。推动建立服务于对柬埔寨进行农业投资的中介组织，为中国企业投资者提供市场化、社会化、国际化的法律、会计、咨询、风险评估等专业服务，形成完善的技术咨询服务体系。

三是加强与柬埔寨政府的多层次沟通。中国政府应与柬埔寨政府一同完善有关农业投资保护、税收、金融、海关、人员往来等方面的合作机制，为企业对外农业投资提供更多的优惠政策和投资保障。建立政府和企业对外合作的平台，营造促进中国企业对柬埔寨农业领域投资的良好营商环境。

2. 对柬埔寨政府的建议

对于柬埔寨政府而言，为了进一步吸引来自中国的直接投资，促进国内农业和经济的进一步发展，除了需要与中国政府一起建立向中国投资者开放的公共信息服务平台，还需要加强双边有关合作，加大对农业基础设施如水、电、交通、通讯等的投入力度，完善外商投资的政策体系。尤其是土地政策方面，在授予中国投资者土地特许经营权之前，政府要进行环境影响评估，组织不合格标准的森林清理活动，诸如填埋上游和过度砍伐的问题，还要让利益相关方广泛参与，尤其是那些邻近项目地点的社区民众参加。为了避免土地冲突和重叠的土地主张，MAFF 和相关机构应该咨询每个项目的邻近社区，划清经济土地特许经营权的边界，建立相应的土地争端解决机制，以便取得中国投资者的信任。

3. 对企业的投资建议

对于中国对外进行农业投资的企业，主要有以下 3 方面的建议：

一是重视投资前的风险评估环节，客观分析对柬埔寨投资的比较优势。投资者对柬埔寨农业进行投资时，应当将柬埔寨的自然条件、政策变动、市场容量、价格变动等多重因素考虑在内，企业应主动联系中国驻柬埔寨经商机构，如中国驻柬埔寨王国大使馆经济商务参赞处等，通过多样化的渠道获取相关信息、深入调研市场并把握政策走向，企业只有在"走出去"之前开展充分的调查，客观评估投资活动的预期收益、可能遭受的损失及风险承担的能力，才能进行科学决策。

二是加强境内外企业产业链建设，掌控优质资源。与其他环节相比，农业投资往往前期投入大，投资周期长，面临的不确定较多，且投资回报率较低。投资者应当将投资的重心逐渐由低端农业生产转向附加值较高的种质资源开发，广泛招纳农业科技人才来研发适合柬埔寨当地自然条件的作物品种，完善产品加工、收购、储备、运输等环节，整合上下游的产业链，实现农业的规模经济效应。

三是与柬埔寨政府、企业和农户建立良好关系，积极承担社会责任。对外农业投资是一个长期的持续性过程，我国企业应当维护良好的形象，认真履行社会责任。一方面，企业可以通过社区集会等类似方式，与社区内的农户和企业建立良好和直接的交流；另一方面，公司应该对项目区域的环境质量和生态系统负更多的责任，在园区开发中要充分考量引发的环境问题及对生态系统的破坏程度，工厂使用的农业化学物质必须符合环境规定，不能对人和动物造成伤害，不污染周围的水源。

参考文献 □□□□□□□□□□□□ ···

［1］Essam Yassin Mohammed. Making Growth Green and inclusive：The case of Cambodia ［M］. Paris：OECD Publishing，2013.

［2］Kitcharoenkarnkul T. 泰国的投资环境研究 ［D］. 厦门：厦门大学，2017.

［3］OECD. OECD Investment Policy Reviews：Cambodia2018 ［DB/OL］. Paris：OECD Publishing，2018.

［4］OECD. OECD Investment Policy Review Myanmar ［DB/OL］. 2014.

［5］OECD. OECD Investment Policy Review Myanmar ［DB/OL］. 2014.

［6］OECD. OECD Investment Policy Review Vietnam ［DB/OL］. 2018.

［7］U. S. Department of State. CAMBODIA INVEATMENT CLIMATE STATEMENT 2015 ［DB/OL］. 2015.

［8］毕世鸿 . 柬埔寨经济社会地理 ［M］. 北京：世界图书出版，2014.

［9］蔡佳颖 . 中泰农业合作研究 ［D］. 南宁：广西大学，2018.

［10］杜兰 . "一带一路" 建设背景下中国与缅甸的经贸合作 ［J］. 东南亚纵横，2017 (1).

［11］顾丽姝 . 中国对东盟新四国直接投资的发展 ［M］. 昆明：云南大学出版社，2015.

［12］国家税务总局 . 中国居民赴缅甸投资税收指南 ［DB/OL］. 2018.

［13］国家统计局，等 . 2017 年中国对外直接投资统计公报 ［DB/OL］. 2017.

［14］侯洋，贾博 . 中国对越南直接投资的问题及建议 ［J］. 北京工业职业技术学院学报，2013 (4).

［15］姜小鱼 . 中国农业对外投资的研究进展与展望 ［J］. 世界农业，2018 (4).

［16］克瑞德 . 柬埔寨吸引外商直接投资优惠政策之探究 ［J］. 世界经济研究，2007 (12).

［17］老挝农业发展及中老农业合作现状 ［DB/OL］. 驻老挝使馆经商处，2011.

［18］雷瑞 . 东南亚国家农业投资潜力和我国农业："走出去" 战略 ［J］. 农村经济，2017 (4).

［19］李虹 . "一带一路" 国家投资潜力指数：各沿线国家投资潜力评价 2016 ［M］. 北京：商务印书馆出版，2016.

[20] 李炜. 广东农垦"走出去"做强做大橡胶产业 [J]. 农村工作通讯，2013 (19).

[21] 李志辉，等. 老挝对外商直接投资的税收激励政策研究 [J]. 亚太经济，2017 (4).

[22] 李志强. 中国企业赴菲律宾、越南和韩国投融资法律研究 [M]. 北京：中国金融出版社，2018.

[23] 联合国粮食及农业组织. 发展中国家的农业外资：趋势及影响 [M]. 北京：中国农业出版社，2017.

[24] 廖东声. 中国—东盟农业领域相互投资问题研究 [M]. 北京：经济管理出版社，2011.

[25] 林秀梅. 泰国社会文化与投资环境 [M]. 北京：世界图书出版社，2012.

[26] 刘志颐. 王锐. "同饮一江水"的澜湄农业合作 [J]. 产业与区域，2018 (3).

[27] 卢光盛，等. 柬埔寨外商直接投资法律制度研究 [M]. 北京：世界图书出版社，2018.

[28] 马俊. 缅甸最新投资法律对投资者的影响研究 [J]. 商业经济研究，2018 (17).

[29] 佚名. 缅甸经济与商业环境风险分析报告 [J]. 国际融资，2017 (7).

[30] 缅甸外国投资法 [DB/OL]. 2012.

[31] 缅甸外国投资法实施细则 [DB/OL]. 2013.

[32] 聂凤英，梁丹辉. 海外农业调研报告（缅甸篇）[M]. 北京：中国农业科学技术出版社，2017.

[33] 农业部国际合作司，农业部对外经济合作中心. 中国对外农业投资合作分析报告（2018 年度总篇）[M]. 北京：中国农业出版社，2018.

[34] 阮氏恒海. 中国企业在越南经营的案例研究 [D]. 上海：华东理工大学，2012.

[35] 阮文生. 中国企业对越南直接投资的案例分析 [D]. 延边：延边大学，2018.

[36] 中国商务部. 中国对外投资发展报告 [DB/OL]. 2018.

[37] 中国商务部. 对外投资合作国别（地区）指南——缅甸 [DB/OL]. 2018.

[38] 中国商务部国际经济与贸易研究院，中国商务部对外投资和经济合作司. 越南投资环境报告 [DB/OL]. 2018.

[39] 中国商务部国际贸易经济合作研究院，等. 对外投资合作国别（地区）指南：柬埔寨（2018 年版）[DB/OL]. 2018.

[40] 中国商务部国际贸易经济合作研究院，等. 对外投资合作国别（地区）指南：老挝（2018 版）[DB/OL]. 2019.

[41] 韦锦益，等. 缅甸农业畜牧业现状与发展简报 [J]. 广西畜牧兽医，2012 (2).

[42] 吴迪，林诗婷. 缅甸投资法（2016）[J]. 南洋资料译丛，2017 (3).

[43] 武秋玥. 今日越南别样红，越南投资热点行业和税务优惠政策 [J]. 进出口经理人，2019 (2).

[44] 夏云，等. 越南农业利用外国直接投资及对中国的启示 [J]. 世界农业，2015 (12).

[45] 冼沛宁. 中国—泰国相互直接投资问题研究 [D]. 昆明：云南大学，2017.

[46] 肖小惠. 中日对泰国直接投资的比较研究 [D]. 武汉：华中师范大学，2018.

[47] 杨德荣，等. 缅甸农业发展现状分析 [J]. 营销界（农资与市场），2018（22）.

[48] 杨祥章，等. 缅甸外商直接投资法律制度研究 [M]. 北京：世界图书出版公司，2018.

[49] 尹美群，曹洋，文秀. "一带一路"背景下海外投资风险——在东南亚国家投资案例分析 [M]. 北京：经济管理出版社，2018.

[50] 余富兆. 越南经济社会地理 [M]. 北京：世界图书出版公司，2014.

[51] 原瑞玲. "一带一路"背景下中缅农业投资合作研究 [J]. 国际经济合作，2017（7）.

[52] 粤垦. "国际橡胶联盟公司"执行主席访问广东农垦 [J]. 中国农垦，2009（5）.

[53] 张伟民. 泰国引进中国直接投资的影响因素分析 [D]. 昆明：云南师范大学，2018.

[54] 张晓君. 东盟国家外国投资法研究 [M]. 厦门：厦门大学出版社，2018.

[55] 张兴无. 泰国经济 "一带一路"沿线国家经济 [M]. 北京：中国经济出版社，2016.

[56] 中国出口信用保险公司资信评估中心. 柬埔寨国别投资经营便利化报告 2016 [EB/OL]. 2016.

[57] 中国农业国际交流协会. 澜湄五国农业投资合作机遇与实务指南 [M]. 北京：中国农业出版社，2018.

[58] 中国商务部. 缅甸公布十大优先投资领域 [EB/OL]. 2017/2018.

[59] 中国信保. 柬埔寨投资与经贸风险分析报告 [J]. 国际融资，2013（3）.

[60] 中国商务部，等. 2017 年度中国对外直接投资统计公报 [EB/OL]. 2018.

[61] 中国商务部. 中国对外投资发展报告 [EB/OL]. 2018.

[62] 陈军军. 泰国农业支柱产业研究 [J]. 时代农机，2015（1）.

[63] 陈格，等. 泰国农业发展现状与中泰农业科技合作分析 [J]. 广西财经学院学报，2019（3）.

[64] 邓洲. 泰国产业竞争力现状及中泰产业合作展望 [J]. 东南亚南亚研究，2016（3）.

[65] 肖昕，等. 泰国水稻产业的现状与启示 [J]. 中国稻米，2017（6）.

[66] 黄剑辉，等. 泰国投资机遇及风险分析 [J]. 中国国情国力，2018（3）.

[67] 俞丹宏，陆贻通. 泰国的环境保护概况 [J]. 农业环境与发展，1996（2）.

[68] 杨雯月. 全球生产网络中的中国对湄公河五国直接投资研究 [D]. 北京：外交学院，2017.

[69] 王浩，陈前恒，朱葛军. 中国企业海外农业投资行为分析——基于企业的深度访谈调查 [J]. 农村经济，2013（1）.

[70] 曾文革，孙健. 我国海外农业投资的环境风险与法制对策 [J]. 江西社会科学，2015（3）.

[71] 张芸，等. 缅甸农业发展现状及中缅农业合作战略思考 [J]. 世界农业，2015（1）.

[72] 李莎. 滇缅之间贸易投资外经合作更加便利 [N]. 云南日报，2019 - 02 - 13.

[73] 刘宝祥. 缅甸渔业现状 [J]. 现代渔业信息，2011（5）.